第七辑

丛雪莲 主编

燕京法学

——法律与科技

中国民主法制出版社

图书在版编目（CIP）数据

燕京法学. 法律与科技/丛雪莲主编. —北京：

中国民主法制出版社，2020.11

ISBN 978-7-5162-2325-3

Ⅰ.①燕… Ⅱ.①丛… Ⅲ.①法学—文集 ②法学—关

系—科学技术—研究 Ⅳ.①D90-53 ②D90-059

中国版本图书馆 CIP 数据核字（2020）第 237086 号

图书出品人：刘海涛
出 版 统 筹：乔先彪
责 任 编 辑：逯卫光

书名/燕京法学——法律与科技
作者/丛雪莲 主编

出版·发行/中国民主法制出版社
地址/北京市丰台区右安门外玉林里 7 号（100069）
电话/（010）63055259（总编室） 63058068 63057714（营销中心）
传真/（010）63055259
http：// www. npcpub. com
E-mail：mzfz@ npcpub. com
经销/新华书店
开本/16 开 710 毫米×1000 毫米
印张/16. 25 字数/244 千字
版本/2021 年 11 月第 1 版 2021 年 11 月第 1 次印刷
印刷/三河市宏图印务有限公司

书号/ISBN 978-7-5162-2325-3
定价/58. 00 元

目录
Contents

科 技 与 知 识 产 权

科 技 理 论 探 究

科 技 服 务 与 管 理

基因编辑法律规制

论人类基因组编辑规制的目的与特征

李　昕*

基因组编辑是使用兆核酸酶（Mega Nucleases）、锌指核酸酶（Zinc Finger Nucleases，ZFNs）、类转录激活因子效应物核酸酶（Transcription activator-like effector nuclease，TALEN）以及最近被广泛应用的 CRISPR/Cas9 技术，对一个生物体完整的遗传物质进行精确添加、删除和改变。[①] 基因组编辑技术的飞速发展，特别是近年来 CRISPR/Cas9 技术的广泛应用，极大地提高了治疗和预防疾病的精准度和有效性，与此同时，也引发了前所未有的伦理争议，对法律制度提出了巨大的挑战。如何运用合理的规制手段，在推动基因编辑技术发展的同时，化解科学所带来的技术风险、伦理冲突和制度挑战是合理利用该项技术的前提。

一、问题与挑战

与传统基因治疗的思路不同，基因组编辑的逻辑在于通过某种外科手术的操作，精确修复出现遗传变异的基因，从根本上阻止遗传病的产生。对于人类群体而言，这种改造的诱惑是无比巨大的。伴随着无限的诱惑力与希望，技术突破以及随之而来的巨大商业利益也在不断地驱动着这个领域从基础研究到临床试验的跃进。基因组编辑这把上帝的手术刀所针对的对象是人类的遗产物质，涉及对人的定义、人类个体的独立性等终极问题，蕴含着诸多的伦理纷争与法益冲突。

---

* 李昕：首都师范大学科技法研究中心主任，教授。本文首次发表于《山东科技大学学报（社会科学版）》2019 年第 3 期。

① 美国国家科学院和美国国家医学院、人类基因编辑科学、医学、伦理指南委员会编著：《人类基因组编辑：科学、伦理与管理》，曾凡一、时占祥等译，上海科学技术出版社 2018 年版，第 1 页。

（一）基因组编辑技术引发的伦理挑战与法益冲突

人类基因组编辑成为科学领域最引人注目的话题主要依赖于 CRISPR/Cas9 技术的应用。CRISPR/Cas9 基因组编辑技术是继 ZFNs、TALENs 之后的第三代人工改造的核酸内切酶，被喻为"基因魔剪"。与以往的 ZFNs 或 TALENS 基因编辑技术相比，该基因组编辑技术具有门槛低、效率高、成本低的优势，进而迅速晋升为生命科学最热门的技术。2013 年初，世界上三个实验室相继证明，人工设计的 CRISPR 序列与 Cas9 蛋白结合，可以高效编辑人类基因组，新一代人类基因组编辑技术正式走入现实，被誉为现代人类医学最具潜在变革性的创举之一。

2015 年 3 月，哈佛大学教授乔治丘奇的实验室尝试在人类卵细胞中利用 CRISPR/Cas9 技术编辑人类基因组，尝试修复会导致女性乳腺癌和卵巢癌的 BRCA1 基因突变，以期从根本上预防相关基因缺陷导致的癌症。1 个月后，来自中山大学的黄军就实验室利用无法发育为成熟胚胎的受精卵进行了基于 CRISPR/Cas9 技术的基因编辑[①]，2016 年类似的实验开始在英国的实验室开展，2016 年 7 月 6 日，我国四川大学附属华西医院卢铀教授团队进行的"利用 CRISPR/Cas9 技术治疗晚期肺癌"项目通过了长达半年的伦理委员会审批，该试验正式宣告 CRISPR/Cas9 基因组编辑技术由基础研究阶段进入体细胞临床试验阶段。与技术发展同步，资本也疯狂涌入这个极具利益空间的市场，加快了此项技术向应用领域的推广，同时增加了此项技术从基础研究走向临床应用的功利性。2018 年底爆发的"基因编辑婴儿"恶性事件，引起舆论界一片哗然，再次将伦理争议的焦点聚焦基因编辑技术。人类基因组编辑的可接受性不仅取决于科学技术的考量，也超出了个体层面的风险和利益的权衡。回望 20 年基因技术的发展，争论与批评始终伴随着现代生物医学研究的进程。这些争议主要集中于以下两个方面：

1. 如何保障应用目的的合理正当

这一问题关系到是否应当限定人类基因组编辑的应用目的，以及如何限定。出于健康保障的需要将基因编辑从"治疗"范畴推广到"预防"领域，无疑具备合理性，但是如果作为个体的人有权通过提前修改基因保护

---

① Liang P, Xu Y, Zhang X et al. CRISPR/Cas9-mediated gene editing in human tripronuclear zygotes. Protein & cell［J］. 2015（6）：363-372.

自己免遭艾滋病的侵扰，那么仅仅因为基因突变有1%患病的风险，就要求修复风险基因是否合理？如果要通过风险比例来确定实施基因手术的合理性，怎样的风险比例才是正当的？倘若"预防"疾病具有目的的正当性，那么期望通过基因编辑改善健康状态是否具有同样的正当性，利用同样的技术获得更多的肌肉、身高、颜值、智商等呢？面对基因编辑技术的应用，相关主体拥有哪些被道德认可的利益？这些利益是否可以转化为受法律保护的权利？

2. 如何解决基因组编辑面临的法益冲突

对人类种系基因组进行编辑不仅面临着技术风险的不确定性，同时，面临着诸多社会风险与法益冲突。如何在基础研究、临床试验、临床应用几个不同领域为种系基因组编辑设定不同的准入标准？是否应当禁止可遗传性的种系基因组编辑？对于一些患有严重遗传性疾病的人来说，人类种系改编可能是使他们拥有健康的唯一可行选择，而禁止种系基因组编辑则意味着迫使上述人员在承受巨大经济负担与放弃父母身份之间作出选择，这是否对他们的生殖自由构成侵犯？因其涉及对他人利益以及人类社会公共利益的影响，我们需要明确在什么情况下，以何种方式，在何种程度上通过基因编辑进行辅助生殖是合法的。基因是人类天生而带的符号，谁有权利决定切除另一个人的基因？在体外进行基因筛选是否合乎伦理？父母权利的边界是什么？父母是否拥有根据自己的价值观创造后代的权利？这样诞生的孩子到底是满足社会要求和家庭期待的客体，还是独立的法律主体？生殖细胞的基因编辑意味着人类试图摆脱自然留给我们的印记，开始进行自我创造，这种创造是否应当有界限？如何划定界限？当人类进行自我改造时会引发哪些社会风险？如何通过政治与法律的手段平衡由此带来的技术风险与社会风险？

虽然，不同政治、文化、宗教背景下，人们对上述问题的解答存在差异，但减少风险，致力于人类的共同福祉是人类跨越文化差异所形成的共识，也是科技发展与法律规制之间的平衡点。

（二）两对关系的协调

法律制度的目的在于保障所有为我们所珍视的价值最终得以相互融洽，保障任何一种价值不会因调和另一种价值而被牺牲或损害。面对冲突与矛盾，怎样协调科技与法律之间的张力，如何将科学界的共识转化为主权国家的法律制度，是解决人类基因组编辑带来的技术与社会冲突的关键。

1. 科技与法律关系

科技发展始终伴随着与既有法律的纷争，一方面，作为社会规范，法律并不是一成不变的，会随着科技发展而变迁；另一方面，法律会为科技发展赋予价值追求，为科学设定责任，化解技术风险带来的法益冲突。从历史的角度而言，法律制度必然源自某时、某地、某个群体中主流的生活方式和价值观，人类社会的进步始终伴随着对固有、陈旧的法律制度的挑战、摧毁或重塑，而法律制度正是在这种不断变迁的过程中逐步获得完善。基因组编辑技术的发展不可避免地对社会生活产生深刻影响，甚至可能重塑部分社会关系。面对科技发展带来的伦理挑战与法益冲突，如何回应人类对治疗疾病、预防疾病乃至改善自身性状的需求，通过法律责任、权利义务的设定，平衡其中的技术风险与社会风险是法律对基因组编辑技术发展的理性应对。

同是否应当许可或禁止某种类型的人类基因组编辑相比，如何确保有关该项技术的公共政策能够增加人类福祉，无疑是一个更为根本、更为核心的问题。这意味着禁止与许可并非是一个价值理念，而仅仅只是一种规制手段，随着技术的发展，这种手段应当作出相应的调整，因此，应当承认法律本身的多元化与动态性、历史性，并通过政治手段来达成科学进步与伦理观念的协调，通过权利、义务、法律责任的配置，在促进科技为人类社会带来福祉的前提下，针对风险的不确定性，用合理、严格的规则对技术的发展与应用进行规制。也正是基于这种认识，英国纳菲尔德生物伦理委员会发布的最新报告《基因编辑和人类生殖》认为，"遗传基因编辑本身在道德上并非是不可接受的。尽管我们的报告应当确定禁止遗传基因编辑的情形，但我们并不认为这些禁止的伦理理由总是绝对的。如果继续目前的研究能够具有足够的伦理理由，并且能够确保遗传基因组编辑技术安全，那么仍然应该被允许"。

2. 科学界共识与法律规制的关系

知识是人类共同的遗产，因而科学没有国界，但科学研究是在各种政治制度和文化规范内进行的，必然存在着制度差异。面对共同的挑战，达成一个可以超越政治、文化差异和分歧，同时适应文化多样性的科学界的共识很重要，但是这种共识又必须通过政治途径转化为主权之下的法律规则，方能具有合法的执行效力。

面对基因组编辑技术的迅速发展，国际社会一直保持高度的关注。著名的阿西洛马会议（Asilomar Conference）标志着一个科学政策讨论的新时代的来临。40多年前，DNA重组技术刚刚兴起，出于对这种具有革命性的生物医学新技术的安全性和有效性的质疑，世界各国的分子生物学家、新闻记者、律师和政府官员等百余名代表相聚阿西洛马会议中心，对DNA重组技术遇到的技术、伦理、法律等问题进行了公开辩论，并最终达成初步共识，确立了重组DNA实验研究的指导方针和行动指南。2015年，中国科学院、美国科学院、美国医学科学院和英国皇家学会共同组织举办了首届人类基因编辑国际峰会，在这次峰会上，全球基因编辑领域的科学家达成了著名的"华盛顿共识"，明确在现有的技术条件下，应当允许开展有关人类胚胎基因组编辑的基础研究，并指出在适当的法律规范、伦理准则的规制下，深入的基础和临床前研究应该限定于以下几个方面：在人类细胞中编辑基因序列的技术研究；临床应用的益处和潜在风险的研究；人类胚胎及生殖细胞的生物学研究。同时，会议强调经过基因编辑的早期人类胚胎以及生殖细胞不得用于妊娠，这是国际上首次为基因编辑研究划定了不可逾越的"红线"。上述共识应当构成各国相关政策与法律的基石，并通过各国的具体法律规范赋予法律效力。

二、人类基因组编辑规制的目的定位

所谓规制是在严格的专业监管和法律约束下实现科学技术的规范发展，应对技术发展带来的社会风险，调和复杂多元甚至矛盾的法益冲突的必要手段。"生命科学的知识是自然事实，它本身不能告诉我们运用这些知识去做的事是否在法律上被允许，而这取决于我们要设立什么样的目的以及基于此所作出的价值评价。"[①] 面对科技发展所产生的风险的不确定性、伦理挑战与法益冲突，法律的目的在于以程序、权利、义务、法律责任等概念弥合理论漫谈与制度构建之间的鸿沟。

（一）协调风险与利益的冲突

科学技术进步带来的现代社会的风险是伴随着现代性高度发达的副产

---

① 朱振：《反对完美？——关于人类基因编辑的道德与法律哲学思考》，《华东政法大学学报》2018年第1期，第74页。

品，是工具理性秩序占主导的社会发展的产物。与传统社会的自然风险不同，现代社会所面临的科技风险的最大特点在于它的不确定性，这种不确定性体现为受益与危险并存。在人类基因组编辑技术中，风险一方面意味着利益和机会，另一方面意味着损害和危险[①]。风险与利益同在标志着对传统建立于个人权利基础上的法学理论的突破。换而言之，要想获得人类基因组编辑带来的利益即要承担其所带来的相应风险。对于整个人类社会而言，这种风险的承担超越了个体的权利、义务。面对基因组编辑技术带来的风险，虽然各国监管体制各有不同，但均强调通过法律规制保障基因编辑技术的安全性、有效性、可控性，通过禁止、许可、知情同意、专家证明责任、风险评估、公众参与等制度设计，平衡、分担基因组编辑技术带来的利益与损害。

高度的不确定性和不可逆性是基因组编辑技术风险的最大特点，这使得人类基因组编辑技术具有更高的风险系数。以 CRISPR/Cas9 系统为例，该项技术的特异性主要取决于 sg RNA 的识别序列。由于设计的 sg RNA 可能会与非靶点 DNA 序列形成错配，导致非预期的基因突变，该效应称为脱靶效应（Off-Target Effect）[②]。脱靶突变会导致基因组不稳定，并破坏其他正常基因的功能。中山大学黄军就团队利用 CRISPR/Cas9 基因组编辑技术靶向人类胚胎中的地中海贫血基因时，就在实验中发现了惊人数量的"脱靶突变"[③]。除脱靶效应外，基因编辑具有不可逆性，这意味着一旦出现危害后果往往难以在短期内得到纠正，因此，"直接针对人体的基因科技研究活动或成果进行避险除害的安全性规制，亦即防护性基因科技法律规制，已属现阶段科技发展之安全性考虑下无法回避的一大课题"[④]。从技术层面而言，脱靶效应带来了潜在的临床风险，而引入规制的首要目的在于确保人类基因组编辑技术作用于人体的安全性、有效性、可控性。

---

① 叶金强：《风险领域理论与侵权法二元归责体系》，《法学研究》2009 年第 2 期，第 50 页。

② 郭全娟、韩秋菊、张建：《CRISPR/Cas9 技术的脱靶效应及优化策略》，《生物化学与生物物理进展》2018 年第 8 期，第 801 页。

③ 梁普平、黄军就：《推开人类胚胎基因研究的神秘大门》，《生命科学》2016 年第 4 期，第 423 页。

④ 蔡宗珍：《程序导向的基因科技立法必要性与其规范内涵初探》，《生物科技与法律研究通讯》2001 年第 9 期，第 15—19 页。

在明确了规制目标的前提下，如何辨识人类基因组编辑的基础研究、临床试验、临床应用与社会对接过程中产生的风险，并设计构建相应的解决机制，成为当务之急。2015 年首届人类基因编辑国际峰会达成的"华盛顿共识"将安全性、有效性、可控性作为人类基因组编辑技术准入的基本标准，同时鉴于可遗传的种系基因组编辑涉及代际遗传问题，具有更大的技术风险与社会风险，科学界对其准入条件达成如下共识：严重遗传疾病的治疗；HGM 应当仅仅作为一种补充治疗方法，只有当"患者无法使用其他方式获得同等的有效治疗时"才可使用；禁止使用 HGM 对未患病的人进行人体"增强"，以此防止 HGM 滥用；实行严格监管，确保 HGM 的安全性和有效性。

基于科技发展中风险与利益同在的特点，针对基因组编辑技术本身具有的高度专业性与风险性，在风险评估基础上，通过公众参与等法定程序，依据具体的风险系数，权衡受益与损害，协调不同主体之间的法益冲突，针对不同阶段、不同类型的基因编辑技术进行分类规制，设定科学、合理的准入标准、法律责任，实现利益最大化、风险最小化是有关人类基因组编辑规制的目的。

（二）明确责任与宽容的限度

科学是在一定的社会环境中运行的，科学研究的深化与技术的创新最终的目的在于增强人类社会的共同福祉，目前，负责任的研究与创新已经成为一个新的全球性发展理念。在这一理念之下，明确科学研究与技术应用中的法律责任，保障科技发展有利于人类共同的福祉是建构科技法律制度的任务，目的在于推动社会多方进行协商、交流、合作，把对不同利害关系人利益的考量置于创新过程中，推动创新承担起应尽的社会责任，使得创新向一个更加可持续、对社会更加有益的方向发展。所谓负责任的创新的直接体现就是科学与社会之间关系的法律化，即在充分、持续、反复评估和公众参与条件下，通过公开、透明、民主的程序，考量不同群体的利益诉求，明确科学家的权利义务，以及相应的法律责任。

目前的 CRISPR/Cas9 基因组编辑技术虽然简单、易操作，但其引发的脱靶效应尚无法完全遏制。脱靶效应的风险与药物的副作用相类似，具有技术风险的不确定性，面对这种受益与损害并存的风险，如何以公平为原则平衡利害冲突？如果有强烈的副作用，一项好的科学试验还应该进行下去吗？如何确定风险的合理性？如果有风险，谁来承担相应的后果？在风险存在的前提下，如何防止科学家、医生等基因组编辑技术操作者与受试者或患者之间信息不对称产生的权益侵害？损害发生后，如何确定基因技术操作者的法律责任？上述问题是制度建构必须回应的问题，其实质在于通过法律制度确定科学所应当承担的责任。这种受益与危险并存的不确定性，使得法律一方面不能课以严格的法律责任从而附加给科学家过度的义务，进而扼杀科学发展与技术创新的动力；另一方面，必须遵循权力与责任成正比的公平法则，明确科学家的法律责任，防止专家信息垄断导致的侵权。因此，针对人类基因组编辑技术的规制，一方面要尊重研究机构和研究者的科研自由，鼓励其在一定的界限内开展科研实验活动，对于有利于技术进步且风险程度低的实验或初级临床行为，应报以宽容的态度，设置合理的许可程序；另一方面要建立完善的责任分配体系，明确基因组编辑技术在不同阶段的准入条件，设定不同主体的权利、义务，明确相应的法律责任，通过权利、义务、法律责任的设定平衡基因组编辑技术背后各方的利益关系。

（三）实现管制与开放的平衡

科学是不断向前发展的，社会认知也会随着科技的发展而改变。在过去的 100 多年中，正是科学界对遗传的秘密孜孜以求的追寻，最终确定这种名为基因的神奇因子，使得人们得以拨开神谕和天命编织的荆棘丛，透过五颜六色的皮毛、紧密交织的血管和肌肉，看清地球生命最深处的真实形象①。目前，尽管大多数基因治疗的试验存在风险，但对于患者而言，仍然是万分宝贵的治疗机会，法律的规制不是阻止科技的发展，而是在合理的风险界限内，在保障基本人权的基础上，通过专利保护和研发自由保障，激励和引导科技创新。

正是基于管制与开放的平衡，2015 年 2 月 3 日，英国下议院通过了为防止脑损伤、心脏病等严重遗传疾病，允许对人类卵子实施线粒体 DNA 替代疗法的法案。该项立法明确在技术成熟的基础上允许对人类生殖系统进行基因干预的临床操作。2016 年 2 月 1 日，基于技术的相对成熟性以及推动基因组编辑技术发展的考量，英国人类生育与胚胎学管理局批准了伦敦

---

① 王立铭：《上帝的手术刀：基因编辑简史》，浙江人民出版社 2017 年版，第 89 页。

弗朗西斯·克里克研究所研究员 Kathy Niakan 开展对人类胚胎进行基因编辑的请求①。2017 年 2 月，美国国家科学院公布了《人类基因编辑：科学、伦理与监管》报告，该报告秉承着管制与开放相结合的目的，依据基因编辑的目的、阶段、对象的不同，提出了人类基因组编辑的基本原则，即按照现行监管体系规范开展基础的实验室研究，按照治疗、预防疾病和残疾的监管规则开展体细胞基因编辑，遵循严格、有效的规则谨慎开展可遗传的基因编辑。2016 年，我国颁布了《涉及人的生物医学研究伦理审查办法》，其中第 18 条规定："涉及人的生物医学研究应当符合以下伦理原则：（一）知情同意原则。……（二）控制风险原则。……（三）免费和补偿原则。……（四）保护隐私原则。……（五）依法赔偿原则。……（六）特殊保护原则。……"2018 年 7 月，英国纳菲尔德生物伦理委员会发布的《基因编辑与人类生殖》遵循了同样的目的，指出只有在符合人类共同体未来福祉的前提下，才能许可可遗传的人类种系基因组编辑，目前，可遗传的人类种系基因组编辑的临床试验应限于为了避免遗传基因疾病或用于修饰有疾病风险的等位基因，进而建议英国应在充分、广泛、包容的社会讨论基础之上开启许可可遗传基因编辑法律之门。

科学的发展不会自我设限或自我规范，法律的目的在于促进科技发展为人类社会带来福祉，同时，防止科技发展的失控给人类社会带来灾难，化解科技发展的不确定性所产生的风险。过分的监管会抑制人类基因组编辑技术的创新，而宽松的监管亦会导致人类基因组编辑技术的滥用，因此，遵循管制与开放相结合的原则，对人类基因组编辑技术的相关法律制度定期进行评估，平衡科学研究与试验领域的开放与禁止，是规范科技发展的一项重要原则。

三、人类基因组编辑规制的基本特征

左右有关人类基因组编辑的公共政策制定的利益博弈非常复杂，这种复杂性体现为多重需求与矛盾的交织，也决定着人类基因组编辑规制的基本特征。

---

① James Lawford Davies. The Regulation of Gene Editing in the UK ［J］. The SciTech Lawyer, 2016, 13 (1): 14-17.

（一）基于风险与权益冲突的审慎性原则

《世界人类基因组与人权宣言》强调："人类基因组是人类共同体所有成员根本统一的基础，也是承认人生来具有的尊严与多样性的基础。它是人类的遗产。"审慎性原则的确立是基于人类基因组编辑技术存在着潜在的风险，这种风险包括技术风险、社会风险两大类型。从技术的角度来看，人类基因组编辑风险的最大特点在于不可逆性和不确定性，而法律关注的重点在于这种技术风险带来的社会问题有哪些，如何通过制度建构来化解。

丰富的基因库是一个物种生存繁衍的基石，在漫长的人类进化史上，在某个环境下看似有害的基因突变在另一种不同环境中或许是优势基因，在某个历史时期无用甚至有害的遗传性状，当历经沧海桑田的变化之后也许成了维系人类生存的命脉，以镰刀形红细胞贫血症为例，导致病变的原因在于镰刀形红细胞贫血症患者体内，HBA 基因的 DNA 序列发生了特定的碱基分子异变，即第 20 位的碱基从 A 变成了 T，从而导致 HBA 蛋白第 7 位的氨基酸变成了缬氨酸，成为功能异常的 HBS 蛋白，破坏了人体血红蛋白的形态和功能，但是仅仅携带一个 HBS 基因突变的个体不仅不会患镰刀形红细胞贫血症，反而会获得对另一种疾病——疟疾的抵抗力。这意味着会导致严重疾病的 HBS 基因突变在疟疾肆虐的地区却能够有效保护人类。遗传变异涉及物种在进化过程中发生的随机变异，这些变异在某种程度上会表现为生物学上的优势。与这种优劣的不确定性相对应，任何人类基因组编辑的不良后果并非显现于当下，往往需要数代人之后才能被觉察，这一特点增加了技术风险判断的难度。

这种技术上的风险折射到社会领域，对相关法律制度的影响体现为：其一，基因是人类共同的遗产，人类基因组编辑技术风险的公共性决定了我们需要超越个体法律主体的权利、义务，从人类共同体的角度考量相关法律制度的建构；其二，人类基因组编辑技术风险的不确定性，决定了相关法律制度建构的实质在于受益与损害的评估；其三，风险后果的不可逆性，决定了禁止与许可是人类基因组编辑技术规制的核心。遵循风险与权益冲突的审慎性原则，作为对上述影响的回应，风险评估与分类许可成为人类基因组编辑技术规制的两大重要制度。

评估的目的在于遵循风险最小化原则，评估风险是否合理，以权衡预期的风险和受益，防止基因组编辑技术的滥用。目前，风险评估已经成为制定涉及人类基因组的公共政策的基本程序。《世界人类基因组与人权宣言》明确"在尊重基本人权和人人获益的情况下促进生物学和遗传学的科技进步"，指出"有关个人基因体的研究、治疗或诊断，应当遵循各国法律的规定，事前对于潜在风险与利益作严格的评估后，始可实施"。由于基因科技可能带来的风险涉及的领域非常广泛，因此，所谓的风险不仅仅指技术风险，而且包括社会风险，这意味着对人类基因组编辑安全的风险评估制度是一个综合性的整体评估。评估的目的在于根据风险存在或发生的概率、监管的成本因素、利害关系人对风险的可接受程度、社会的可承受性等，确定适当的规制手段。依据规制手段的强弱，具体包括两种类型，第一种是禁止；第二种是许可，即设定相应的许可制度，明确有关人类基因组编辑的基础研究、临床试验、临床应用的不同准入条件。

（二）多元因素权衡下的分类规制

不同类型的人类基因组编辑的技术风险程度不一，按照其研究阶段划定风险，基础研究＜临床前研究＜临床研究＜临床应用；按照其类型划定风险，体细胞基因组编辑＜可遗传的基因组编辑；按照其操作位置划分风险，体外编辑＜体内编辑。技术风险越大面临的伦理争议与法益冲突越多。分类规制的目的在于根据不同类型的人类基因组编辑面临的技术风险与社会风险，确定适度的规制手段。

1. 以个体权利保障为目的的体细胞编辑

针对人类体细胞基因组编辑的基础研究和临床试验涉及的主要法律问题在于细胞和组织来源的合法性，捐赠者与受试者的知情权和隐私权的保障。其中，知情同意是一项核心制度。

知情同意制度的目的在于尊重人格尊严，体现人的意思自治。《世界医学大会赫尔辛基宣言》宣称："任何人体试验进行前皆需充分告知受试者包括研究目的、研究方法、经费来源、可能产生的利益冲突、研究机构及其所属、参与研究可能获得的效益、潜在的风险、可能引起的不适等事项。受试者亦应被告知有随时退出此项研究计划的自由，且随时可撤回之前的同意书，并不会因此受到不平等的对待。"2003年，我国颁布了《人胚胎干细胞研究伦理指导原则》，第8条第1款规定："进行人胚胎干细胞研究，必须认真贯彻知情同意与知情选择原则，签署知情同意书，保护受试者的隐私。"具体而言，依据现有规定，知情同意制度中应告知当事人的内容包括：试验性质、目的、检验步骤，试验结果的不确定性、试验中伤害事故的责任归属、纠纷解决途径、受试者撤回同意的权利、受试者应享受的医疗服务与其他权利。

鉴于技术风险的不确定性，除当事人的知情同意之外，对体细胞编辑的规制侧重于临床试验数据的审查。这种审查具体是指在综合评估需求、替代方案、不确定性领域和风险管理的框架下，权衡科学理论与临床证据，并考虑利益相关者权益以及经济效益、社会价值和耐受风险，考虑替代疗法及其有效性、疾病的严重程度、患者的耐受性和潜在的风险，在利益和风险之间，以及保护公众、鼓励创新、改善健康之间寻求适当的平衡。

2. 对可遗传的种系基因组编辑的禁止性规定

可遗传的种系基因组编辑的优势在于能够有效治疗家族遗传病，满足准父母生育具有亲缘关系的健康后代的渴望。除脱靶现象之外，与体细胞基因组编辑相比，由于被修饰细胞的数量难以控制，用基因组编辑技术编辑多细胞胚胎，最终可能只有部分细胞被成功编辑，导致出现被改变和未改变的遗传嵌合体，"嵌合现象"使基因编辑的功能性结果变得更加复杂和不可预料，同时，人类种系基因组编辑潜在的风险以及消极的生物学后果具有更强的隐蔽性，可能在婴儿出生几年后甚至几代后才会显现[1]。除上述技术风险之外，可遗传的基因组编辑涉及诸多伦理纷争与法益冲突，比如父母权利的边界是什么？父母一代是否拥有根据自己的价值观塑造后代的权利？造成的不可预估的风险由谁来承担？当人类进行自我改造时会引发哪些社会风险？上述问题关乎人类个体利益与共同体利益的权衡，涉及诸多法益冲突和伦理风险。基于对生命多元性以及人的自主性的维护，需要引入严格的准入标准。2015年，科学界在全面平衡可遗传的人类种系基因组编辑的技术和社会风险的基础上，达成"华盛顿共识"，明确因为人类种系基因组编辑将会作用于被编辑后代的所有细胞上，传至其后代并成为人类基因库中的一员，目前尚存在技术层面、社会层面以及伦理层面的问题，其安全性还无法估计，且一旦被编辑的基因进入人类基因库，该影响将不可逆也不受地域限制，因此，"目前为止还不具备进行任何生殖细胞临床应用的条件"。正是鉴于巨大的技术与社会风险，各国立法均秉

---

① 陈轶翔：《基因编辑技术何去何从》，《世界科学》2016年第1期，第39页。

持审慎性原则，明确禁止可遗传的人类种系基因组编辑技术的临床试验与应用。2015 年，美国国立卫生研究院（National Institute of Health，NIH）发布了关于资助人类胚胎基因编辑研究的声明。在这份声明中，NIH 声称胚胎编辑"几乎普遍地被社会视为一条不应跨越的界限"。基于同样的原则，2003 年，我国颁布的《人胚胎干细胞研究伦理指导原则》第 6 条规定："……（一）利用体外受精、体细胞核移植、单性复制技术或遗传修饰获得的囊胚，其体外培养期限自受精或核移植开始不得超过 14 天。……"

与此同时，各国对人类胚胎基因组编辑的基础研究的包容性逐步加强，2016 年 2 月 1 日英国人类生育与胚胎学管理局批准伦敦弗朗西斯·克里克研究所研究员 Kathy Niakan 开展对人类胚胎进行基因编辑的请求[1]。胚胎基因编辑的基础研究涉及人类生殖细胞的获取、培养等环节，其中，法律制度关注的重点在于对非法获取生物材料和违法启动人类胚胎发育的监管与惩戒，具体包括科学家取得人类胚胎的途径是否合法？将人类胚胎用于研究是否经过了提供者的知情同意？对人类胚胎进行基因编辑是否取得了相关许可？是否遵循了操作指南和伦理规则？上述内容构成了以合法性审查、知情同意、准入许可为核心的有关人类胚胎基因组编辑基础研究的基本制度。

3. 以限制为原则的"增强"目的

对于以"增强"为目的的人类基因组编辑，公共议题主要集中于安全性和不公平优势，其中安全性的保障取决于技术的成熟，而从法律层面考量，社会公平则是抉择规制手段必须回应的问题。首先，反对者从社会公平的角度出发，提出以"增强"为目的的人类基因组编辑技术的扩大化应用，将会导致从人类基因层面上划分社会群体阶层，加剧社会不平等关系的固化，产生基因歧视等加剧社会不公平等新问题[2]。其次，除个体权益冲突之外，体细胞增强性基因编辑仅仅影响单一个体，但是遗传性基因编辑可以代际遗传，对于可遗传的增强性基因编辑的讨论，包含了对人类基因库可能产生影响的担忧，以及对回归某种形式的优生学的恐惧，因此，该技术应用将产生的社会公平问题引发了社会群体的广泛担忧。从法律的

① James Lawford Davies. The Regulation of Gene Editing in the UK ［J］. The SciTech Lawyer, 2016，13（1）：14-17.

② 陶应时、罗成翼：《人类胚胎基因编辑的伦理悖论及其化解之道》，《自然辩证法通讯》2018 年第 2 期，第 87 页。

角度而言，上述问题涉及个体自主权与群体公平之间的冲突。由于该项技术的发展将对人类社会造成巨大的冲击，现阶段科学界的共识是严格禁止该领域技术的应用，因此，从立法层面而言，各国均禁止以"增强"为目的的人类基因组编辑技术的应用。

除安全性与社会公平之外，对于"增强"的界定，涉及公众对"正常"内涵的理解。学者对于"增强"的定义有多种表达："使人的能力超越物种的典型水平或统计学上正常的功能范围。""以提高或扩展人类的特质为目的的非治疗性干预。""改进现有个体或其未来后代的能力。"① 与所有的区别一样，"增强"与"治疗"的界线是很模糊的，但这并不意味着这种区别不重要。判断"增强"与"治疗"的区别在于一种基因治疗是否为人体健康所需，但健康所需是一个不确定的概念，不同社会阶段、不同文化、不同国家的人们对此的理解存在很大的分歧，法律的作用在于通过制定公众参与、专家评估等程序规范，以政治抉择、程序规范达成社会共识，明确禁止的范围、许可的条件。

（三）自律与他律的互补

面对科技发展带来的风险，德沃金曾满怀激情地写道："扮演上帝确实是在玩火，然而这就是我们这些凡人自普罗米修斯这位从事危险发现的守护神以来一直在做的事情。我们玩火并承担后果，因为除此之外的其他做法都只表现出面对未知世界时的懦弱。"② 从法律层面而言，后果意味着责任。人类基因组编辑是一个高度技术化的领域，知识的专业性决定了这一领域的规制无法独立于科学界本身，从而形成了基于专业性的自律与法律的他律这两种规制手段运用上的互补，具体而言，这种互补体现为三个层面：其一，科学界的共识是各国政府相关立法的基石；其二，遵循权力与责任成正比的原则，专业知识与能力的拥有同时意味着责任与义务的承担；其三，专业认定的特殊性决定了基于专业判断的专家评估制度是一项不可或缺的规制手段。

---

① 美国国家科学院和美国国家医学院、人类基因编辑科学、医学、伦理指南委员会编著：《人类基因组编辑：科学、伦理与管理》，曾凡一、时占祥等译，上海科学技术出版社2018年版，第129页。

② Ronald Dworkin. Playing God：Genes，Clones，and Luck. in Ronald Dworkin，Sovereign Virtue：The Theory and Practice of Equality ［M］. Harvard University Press，2000，p. 446.

1. 基于信息非对称的专家证明责任

如前所述，遵循权力与责任成正比的原则，专业知识与能力的拥有同时意味着责任与义务的承担。这种义务一方面体现为科学家对人类共同体的责任；另一方面也具体化为个体权益纠纷中专家责任的认定。

对于科学技术的研究与运用进行规制的一个核心问题在于如何应对专业信息的非对称性，信息不对称（asymmetric information）指在社会政治、经济等活动中，一些成员拥有其他成员无法拥有的信息（比如专业知识），由此造成双方信息的不对称，其中，掌握信息比较充分的一方往往处于较为有利的地位，而信息贫乏的一方则处于比较不利的地位。在科学技术领域，专家相对于公众具有绝对的信息非对称优势地位。专家所掌握的专业知识、专业技能在公众以及患者面前形成社会公信力，从公平的角度而言，必须遵循权力与责任成正比的法则，赋予专家更多的法律责任，防止专家信息垄断导致的侵权，例如：知情同意中的告知义务、在侵权责任认定中的举证责任等。

2. 基于专业判断的专家评估制度

风险评估、可选择性、可替代性、安全性、必要性是判断一项基因编辑技术临床应用的准入原则。上述原则需要借助来自专门经验的知识即所谓的"专家知识"（expertise）予以认定。同时，对于基因编辑而言，任何一个手术都意味着针对某个特定患者的完全个性化的治疗方案。操作者必须从每一名患者体内获取细胞，体外培养，加以基因修饰，再输回同一个患者体内。其中，每一个步骤都必须根据这名患者的情况量身定制，不同患者之间无法共享同一个治疗方案，否则会引起致命的免疫反应，需要针对不同体重、年龄、种族、性别的患者，不同发病部位和疾病类型，在临床程序上做一个完全个性化的调整。同时，所谓脱靶效应也会随着技术平台、细胞类型、靶基因以及其他因素的不同而异，所以，无法形成体细胞基因组编辑效率或特异性的单一标准，也不能设定单一的可接受的脱靶率。这种个别性、特殊性决定了人类基因组编辑的准入审查必须有一个基本的准入标准，但该标准的指标必然存在一定的模糊性，如"合理的替代方案"和"严重的疾病或状况"就是一种典型的模糊概念，如何解释这种模糊概念涉及前述的"专家知识"，在人类基因组编辑技术准入审查中，这种"专家知识"体现为专家评估制度，即由同行专家组成委员会进行人体应用准入前的技术与伦理审查。

目前，伦理审查委员会制度已经成为一项国际通行规则，1964 年，世界医学会第十八届代表大会通过《世界医学大会赫尔辛基宣言》，其中明确了伦理委员会的独立性地位。1995 年，我国原卫生部颁布的《卫生部临床药理基地管理指导原则》中明确要求，每个临床药理基地或所在单位均应建立一个独立的由 5 人至 7 人组成的医学伦理委员会。2000 年，世界卫生组织颁布《生物医学研究伦理审查委员会的工作指南》，进一步明确了伦理审查委员会章程、组成及工作程序。上述国际规则与国内法中规定的伦理审查委员会的审查不仅是准入程序的一个环节，同时也是科学界自律的具体体现。

总而言之，单纯的技术不会让世界变得更加美好，只有更好地理解技术带来的社会关系、伦理、法律等社会变革才有可能理解技术本身，才能更好地将技术进步转化为惠及全社会的福祉①。这意味着人类必须跳出技术决定一切的思维，从人文价值、制度建构的角度来考量技术发展和社会进步的关联性，回应技术发展带来的社会问题。"当科学的脚步比道德的理解快时，就会像现在所面临的问题一样，大家努力地想表达出心中的不安。"② 目前，如何通过法律手段规制人类基因组编辑技术的发展与应用，不仅关系到当下不同主体之间的法益冲突，更关系到人类如何对待具有不确定的可能性的未来，因此，立足于人类基因组编辑面临的问题与困境，作出相应的制度回应是法律的责任。

---

① 高璐：《从阿西洛马会议到华盛顿峰会：专家预警在生物技术治理中的角色与局限》，《山东科技大学学报（社会科学版）》2018 年第 6 期，第 33 页。

② ［美］迈克尔·桑德尔著：《反对完美：科技与人性的正义之战》，黄慧慧译，中信出版社 2013 年版，第 5 页。

我国人类基因编辑监管模式研究

吴高臣[*]

2018 年 11 月 26 日，南方科技大学贺建奎宣布，一对基因编辑艾滋病免疫婴儿已在中国健康诞生，此外，还有一名基因编辑婴儿的母亲处于待产状态。这一事件立即在全世界引起轩然大波。其实，人类基因编辑此前已经触动了人类社会。2015 年 4 月，中山大学黄军就的研究团队首次向世界公布了利用 CRISPR 技术修改人类胚胎基因的研究成果。上述两事件的焦点人物均未就人类胚胎基因编辑向有关部门提出申请。与之相对应，历时5 个月，英国于 2016 年 2 月批准弗朗西斯·克里克研究所首次在人类胚胎上使用基因组编辑技术的实验申请。这一对比在一定程度上反映出我国人类胚胎基因编辑监管的不足。基因组编辑技术迅猛发展，带来了相应的伦理和法律挑战，凸显监管的重要性，也向我们提出了应当以何种方式监管人类基因编辑的问题。

一、我国人类基因编辑的现行监管模式

一般而言，监管模式是指维系特定监管目的的监管机构及其监管措施的制度安排，包括监管机构和监管措施两方面。监管机构是落实监管措施的推动者，因而监管机构是监管模式的核心内容，监管措施是监管模式的外在形式。因此，本文将从监管机构和监管措施两方面分析我国人类基因编辑监管模式。

（一）我国关于人类基因编辑监管的相关规定

我国目前涉及人类基因编辑的立法主要包括部门规章及规范性文件，

---

* 吴高臣：首都师范大学政法学院教授，法学博士。本文首次发表于《山东科技大学学报（社会科学版）》2019 年第 3 期。

立法层次较低。从规制内容看，涉及人类基因编辑基础研究和临床研究的法规6部；涉及人类基因编辑临床研究和应用的法规5部。从制定部门看，9部法规由一个部门单独制定，2部法规由两个部门共同制定。这就形成了我国人类基因编辑的研究和应用由不同部门监管或者两个部门共同监管的"多头监管"模式。

我国涉及人类基因编辑的主要法律规范

制定部门	规范名称	发布时间	适用范围
国家科学技术委员会	《基因工程安全管理办法》	1993 年	涉及人类基因编辑的基础研究和临床研究
卫生部	《人类辅助生殖技术管理办法》	2001 年	
卫生部	《人类辅助生殖技术规范》	2003 年	
卫生部	《实施人类辅助生殖技术的伦理原则》	2003 年	
科学技术部、卫生部	《人胚胎干细胞研究伦理指导原则》	2003 年	
国家卫生和计划生育委员会	《涉及人的生物医学研究伦理审查办法》	2016 年	
卫生部药政管理局	《人的体细胞治疗及基因治疗临床研究质控要点》	1993 年	涉及人类基因编辑临床研究
国家药品监督管理局	《人基因治疗研究和制剂质量控制技术指导原则》	2003 年	
国家药品监督管理局	《人体细胞治疗研究和制剂质量控制技术指导原则》	2003 年	
国家卫生和计划生育委员会、国家食品药品监督管理总局	《干细胞临床研究管理办法（试行）》	2015 年	
国家食品药品监督管理总局	《细胞治疗产品研究与评价技术指导原则（试行）》	2017 年	

科学技术部（以下简称科技部，包括原国家科技委员会）单独主管基因工程安全工作，负责基因工程安全监督和协调。《基因工程安全管理办法》（1993年）第4条规定："国家科学技术委员会主管全国基因工程安全工作，成立全国基因工程安全委员会，负责基因工程安全监督和协调。国务院有关行政主管部门依照有关规定，在各自的职责范围内对基因工程工作进行安全管理。"第5条规定："基因工程工作安全管理实行安全等级控制、分类归口审批制度。"该办法第三章"申报和审批"则较为详细地

规定了按照安全等级分类分级申报的具体规则。但是事后监督则语焉不详。

国家卫生健康委员会（以下简称卫健委，包括原卫生部、国家卫生和计划生育委员会）单独主管全国人类辅助生殖技术应用的监督管理工作、全国涉及人的生物医学研究伦理审查工作的监督管理。《人类辅助生殖技术管理办法》（2001 年）第 4 条规定："卫生部主管全国人类辅助生殖技术应用的监督管理工作。县级以上地方人民政府卫生行政部门负责本行政区域内人类辅助生殖技术的日常监督管理。"该办法就申请开展人类辅助生殖技术的医疗机构的审批和校验、处罚等作出了简明的规定。而《人类辅助生殖技术规范》（2003 年）明确禁止以生殖为目的对人类配子、合子和胚胎进行基因操作。《涉及人的生物医学研究伦理审查办法》（2016 年）第 5 条规定："国家卫生计生委负责全国涉及人的生物医学研究伦理审查工作的监督管理，……"继而该办法就医疗机构伦理委员会的设置、职责等作出了较为细致的规定。

国家食品药品监督管理局（以下简称食药监管局，包括原国家药品监督管理局、国家食品药品监督管理总局）负责细胞治疗产品的监管。在药品领域，我国形成了以药品管理法为核心，以食药监管局为监管机构的规制体系。《细胞治疗产品研究与评价技术指导原则（试行）》（2017 年）第二部分关于本指导原则的适用范围部分明确指出："本指导原则所述的细胞治疗产品是指用于治疗人的疾病，来源、操作和临床试验过程符合伦理要求，按照药品管理相关法规进行研发和注册申报的人体来源的活细胞产品。……"因此，人类基因编辑药品由食药监管局监督管理。

科技部、卫健委共同管理涉及人胚胎干细胞的研究活动。科技部和原卫生部制定的《人胚胎干细胞研究伦理指导原则》（2003 年）明确规定可以以研究为目的对人类胚胎实施基因编辑，但必须遵守相关规则。该指导原则第 6 条规定："进行人胚胎干细胞研究，必须遵守以下行为规范：（一）利用体外受精、体细胞核移植、单性复制技术或遗传修饰获得的囊胚，其体外培养期限自受精或核移植开始不得超过 14 天。……"但相关监管措施主要是设置伦理委员会，该指导原则第 9 条规定："从事人胚胎干细胞的研究单位应成立包括生物学、医学、法律或社会学等有关方面的研究和管理人员组成的伦理委员会，其职责是对人胚胎干细胞研究的伦理学及科学性进行综合审查、咨询与监督。"

卫健委、食药监管局共同管理干细胞临床研究，但不包括按药品申报的干细胞临床试验。国家卫生和计划生育委员会、国家食品药品监督管理总局共同制定的《干细胞临床研究管理办法（试行）》（2015）第5条第1款规定："国家卫生计生委与国家食品药品监管总局负责干细胞临床研究政策制定和宏观管理，组织制定和发布干细胞临床研究相关规定、技术指南和规范，协调督导、检查机构干细胞制剂和临床研究管理体制机制建设和风险管控措施，促进干细胞临床研究健康、有序发展；共同组建干细胞临床研究专家委员会和伦理专家委员会，为干细胞临床研究规范管理提供技术支撑和伦理指导。"该办法规定的监管措施较为全面，包括医疗机构资质要求、立项审查与登记备案、研究报告制度等。

（二）我国人类基因编辑监管模式的不足

1. 多头监管，职权交叉

从上述分析可以看出，我国人类基因编辑的监管机构包括科技部、食药监管局、卫健委。虽然各监管机构具有明确的监管分工，科技部主管基因工程安全工作，食药监管局主管细胞治疗产品，卫健委主管人类辅助生殖技术应用、涉及人的生物医学研究伦理审查工作。但是监管职责和监管对象存在交叉现象，导致各自职权范围不清晰。一方面，由于不同监管机构依法共同承担监管职责，其职权存在交叉现象，各自的监管边界模糊。科技部与卫健委共同监管涉及人胚胎干细胞的研究活动；食药监管局与卫健委共同监管干细胞临床研究工作。但对于上述监管活动中不同监管机构如何分工配合，则缺乏明确的法律规范。另一方面，由于不同监管机构的监管对象范围存在交叉现象，事实上导致不同监管机构的职权交叉。人类干细胞研究工作包括基础研究和临床研究，而科技部与卫健委依据《人胚胎干细胞研究伦理指导原则》（2003）共同监管涉及人胚胎干细胞的研究活动，这一研究活动显然应当包括临床研究，而《干细胞临床研究管理办法（试行）》（2015）确立的监管机构并不包括科技部。那么，科技部是否有权参与干细胞临床研究的监管则存在疑问。

2. 缺乏有力的监管措施（尤其是罚则和执行机制）

上述涉及人类基因编辑的法规中，除了《干细胞临床研究管理办法（试行）》（2015）、《涉及人的生物医学研究伦理审查办法》（2016）规定了相对完善的监管措施外，其他较早制定的法规要么未设置监管措施，要么监管措施较为笼统。《人类辅助生殖技术规范》（2003）明确禁止以生殖为目的之人类基因编辑，《人胚胎干细胞研究伦理指导原则》（2003）第6条作出了类似规定，但这两部法规均缺乏相应的法律责任。《人胚胎干细胞研究伦理指导原则》（2003）配置的监管措施就是设置伦理委员会，但伦理委员会的职权、监管方式等则较为粗略，缺乏可操作性。《涉及人的生物医学研究伦理审查办法》（2016）基本弥补了伦理委员会制度的不足，但法律责任的供给依然存在缺憾，仅规定了违法开展涉及人的生物医学研究之行政责任，民事责任和刑事责任付之阙如。上述法规中法律责任的缺失使得监管措施有形同虚设的风险。

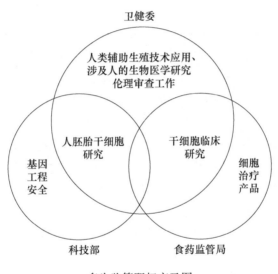

多头监管职权交叉图

二、美英人类基因编辑监管模式之借鉴

美国是人类基因编辑研究最为繁荣的国家之一，英国是最早在人类基因编辑领域作出正式制度安排的国家之一。因此美英均建立了各具特色、相对完善的监管模式。

（一）美国人类基因编辑监管模式

美国人类基因编辑的监督需要符合基因治疗监督的总体框架。美国区分研究阶段和资金来源形成了独立的监管立法。由于研究阶段和资金来源两个因素相互覆盖、相互作用，美国人类基因编辑的监管最终实现相当全面的覆盖。一般而言，依据研究阶段，人类基因编辑分为实验室基础研究、临床研究；依据资金来源，人类基因编辑分为联邦资助和非联邦资助。1995 年美国国会通过搭车法案迪克维克修正案（Dickey-Wicker Amendment，DWA）禁止卫生部（HHS，包括卫生研究院 NIH）运用联邦拨款资助人类胚胎研究：以研究为目的制造人类胚胎；损毁、抛弃人类胚胎或者明知而将其置于受伤害或死亡风险下的研究。① 该法案仅禁止联邦资金资助生殖系细胞研究，并不适用于州政府和私人资助，美国多个州设立基金支持不能获得联邦资助的人类胚胎研究。②

实验室基础研究由生物安全委员会监督，重点在于保证工作人员实验室环境的安全。在某些情况下，使用活体捐献者的细胞进行研究需要机构审查委员会的批准，以保护捐献者的隐私。接受卫生研究院资助的研究人员还必须遵循卫生研究院人类干细胞研究指南。③ 如果涉及人类胚胎研究，除了遵循迪克维克修正案外，还要自愿接受胚胎干细胞研究监督委员会或者胚胎研究监督委员会的监督。

临床研究除了接受生物安全委员会和机构审查委员会的监督，必须接受卫生研究院重组 DNA 咨询委员会（RAC）和食品药品监督管理局（FDA）的监管。随着时间的推移，卫生研究院重组 DNA 咨询委员会与食品药品监督管理局的审查逐渐相互影响。目前，卫生研究院重组 DNA 咨询委员会关注研究方案的安全性，并为深入审查和讨论研究方案提供平台。④根据美国《公共卫生服务法》和《联邦食品、化妆品和药品法》，食品药品监督管理局有权在联邦层面管理涉及基因组编辑的产品和药物。因此，食品药品监督管理局拥有监管人类基因编辑的权力，要求在进行临床研究

---

① 该法案于 1996 年 1 月 26 日生效。H. R. 2880-Balanced Budget Downpayment Act，I 104th Congress（1995-1996），https：//www. congress. gov/bill/104th-congress/house-bill/2880，2019/1/20.

② National Academy of Sciences, National Academy of Medicines, Human Genome Editing：Science, Ethics, and Governance [EB/OL]，https：//www. nap. edu/download/24623，2018/11/12，p. 43.

③ 关于该指南的详细内容参见 https：//stemcells. nih. gov/policy/2009-guidelines. htm，2019/2/24。

④ National Academy of Sciences, National Academy of Medicines, Human Genome Editing：Science, Ethics, and Governance [EB/OL]，https：//www. nap. edu/download/24623，2018/11/12，pp. 45-50.

之前提交试验新药申请。① 为了方便试验新药申请，食品药品监督管理局以"审核要点"的文件形式表明其审核基因治疗产品关注的重要问题。2015 年，食品药品监督管理局发布了《细胞和基因治疗产品早期临床试验的审核要点：行业指南》。② 总之，该机构依据现有的生物制品框架进行规制，从新药第一次用于人体到商业流通以及其生命周期实施全过程监督。根据《联邦食品、化妆品和药品法》的规定，食品药品监督管理局有权向法院申请禁令以阻止违反药品管理有关规定的行为。任何人违反禁止性规定，将承担可能不超过 10 年的监禁、数额不等的民事罚款、没收违法药品等处罚。③

（二）英国人类基因编辑监管模式

英国将人类基因编辑分为体细胞基因编辑和生殖系细胞基因编辑两类分别监管。体细胞基因编辑由药品和保健品监管署（MHRA）监管，同时众多专业机构参与其中，与基因编辑最相关的专业机构包括基因治疗咨询委员会（GTAC）和卫生与安全执行委员会（HSE）转基因生物（控制使用）科学咨询委员会［SACGM（CU）］。进行体细胞基因治疗临床试验前，首先需要获得药品和保健品监管署批准。基因治疗咨询委员会的同意也至关重要。卫生与安全执行委员会转基因生物（控制使用）科学咨询委员会依据 2000 年《基因编辑生物（控制使用）条例》发布了指导大纲，旨在保护人类免受暴露于基因编辑微生物的已知的、潜在的和未知的危害。④

生殖系细胞编辑的基本法为 1990 年《人类受精和胚胎学法》，监管机构为依据该法成立的人类受精与胚胎学管理局（HFEA）。人类受精与胚胎学管理局向公众提供免费、清晰、公正的生育治疗信息，作为英国政府的

---

① U. S. Food and Drug Administration, Therapeutic cloning and genome modification ［EB/OL］, https：//www. fda. gov/biologicsbloodvaccines/cellulargenetherapyproducts/ucm2007205. htm, 2019/2/24.

② Ibid. .

③ Subchapter III—Prohibited Acts and Penalties, Federal Food, Drug, and Cosmetic Act.

④ K. B. Bamford, S. Wood, and R. J. Shaw, Standards for gene therapy clinical trials based on proactive risk assessment in a London NHS Teaching Hospital Trust ［J］. QJM：Monthly Journal of the Association of Physicians 2005, 98（2）, pp. 76-77.

独立监管机构，监督管理生育治疗和研究。① 人类受精与胚胎学管理局成员均为医学、法学、宗教、哲学等领域专业人士。同时，《人类受精与胚胎学法》要求人类受精与胚胎学管理局主席、副主席和至少一半的其他成员不得是从事人类胚胎研究或生殖医疗的医生或专家以及资助上述研究的人员。

人类受精与胚胎学管理局通过三种方式进行监管：向医疗机构和研究实验室发放许可及定期和不定期检查；持续监督医疗机构的服务并发布质量报告以保护患者利益；运营事故报告系统以确保医疗机构就错误进行调查并促使整个行业吸取该教训。② 对许可的研究和治疗活动，人类受精与胚胎学管理局从三个方面进行把握：所涉及的配子和胚胎；制造、持有、使用配子或者胚胎的相关活动；与之相关的治疗或者研究目的。③ 这是一种严格的监督制度，可以追踪用于研究或者治疗的每一个胚胎的命运。④ 从事体外受精治疗和存储的医疗机构的许可证为四年，每两年进行定期检查，且有临时检查。检查结果将决定继续许可、许可期限缩短、许可条件增加或者取消许可。研究实验室许可面向特定项目，期限为三年，且一家实验室可能持有多种许可证。在监管过程中，人类受精与胚胎学管理局通过监管原则、从业准则和指示三种规范形式对许可活动进行指导和监督。⑤ 监管原则关注《人类受精与胚胎学法》中的关键监管事项，现行的监管原则为第 1 版，共 13 条；从业准则旨在为获得许可的诊所和研究实验室提供合法从业的具体规则，现行从业准则为 2019 年发布的第 9 版，共 33 条。⑥ 指示则是人类受精与胚胎学管理局就特定事项的具体指令。

---

① We provide free, clear and impartial information to all affected by fertility treatment. We are the UK Government's independent regulator overseeing fertility treatment and research. https：//www. hfea. gov. uk/，2019/1/15.

② HFEA, State of the fertility sector：2016-17 ［EB/OL］，https：//www. hfea. gov. uk/media/2437/hfea_ state_ of_ the_ sector_ report_ tagged. pdf，2019/2/15，pp. 5-6.

③ Nuffield Council on Bioethics, Genome editing and human reproduction：social and ethical issues ［EB/OL］，http：//nuffieldbioethics. org/wp-content/uploads/Genome-editing-and-human-reproduction-FINAL-website. pdf，2019/1/18，p. 105.

④ National Academy of Sciences, National Academy of Medicines, Human Genome Editing：Science, Ethics, and Governance ［EB/OL］，https：//www. nap. edu/download/24623，2018/11/12，p. 58.

⑤ 李蕊佚：《英国法上的人体胚胎规制体系》，《华东政法大学学报》2015 年第 5 期。

⑥ https：//www. hfea. gov. uk/media/2793/2019-01-03-code-of-practice-9th-edition-v2. pdf，2019/2/15.

《人类受精与胚胎学法》以专门章节规定了犯罪，第41条就刑事责任作出了较为细致的规定。其中，第41（1）条对严重犯罪进行规范，即任何人有下列行为之一的，构成犯罪，处以不超过10年的监禁和/或罚款：将未经许可的胚胎或者配子植入女性体内；违法签发许可，授权他人在原条出现以后还可以持有或使用胚胎，或者将人体胚胎植入任何动物体内，或者在法律禁止持有或使用胚胎的情形持有或者使用胚胎；违反有关生殖系细胞的禁令；违反有关非人类遗传物质的禁令，将人兽混合胚胎、非人类胚胎、非人类配子植入女性体内，或者未经许可将人类配子与动物配子混合、制造或者持有人兽混合胚胎。同时，该法第44条规定，因生育治疗而出生的残疾儿童适用1976年《先天残疾（民事责任）法》之民事救济。

（三）小结

一般而言，伦理价值观均是一个国家或者民族历史、文化、政治等诸多因素相互作用的产物。不同国家关于基因编辑的立法表达了不同的伦理价值观。[①] 这是我们理解不同国家人类基因编辑监管模式的基础，每个国家人类基因编辑的监管模式均植根于其历史、文化、政治乃至法律传统。尽管如此，我们依然可以发现其他国家人类基因编辑监管模式的共性因素。

1. 监管机构职权明确

美国关于人类基因编辑的监管虽然也涉及多个机构，但各个监管机构职权明确，不存在职权交叉的情形。与美国将监管职责纳入现有监管体系不同，英国由单一的独立监管机构监督生殖系细胞的基因编辑，其职权清晰明确。

2. 监管措施比较全面

美国和英国的监管措施均较为全面，主要体现在两个方面：一是法律规定较为明确，特别是法律责任制度，包括行政责任、刑事责任和民事责任三种形态，以强有力的监管措施保障监管体系良性运行；二是除了法律规定外，尚有监管部门的指导性文件为当事人履行法律义务提供指引。这些指导性文件从事前许可、事中检查、事后责任作出了较为完善的规定。

---

① Nuffield Council on Bioethics, Genome editing and human reproduction: social and ethical issues [EB/OL], http://nuffieldbioethics.org/wp-content/uploads/Genome-editing-and-human-reproduction-FINAL-website.pdf, 2019/1/18, p. 100.

同时，随着人类基因编辑技术的发展以及人们对人类基因编辑认识的转变，英国适时修订相关立法，以及时满足社会需求。

三、完善我国人类基因编辑监管模式的建议

（一）保持"多头监管"格局，明晰各自监管范围

目前，我国人类基因编辑多头监管，职权交叉。如何改变这一现状，笔者认为主要有两种思路：一是监管主体单一化，将监管职权划归某一当下监管机构或者设置一家监管机构，类似英国 HFEA 单独负责生殖系细胞基因编辑的监管；二是维持多头监管，消除职权交叉现象，实现不同监管机构的相互协作，类似美国多机构监管人类基因编辑。笔者倾向于后者，主要理由如下：

1. 技术与产品分别监管是各国的共同做法

国内有学者认为，美国形成了以产品为导向的生物产业促进法模式，欧盟整体上倾向于技术导向的生物安全保障法，并在分析二者利弊的基础上，提出我国应当确立产品导向的立法模式，以生物技术产品为基础进行监管，而非对生产该产品的技术本身和生产过程进行规制。[①] 其实并非如此，美国关于人类基因编辑的监管模式就是技术和产品分别监管的模式。美国人类基因编辑实验室基础研究监管的重点，是工作人员实验环境的安全和活体捐献者的隐私保护。在现行监管框架下利用基因编辑技术开展实验室基础研究，一方面，应通过生物安全评估，以审视该研究对人类健康和环境的潜在风险，确保得到充分培训的研究人员可以安全工作；另一方面，在活体捐献的情形下应通过机构审查委员会审核，以实现活体捐献者与社会利益的平衡。因此，实验室研究事实上是对基因编辑技术本身的监管，防范技术风险，保护研究人员安全和捐献者的隐私。一旦人类基因编辑进入临床研究，则需要获得美国食品和药品监管局的许可，严格按照药品的标准进行监管，与此同时还有其他专业机构介入。

英国人类体细胞基因编辑监管方面采取了监管机构和专业机构协同工作的模式，人类生殖系细胞编辑监管方面采取了单一监管机构的做法。因

---

① 刘旭霞、刘桂小：《基因编辑技术应用风险的法律规制》，《华中农业大学学报（社会科学版）》2016 年第 5 期。

此，就人类基因编辑的监管而言，虽然与美国的监管有所不同，英国也形成了技术与产品分别监管的格局：药品和保健品监管署按照临床试验相关立法的要求监管体细胞基因治疗，关注细胞产品的质量；人类受精与胚胎学管理局按照《人类受精与胚胎学法》监管生殖系细胞基因编辑，关注研究目的、研究过程和研究对象，事实上对生殖系细胞基因编辑技术实施全过程监督。

2. 我国技术与产品分别监管的格局已经基本形成

如前所述，我国科技部主管基因工程安全工作；卫健委单独主管全国人类辅助生殖技术应用的监督管理工作、全国涉及人的生物医学研究伦理审查工作的监督管理；食药监管局负责人类基因编辑药品的监管。科技部、卫健委共同管理涉及人胚胎干细胞的研究活动；卫健委、食药监管局共同管理干细胞临床研究，但不包括按药品申报的干细胞临床试验。科技部、卫健委、食药监管局的职权范围均涉及人类基因编辑，但有三点非常清楚：一是科技部负责基因工程安全工作，二是食药监管局监管人类基因编辑药品，三是卫健委监管人类基因编辑的研究活动。只是在人类基因编辑研究的监管中，科技部分享人胚胎干细胞研究活动的监管权，但相关立法并未对人胚胎干细胞研究活动进行明确界定，应当理解为基础研究加临床研究，因而科技部有权监管干细胞临床研究；但根据相关立法食药监管局又与卫健委分享干细胞临床研究的监管权，监管机构并不包括科技部。那么，科技部是否有权监管干细胞临床研究呢？虽然科技部是否监管干细胞临床研究存疑，但不难发现，我国事实上已经形成了技术和产品分别监管的模式。接下来的问题无非就是要将科技部、食药监管局和卫健委的监管职权划分清楚。笔者认为，以各监管机构的单独监管职责为基本标准，划分各自的监管领域：科技部负责监管人类基因编辑实验安全工作，食药监管局负责人类基因编辑药品的监管，卫健委全面监督人类基因编辑的基础研究和临床研究工作，且卫健委负责相关监管机构的协调工作。

考虑到人类基因编辑的风险，目前卫健委的监管工作应当区分基础研究和临床研究的具体情形采取不同的监管手段。法律调整社会关系，即人与人之间的关系。因此，如果某一关系不直接涉及人与人之间的关系，则法律无须对其进行调整。就人类基因编辑而言，囊胚体外发育的上限14天成为判断人与非人的判断标准。据此判断，以14天之内的囊胚为研究对象的基础研究，原则上为人对特殊客体的操作，不直接关系人与人之间的关系。对此法律只需保持 14 天的红线即可，只要不逾越该界限，就属于研究自由的范畴，法律无须介入；一旦逾越此界限，囊胚转化为人，此等研究演变为人与人之间的关系，则进入法律调整范畴。而无论是体细胞还是生殖系的基因编辑均涉及人与人之间的关系，法律加以干预。体细胞基因编辑只影响被治疗者本人，不涉及代际遗传，原则上只要技术安全即可实施，可以通过许可的方式进行监管；生殖系的基因编辑涉及代际遗传，可能危及人类基因池安全，存在巨大的伦理争议和技术风险，因此原则上应当予以禁止。

（二）完善监管措施，构建多种责任形态并存的监管机制

美英人类基因编辑的监管措施较为完善，最值得关注的就是其责任体系和业务指南。围绕人类基因编辑的违法情形的不同，美英均设置了民事责任、行政责任和刑事责任。而我国人类基因编辑的责任形态主要是行政责任，即便如此，行政责任的相关规定还极为简陋，没有根据违法情形的差异给予区分合理的行政处罚。这或许就是导致我国出现严重违反人类基因编辑伦理事件的原因之一。为此，我国应当充分考虑人类基因编辑的科学、伦理和法律风险，构建多种责任形态并存的责任机制。

1. 建立人类基因编辑研究受试者的民事责任制度

在开展科学研究的同时，充分保护受试者的合法权益，形成风险基金、责任保险、民事赔偿相结合的民事责任体系，一旦出现受试者利益受损的情形，受试者能够及时获得充分救济。贺建奎事件中其团队承诺承担基因编辑婴儿因基因编辑引发异常的医疗费用，但其资金来源有何保障？已经披露的《知情同意书》显示未来医疗费用由贺建奎团队和保险公司承担，但是基因编辑婴儿的投保疑云，似乎表明保险公司并未承保。毕竟，现有的保险制度难以为基因编辑婴儿提供保险，以应对人为干预基因导致未来感染其他致命病毒或疾病的潜在风险。这就要求充分考虑科技发展的需要，建立人类基因编辑的风险基金和新型的责任保险。同时，辅之以修改侵权责任法之医疗损害责任，以举证责任倒置应对人类基因编辑临床研究风险。[1]

---

[1] 杨雅婷、汪小莉：《基因编辑临床研究风险责任之法律探析》，《科技管理研究》2018 年第 20 期。

2. 构建人类基因编辑刑事责任制度

制定人类基因编辑研究的"负面清单"，对于何种研究绝对禁止和何种研究限制许可作出明确规定。在此基础上，借鉴美英等其他国家做法，明确规定违反特定基因编辑禁止性规定（如生殖系细胞基因编辑）将承担刑事责任，推动严重违法的人类基因编辑行为入刑。广东省"基因编辑婴儿事件"调查组有关负责人表示，对贺建奎及涉事人员和机构将依法依规严肃处理，涉嫌犯罪的将移交公安机关处理。就公开信息而言，贺建奎团队可能存在的伪造伦理委员会审查申请书等情形，涉嫌伪造公文类的犯罪，至于违法开展基因编辑入刑则存在缺乏明确法律依据的困境。为此，必须适时启动刑法修订，保障人类基因池的安全。

3. 补充完善人类基因编辑的行政责任制度

我国人类基因编辑的行政责任依然存在不足，对医疗机构特别是研究人员的处罚手段和力度有限。《医疗技术临床应用管理办法》（2018）中规定了医疗机构及有关人员相对完善的行政责任，对保障医疗技术临床应用科学进行具有重要作用。这一做法可以作为完善人类基因编辑行政责任制度的参考。同时，可以依托诚信社会建设，将违反人类基因编辑的行为纳入失信惩戒；还可以借鉴证券市场比较成熟的市场禁入制度，建立人类基因编辑领域的禁入（即特定违法人员不得从事人类基因编辑业务）制度。

四、结语

我国人类基因编辑监管模式的法律依据均为部门规章或者规范性文件，立法层次低。这也是导致目前多头监管、职责不清的原因之一。从这种意义上说，完善人类基因编辑监管模式必须依赖立法的完善，建议制定我国人类基因编辑的基本法，从监管主体、监管措施等方面全面规制人类基因编辑。

科学研究自由的宪法限制研究

——基于对基因编辑婴儿事件的思考

陈泽萍*

"基因编辑即借由一定技术，精确定位基因组的某一位点，并对该位点上的基因进行删除、修改或者插入新的基因片段，实现对基因组的定点修饰，以达到修复缺陷或者治愈疾病的目的。此技术不仅可修改胚胎、消除遗传病，理论上甚至能够改变人的外貌，让父母'设计婴儿'。所以，业内称这一技术为'上帝的手术刀'。然而，基因编辑由于风险系数高、不可逆转性及其他伦理因素，一直争议较大。"[1] 基因编辑应当被允许还是被禁止？基因编辑技术合理利用的边界问题、与基因编辑相关的伦理与法理讨论从未停止过。2018 年 11 月 26 日，媒体报道，中国深圳的科学家贺建奎宣布，他们团队创造的一对名为露露和娜娜的基因编辑婴儿在中国健康诞生。这对双胞胎的一个基因经过修改，使她们出生后就能天然抵抗艾滋病，这是世界首例免疫艾滋病的基因编辑婴儿。

露露和娜娜两个基因编辑婴儿的出现立即引起世界的震撼。一部分国外人士在网上为此欢呼人类的进步，而更多的本土科学家群体和普通民众则普遍发出质疑声，并认为基因编辑婴儿可能会带来一系列社会伦理法律问题。同时，法学界同人分别从民法、刑法、行政法等视角去剖析各种法律问题，但从宪法学角度分析该事件的文章屈指可数。党的十九大以来党中央就进一步不断强调要尊重宪法，学习宪法，依宪治国，用宪法思维思考问题，于是本文尝试从宪法学的角度分析"基因编辑婴儿"事件中反映出的科研自由的界限问题，希望能够唤起科研工作者们的宪法意识。

---

* 陈泽萍：首都师范大学马克思主义学院 2017 级博士研究生。

① 王学琛：《20 多国立法禁止基因编辑，中国尚无专门立法规范》，《界面新闻》2018 年 11 月 27 日。

一、作为宪法基本权利的科研自由

科学研究自由是指独立思考的自由，充分发表自己学术观点的自由，选择科学研究课题的自由，采用适合自己特长或适合所研究的问题性质的研究方法的自由。多数学者认为科研自由相当于学术自由。"学术自由，即科学研究自由，它是指每个公民研究各种学术问题以及发表和讲授自己见解的自由。"[①] "科学研究又称为学术自由，是指公民通过各种方式从事科学（包括自然科学和社会科学）技术研究，并在研究中自由地讨论、发现和分析问题，发表意见和提出不同的见解。"[②] 但这两者还是有区别的，在德国"学术是一种不拘内容形式，但有计划严谨尝试探究真理的活动；研究是以条理分明、可验证的方法获取知识的活动，讲学则是传授以上述方法获取的知识[③]。"郑贤君教授认为："如果说学术自由是大学自治的核心，则讲学自由是学术自由的重心，而讲学自由的重心又在讲授或者教学自由而非研究自由。"[④] "科学研究自由权利包括自由选择科学研究课题的权利、自由从事科学研究活动的权利、自由表达学术思想的权利，这三者相互结合构成了完整的科学研究自由权利体系。"[⑤] 由上，科学研究自由是指研究者有条理地、有计划地选择科学研究主题与科学研究方法，从事科学研究活动、发表科学研究成果而不受干涉的自由。而学术自由应该涵盖了科研自由，其内涵比科研自由更丰富。笔者比较赞同科研自由只是学术自由的一部分，王德志教授认为文化权利是一个由若干"子权利"构成"群权利"，从中国宪法学的层面看，文化权利可以包括科学研究自由、文学与艺术创作自由以及其他文化活动自由。[⑥] 我国现行宪法第 47 条对科学研究自由进行了规定："中华人民共和国公民有进行科学研究、文学艺术创作和其他文化活动的自由。国家对于从事教育、科学、技术、文学、艺术和其他文化事业的公民的有益于人民的创造性工作，给以鼓励和帮助。"

---

① 杨海坤主编：《宪法学基本论》，中国人事出版社 2002 年版，第 149 页。

② 周伟：《宪法基本权利：原理·规范·应用》，法律出版社 2006 年版，第 367 页。

③ 董保城：《教育法与学术自由》，中国台湾地区月旦出版社股份有限公司 1997 年版。

④ 郑贤君：《公立高校教师的学术自由：讲坛上的自由》，《财经法学》2017 年第 4 期，第 113 页。

⑤ 薛现林：《科学研究自由——基于科技法的思考》，北京大学 2004 届博士学位论文。

⑥ 王德志：《论我国学术自由的宪法基础》，《中国法学》2012 年第 5 期，第 7 页。

1987 年的全国人大常委会决议中强调的"在文艺创作和学术研究领域中，要在遵守宪法规定的原则下，继续实行创作自由、学术自由"，这是对宪法第 47 条内涵的权威解释，与"科学研究、文学艺术创作和其他文化活动的自由"相呼应。《中华人民共和国科学技术进步法》第 3 条第 1 款和第 69 条进一步规定："国家保障科学技术研究开发的自由，鼓励科学探索和技术创新，保护科学技术人员的合法权益。""违反本法规定，滥用职权，限制、压制科学技术研究开发活动的，对直接负责的主管人员和其他直接责任人员依法给予处分。"由此，科学研究自由是我国宪法上的基本权利。在德国、日本和韩国，他们也对科学研究自由作出了明文规定，《德意志联邦共和国基本法》第 5 条第 3 款规定："艺术与科学、研究与讲学均属自由，讲学自由不得免除对宪法之忠诚。"《日本国宪法》第 23 条规定："保障学术自由。"《大韩民国宪法》第 22 条第 1 款规定："任何公民有从事学术研究和艺术的自由。"美国宪法的权利法案视其作为言论出版自由的题中应有之义，但当前也以宪法解释的方式，确立"学术自由"为宪法第一修正案中"言论自由"所特别保障，从而确定了其在宪法上的地位。等而同之，这三个国家也把科研自由作为一项宪法基本权利。

综之，科研自由既然作为一项宪法基本权利，那它就先天具有防御权功能与受益权功能。宪法所保障之各种权利中，除有属于消极性防止公权力侵害之防御权（各类自由权属）之外，尚有积极性要求国家提供服务或者给付之受益权（社会权为其中之典型）。[1]"中华人民共和国公民有进行科学研究、文学艺术创作和其他文化活动的自由。""自由"首先表明的是一种免于国家公权力干涉的主观防御权。这种主观防御权包含两方面的意义：个人可以直接要求公权力机关不得干涉科研人员选择研究课题、从事研究活动以及发表研究成果；当公权力违法侵害公民的科研自由时，个人得请求司法机关介入以实现自己的科研活动自由。[2] 同时，科研自由还具有受益权功能。[3] 宪法第 47 条规定："……国家对于从事教育、科学、技术、文学、艺术和其他文化事业的公民的有益于人民的创造性工作，给以鼓励和帮助。"鼓励是指国家和社会对在教育、科学、技术、文化和其他

---

① ［德］康拉德·黑塞：《联邦德国宪法纲要》，李辉译，商务印书馆 2007 年版，第 160 页。
② 张翔：《基本权利的规范建构》，高等教育出版社 2008 年版，第 111 页。
③ 传统的观点认为科研自由即为科研人员自由为研究活动以及科研目的和科研手段免于公权力干预的自由。国家对于科研自由只负有一种消极义务，而不包括国家为科学研究提供激励机制和必要的资源。

文化领域中作出贡献的公民给予物质上和精神上的奖励。帮助是指国家和社会为在教育、科学、文化活动中作出贡献的公民和组织创造条件、提供帮助，主要是解决经费、设备，建立机构，为吸引和保证优秀人才提供各种机会。① 另外，宪法第 20 条规定："国家发展自然科学和社会科学事业，普及科学和技术知识，奖励科学研究成果和技术发明创造。""奖励"表明了国家对于科学研究活动的一种积极给付义务。国家为促进科研自由的实现，必须提供相应的物质保障，包括设备、经费、组织机构等。从科学研究自由的范围看，一般包括：学问研究的自由，也就是科学研究活动的自由；研究结果发表的自由；研究结果的教学自由。这是横向看。从纵向看，科学研究自由内在地包含各种层次的基本权利内容。在最初意义上，科学研究自由是一种思想自由，它表现为个人内心思考的绝对自由。科学研究自由进一步表现为行为的自由和表现的自由，也就是科学研究活动的自由和发表研究成果，以及传播和讲授研究成果的自由。最后，研究自由在现代社会亦为一种"客观的价值秩序"，具有"客观功能"。这要求国家机关必须尽到保护公民基本权利的义务，使科学研究自由免于公权力或第三人的侵害。换句话说，研究自由不仅可以消极抵制国家的侵害，还可以积极要求国家保护。同时，在现代社会中，科学研究自由，尤其是基础科学研究的领域，都仰赖于高额的研究经费的支持。如果没有国家财政上的辅助，是不可能顺利进行的。因此，研究自由之保障，要求国家积极负起奖励与辅助的义务。这层意义说明科学研究是具有社会性的权利。科学研究自由是现代宪法的重大价值，这是所有基因编辑技术的支持者为基因编辑技术提出的最为有力的声辩。科学研究只有在自由的氛围中才能迅速发展，才能给人类社会提供巨大的效益。反过来说，科学的巨大效益一定程度上也支持了科学研究自由。就本事件而言，只有摆出合理正当理由，国家才能禁止贺教授对于基因编辑技术的探索研究。假设贺教授能合理合法地利用基因编辑技术，实现基因编辑技术突破，解决人类疾病，我们有理由相信国家政府会奖励他、帮助他，为他提供更好的科研条件和环境。贺教授本人也可以要求国家给予必要的物质和精神激励，国家当然也有其义务。其目的是为了保障科研工作者能够自由地从事研究，实现科研的价值。但是，科研自由并不是无限的，其必须有自己的界限，否则就会侵犯

① 蔡定剑：《宪法精解》，法律出版社 2004 年第 2 版，第 279 页。

其他的宪法基本价值和权利。本次事件中，基因编辑的婴儿先天出生的受限性，大大地影响了他们的尊严和生命价值的实现。基因编辑的婴儿将很难通过自己的努力实现自己的价值。无疑的，如果任由生物领域对基因编辑用于人体生殖系统，特别是人体胚胎，就可能会发生任何人都不能预测的后果，甚至对整个中华民族、整个人类造成灾难性事件。

二、科研自由的限制

科研自由的限制必须存在于法律上，并有相关的规定，尤其见之于宪法，才更加具有说服力和权威性，更能体现我国对科研自由权的重视。

（一）科研自由限制的含义

所谓限制，是指公权力的介入使得基本权利的行使受到不利影响。传统的介入概念认为，介入必须具备四要素：目的性、直接性、命令性和法形式性。即国家必须有限制该基本权之意图，国家行为必须直接针对基本权进行限制，国家行为的强制性与命令性，国家的介入行为必须具有法的形式性。[①] 传统意义上的限制把公权力限制基本权利的范围局限于"直接的强制性法律形式的限制"，这种界定标准不当地缩小了限制的范围，致使许多受到公权力影响的行为不能纳入限制的范围之内，从而得不到保护。笔者以为，只要公权力的介入使得个人行为产生困难，且该行为是基本权利所保护的法益。不论这种介入是法律行为还是事实行为，是造成直接的影响还是间接的影响，均不影响其对于基本权利的限制之性质。"基本权利实际上受到了限制和妨碍，则构成限制和妨碍的国家行为都可能被界定为是基本权利的限制。"[②] 在干预形式上，有个别性之干预，例如国家以行政处分或法院判决对人民基本权利造成干预；此外，亦有一般性之干预，例如国家以法律、法规命令、自治法规对人民权利造成干预。笔者认为，科研自由的限制，是指国家通过法律对于研究机构以及研究人员的科研选题、研究方法、研究过程、研究成果进行约束。

---

① 王涛：《宪法上学术自由的规范分析》，中国人民大学 2011 届博士学位论文，第 86—87 页。

② 张翔：《基本权利限制问题的思考框架》，《法学家》2008 年第 1 期，第 137 页。

(二) 科研自由限制的宪法依据

科研自由的限制具有宪法上的依据。芦部信喜教授指出："在人类生活中，人的尊严是人权保障的依据。"《欧盟基本权利宪章》在序言中使用 human dignity，承认人的尊严与自由、平等与团结一样，是一种普遍价值。宪章第 1 条为人的尊严，第 1 条规定："人的尊严不可侵犯，须受到尊重与保护。"在整个宪法有序的价值体系中，人格尊严是宪法价值秩序的基础，是宪法的最高价值之一和宪法的道德基础。人格尊严"作为公民的一项基本权利，有助于确立对公民人格的宪法保护，维护人的尊严"[1]。科研自由权作为宪法规定的权利之一，必须服从人的尊严而不能违背人的尊严。我国宪法第 38 条规定："中华人民共和国公民的人格尊严不受侵犯。禁止用任何方法对公民进行侮辱、诽谤和诬告陷害。"我国宪法明确规定了人格尊严的不可侵犯性，只要任何侵犯人格尊严的行为就是违反了宪法。科研自由权虽然也是宪法规定的权利，但其必须服从人格尊严这个核心价值，否则就是违反宪法。因此，人格尊严最终决定科研自由权的界限。从本事件来看，世界上没有完全相同的基因信息，生命是神圣的，有尊严的，人体胚胎也有尊严。因此，贺教授的行为从人格尊严角度来看是对人格尊严的严重侵犯。鉴于我们自己对未来个体生殖和个体自由可被任意操控的担心，科研自由应当在宪法框架下实施。

许崇德教授认为"人权，一般是指人身自由及其他民主权利，也就是公民的基本权利和自由"。[2] 从第 33 条位于我国宪法第 2 章（公民的基本权利和义务）第 1 条来看，人权是公民基本权利和义务的基石，其既是限制国家权力的利器，又是公民权利和义务的边界，任何基本权利和义务的设定、内涵、精神和解释等都不能违反人权条款。宪法规定科研自由权，其目的在于保障科研工作者能够自由地进行科研工作而免受国家的随意干扰，但科研自由作为宪法规定的权利之一，也不能违反"人权条款"，否则就会受到限制。作为科研工作者，应当正确、理性地行使自己的权利，否则就要承受相应的代价。这次事件中贺教授在进行人体胚胎试验时违反了《医疗技术临床应用管理办法》中的相关规定。在未经国家允许的条件

---

① 郑贤君：《宪法"人格尊严"条款的规范地位之辨》，《中国法学》2012 年第 2 期，第 89 页。

② 许崇德：《许崇德全集》（第二卷），中国民主法制出版社 2009 年版，第 485 页。

下就进行人体胚胎试验，严重违反国家现行法律，是对他人人权的赤裸裸的侵犯，所以，当科研项目涉及重大的人伦道德问题时，审查机关应当首先考虑是否违反宪法中的"人权"条款，然后才是公众道德的评价。只有当科研自由不违反人权时才具有可实践性，否则我们自己必将自食恶果，人类将出现无法控制的混乱局面。

宪法第51条规定："中华人民共和国公民在行使自由和权利的时候，不得损害国家的、社会的、集体的利益和其他公民的合法的自由和权利。"作为基本权利的科研自由，要受到来自公共利益的外在限制。权利的行使有其边界，人民享有宪法上的各种权利，但是权利不得被滥用。"凡权利之行使，而至于滥用之时则当然不能享受任何法律之保障。"科研自由权的行使与他人的合法权利发生冲突时，受到必要之限制。"当保证学术自由与保护他人受宪法保护的合法权利发生冲突的时候，必须依据基本法的价值秩序标准，同时保证宪法价值一致性，经由宪法的解释来解决。在此紧张关系中，学术自由对于与其相冲突的受宪法保护的价值，并不能永居于优先地位。"基本权利的行使需受到来自社会共同体的秩序和宪法价值秩序的制约。"'为使共同体之人得以良善生活，基本权利并非不得限制'。而就此而言，基本权利限制系所有人作为不同利益与活动之个别基本权利人间平衡状态，以及顾及公共利益之'基本权利协调与兼容需求性之表现。'"因此，当某些科研活动、成果不危及公众利益时，不得随意冠以公众利益限制科研自由，否则就会超越公众利益设定的目的而侵犯了公民对研究的自由。基因编辑这类生物工程技术如果没有成熟之前就运用于人体胚胎，会产生我们无法预测的后果，甚至会搅乱我们的整个生活，严重损害国家、社会大众的利益，因此有必要对其进行适当的限制，但是不能超过必要限度而阻碍研究者对基因编辑技术的探索。科研自由当然也受到他人权利和自由的约束。科研成果首先影响的是具体公民的利益，然后才是其他相关主体的利益。如果一项科研不会对具体公民的利益造成损害，就很难对其他的利益造成损害。就拿本事件来说，基因编辑技术首先损害的是人体胚胎及其捐献者的利益，然后才是社会、国家等利益。作为科研工作者，我们首先考虑的问题是自己的科研成果会对他人、社会和整个人类造成多大的影响而不是考虑自己最终能获多少利与名。当某种权利和自由超越自己的界限时，应当受到其他权利和自由的制约。世界上没有绝对的权利与自由，也没有绝对的义务和负担，权利与义务永远是对等的，"服从人们为自己所制定的法律，才能自由，"① 否则就会引起权利与义务的不平衡，所以，他人权利与自由对科研自由的限定是为了更好地保护我们每个人的权利与自由。

学者福山认为："终极意义上，毋宁说人们担心的是，生物技术会让人类丧失人性。这种根本的特质不因世事斗转星移，支撑我们成为我们，决定我们未来走向何处。更糟糕的是，生物技术改变了人性，但我们却丝毫没有意识到我们失去了多么有价值的东西。也许，我们将站在人类与后人类历史这一巨大分水岭的另一边，但我们却没意识到分水岭业已形成，因为我们再也看不见人性中最为根本的部分。"② 在福山看来，根本性的问题关乎人性，关乎对人性的改变。人性一旦改变，社会公共秩序就会随之而变。为了维护社会公共秩序，国家当然会对科研自由权进行限制。如果国家不加以严格控制，会对人类造成巨大的灾难。基因编辑技术虽然短时间不会导致社会秩序混乱，但当量变到质变时会产生持续不断的社会冲突。社会公共道德是衡量科研自由的道德规范。当一个涉及道德方面的新事物出现会引起伦理学、哲学等多学科的讨论，法学虽然与道德有区别，但仍然离不开道德的影响，宪法规范中具有一定道德性质的规范当然会对新事物进行回应。我国宪法第 53 条规定："中华人民共和国公民必须遵守宪法和法律，保守国家秘密，爱护公共财产，遵守劳动纪律，遵守公共秩序，尊重社会公德。"我国宪法中的公共秩序、社会公德是限制科研自由的重要宪法规范依据。如果科研产品造成了公共秩序混乱、引起人们广泛的谴责，首先应诉诸具体相关的部门法，当部门法解决不了问题时，再由宪法规范进行最后的裁断。本事件中为维护公共安全和公共道德，在基因编辑技术还未完全成熟时，宪法规范应当对其进行必要的限制，以防止其造成更大的危害。在 21 世纪之前，我们也许感觉不到科技对我们的影响，然而如今我们的生活已经被高科技包围，绝大部分人已经习惯了现代科技所带来的生活。但目前很多科技并没有掌控我们人类生活，如果有一天某些技术的发展主宰地球时，那就是我们人类的末日。但当我们去寻找原因时却发现是我们人类自身没有居安思危的意识，我们只知道享受科技带来的便利，而忘记了提防科技对我们的渗透和入侵。法学的使命不在于赞美

---

① ［法］卢梭：《社会契约论》，李平沤译，商务印书馆 2017 年版，第 25 页。

② ［美］弗朗西斯·福山：《我们的后人类未来：生物技术革命的后果》，黄立志译，广西师范大学出版社 2017 年版，第 101 页。

科技的美妙，而在于防范科技可能带来的危险。与其他法律相比，宪法更具有历史使命感、更具有责任感去控制科技可能带给我们的危险。宪法学的基本命题和核心价值就是任何时候都不能把人性边缘化，以牺牲人性尊严为代价带来的任何发展。① 我们应当树立人类永远主宰技术而不是技术主宰人类的理念，因此，回归到宪法学来讲，科研自由权必须在宪法的范围内活动，必须服从于宪法所保护的人的尊严和自由。首先，科研发展的目标必须符合宪法的规定、理念、价值。其次，科研工作者的科研自由权应当被保护。不能因为科技对我们造成了影响，就禁止科研人员对未知世界的探索，毕竟我们的社会需要发展。只要控制好风险，就能够进行相应的研究。最后，对具有非常挑战人类伦理的科技，宪法应当保持非常谨慎的态度。那些非常具有挑战人类伦理道德和尊严的技术，在我们不知道是否会颠覆我们现存的社会前，宁愿不去开发，也不要冒着埋葬人类未来命运的风险去侥幸开发。我们必须以慎之又慎的态度去对待基因编辑用于人体胚胎。

（三）科研自由限制的形式

科研自由限制的主要形式有三种。一是禁止和严格限制某种特定内容的研究，如生产、制造、扩散毁灭性生化武器、毒品研究、生物武器研究、非法人体试验的研究、人兽混合胚胎的研究等行为。国家权力可以干预科研的内容，并确定科研为和平服务的原则，由于某些类型的研究将会揭示某一真理，而该真理与传统观念相悖；或者该研究成果的应用将会产生有害的结果，从而通过法律禁止某一类型的研究。② 所以在当代科学技术发展中应重点控制 AI、转基因食品、克隆、原子能和基因编辑等新兴技术。如前文所说，以上技术如果脱离宪法价值制约的话，有可能给人类和人的尊严带来损害。二是通过宪法和法律的调整，控制科研的手段，这主要是基于某些正当的研究内容由于其所采用的研究手段不当而侵害他人权利。"通常，研究主题是中立的，而研究主题对于他人的影响只有通过所选择的研究方法以及相应成果的应用。"③ 三是对科研机构和设施的限制。

---

① 韩大元：《当代科技发展的宪法界限》，《法治现代化研究》2018 年第 5 期，第 1 页。

② See Johna Robertson, The Scientist Right to Research: A Constitutional Analysis, Southern California Law Review 1977-1978, p. 1208.

③ See Johna Robertson, The Scientist Right to Research: A Constitutional Analysis, Southern California Law Review 1977-1978, p. 1205.

在科研活动中对科研机构的组织和形式实行审查与许可是十分必要的，它其实是保障了科学研究自由在宪法的可控范围内。编辑基因婴儿还涉嫌违反相关法律法规与伦理规范。该事件显然在合法合规性上存在问题，我们国家法律规定开展涉及人生物医学研究，一定要通过伦理审查。2016 年 12 月 1 日开始施行的《涉及人的生物医学研究伦理审查办法》规定，涉及人的生物医学研究应当符合知情同意、控制风险等伦理原则，其中控制风险原则要求首先将受试者人身安全、健康权益放在优先地位，其次才是科学和社会利益，研究风险与受益比例应当合理，力求使受试者尽可能避免伤害。

三、限制科研自由的正当性

科研自由作为我国宪法上的一项基本权利，在其法律的界限之内，是受到保障的。然则，国家对于科研自由的保障不是绝对的、无限的。宪法第 47 条所保障的科研行为是有益于人民的创造性工作。"宪法所保护的科研自由只是在有利于人类进步事业的前提与范围内有价值。"[1] "宪法所保护的科研自由只是在有利于人类进步事业的前提与范围内有价值，存在着严格的宪法界限。如果科研自由超越合理界限，其研究成果不利于人类进步事业的发展，那么这种科研自由就是宪法所不允许的。"[2] 为对权利确定边界以更好地实现，维持权利体系之间的平衡与和谐，就应该对权利进行合理限制。在法治社会对任何权利限制必须有正当性，否则就是对自由的侵犯。科研自由作为基本权利的一部分，也必须接受限制，否则会导致科研活动侵犯类的生存。但是，对科研自由的限制应当具有正当性，否则就会阻碍科研的发展。

（一）维护人格尊严：科研自由限制的价值核心

笔者认为，基因婴儿既已诞生，我们则要以理性与包容的心态去看待他们，他们也需要宪法保护。但宪法学者的使命是以宪法的力量预防基因

---

① 韩大元、王贵松：《谈现代科技的发展与宪法（学）的关系》，《法学论坛》2004 年第 1 期，第 11 页。

② 韩大元、王贵松：《谈现代科技的发展与宪法（学）的关系》，《法学论坛》2004 年第 1 期，第 111—112 页。

编辑人的到来，因为基因编辑技术侵犯了基因编辑人乃至人的尊严。科技发展促进人类进步和实现物质财富丰富的同时，它也对人的尊严构成了挑战。按照康德的论述，人性尊严可以概括为人是目的而不是客体，不得将他人视为手段，不能成为任何主体的工具。但是，我们的社会正在经历一个前所未有的巨大转变，人工智能对人主体的挑战，大数据时代对个人信息的侵犯，生化武器、生化人对地球毁灭的威胁，所有这些都威胁着我们人的尊严。基因编辑用于人体虽然可以治疗一些疾病，但是也会导致人的寿命增长进而威胁人类的生存空间。基因编辑用于人体胚胎会改变人体基因、减少人体基因的多样性和导致无法预知的后果，同时也剥夺潜后代主体对于自己身体的处分权。我们不怕灾难的正在发生，但是却害怕对未来的无知。我们不知道未来哪些基因对我们有利和有害，更无法预测当前有害的基因在未来有一天会有用。既然大自然赋予我们神奇的身体，我们应当保护而不是随意地删减。因此，基于维护人类尊严的需要，对科研自由进行一定的限制是正当的。我们应当坚持"技术永远是手段，人永远是主体，应该期待人类主宰技术的未来，而不应该让技术主宰未来"。为此，通过宪法所建构的共同体，必须有一个最低限度的价值共识，即人的尊严。[①]

（二）维护基本人权：科研自由限制的内在要求

维护基本人权与科研自由的界限的关系笔者打算从三个方面进行阐述，他们分别为：生命权、健康权和隐私权。

首先，科研自由与生命权的冲突。上官丕亮教授认为"生命权是指自然人享有的其生命不受非法剥夺、享受安全的生活环境以及一定的条件下选择安乐死的权利。它包括生命存在权、生命安全权以及一定的生命自主权"。[②] 国家对于生命权除不得非法剥夺之外，还负有保护公民的生命权免于第三人的非法侵害的义务。"生命权的保护不仅需要免受消极的不干预，更需要通过国家的积极功能使生命的价值得到扩张和实现。"[③] 科技的发展为人类带来了便利，但也产生了危害，威胁着我们的生存，这不得不让我

[①] 韩大元：《科技发展要基于人的尊严和宪法共识》，《北京日报》2018 年 12 月 3 日，第 14 版。

[②] 上官丕亮：《宪法与生命：生命权的宪法保障研究》，法律出版社 2010 年版，第 7—8 页。

[③] 张锡昊：《论生命权的宪法保障》，中山大学 2010 届硕士学位论文，第 6 页。

们思考科技是否在未来会威胁到人类的生命权。本事件中贺教授，甚至其亲生父母都无权决定孩子的基因编辑，这违反了生命权。

其次，科研自由与健康权的冲突。"健康权是指公民享有可能达到的最高标准的身体健康和精神健康和要求国家为公民实现健康提供必要保健条件的权利，对此权利的实现国家承担主要责任。"① 《世界卫生组织组织法》规定，健康不仅为疾病或羸弱之消除，而系体格，精神与社会之完全健康状态。享受最高而能获致之健康标准，为人人基本权利之一。健康权是一种宪法权利，是我国的一项基本人权，国家对于健康权利的保护义务指的是国家采取措施使得公民的健康权免于遭受来自第三人侵害。这种措施主要体现在立法方面，立法机关通过在民事、行政和刑事立法领域的规制，保护公民的健康权不受第三人侵害。国家积极介入基因编辑的科研活动，是国家保护健康权免于第三人侵害，履行对于公民健康权保护义务的体现。目前基因编辑技术在人体胚胎试验中存在脱靶率高、高度不确定性、不可逆转性，② 可能破坏人体中原本正常的无关基因，甚至导致复杂的基因重排。给婴儿的未来的健康权带来巨大的威胁。

最后，科研自由与隐私权的冲突。"隐私权是起源于民法上的概念，民法上的隐私权是指自然人享有的、对其个人的、与公共利益无关的个人信息、私人活动和私有领域进行支配的一种人格权。"③ 笔者认为，基于人的尊严的法理基础，即个人私生活领域不受干扰，可以解释出宪法上的隐私权。在本事件中，贺教授在研究过程中，需要对基因婴儿的个人信息进行跟踪采集，这些信息具有一定的私密性，通常为他人不愿意公开的，与个人的隐私关系密切。一旦研究者将这些信息泄露给其他人，势必会侵犯受试者的隐私权。基于保护受试者的隐私的目的，要求研究人员对于医疗中获取的受试者的个人信息进行联结。然而，基于研究的目的，需要将临床试验的结果与受试者的个人信息联系起来。因而，这里就存在着研究者科学研究自由与受试者的个人隐私权之间的法益冲突。为了保护受试者的隐私权，科研人员对于受试者的个人信息的搜集和利用的自由便受到一定的限制，这一限制符合人权的内在限制的理论。

---

① 蔡维生：《人权视角下的健康权》，山东大学 2005 届硕士学位论文，第 4 页。
② 邱仁宗：《基因编辑技术的研究与应用：伦理学的视角》，《医学与哲学》2016 年 7 月第 37 卷第 13 期，第 2 页。
③ 王利明主编：《人格权法新论》，吉林人民出版社 1994 年版，第 487 页。

韩大元教授曾指出："如果人类只关注现代科学技术给生活带来的便利，而忽视可能带来的灾难的话，宪法的存在就会失去基础，人将失去主体资格。"[①] 如果不对科研自由加以限制，恐怕我们终究有一天会被科技征服，康德所谓"人是目的而不是客体"的哲学命题就会破灭，人类也将无法生存。为了人类能够继续自然地生存，对科研自由权的限制是必要的，特别是在涉及对人类生存有重大威胁的领域更应该严格限制。

（三）维护公共利益：科研自由限制的外在限制

基于公共利益限制基因编辑婴儿研究中的科研自由不仅具有宪法上的依据，而且具有现实的迫切性。一方面，人体生物科技的研究活动，为疾病的诊断、治疗提供了巨大前景；然而另一方面，基因编辑领域的科研活动，也在冲击着人类社会的道德与伦理，给社会婚姻制度、继承制度等法律制度带来影响。

四、结语

从科研自由的价值与宪法的理念的角度来分析，基因编辑婴儿的研究显然已超出了我国宪法所规定的科研自由本身的界限，也相应地对宪法存在的基础造成了损害。保障科研的自由是宪法所赋予我们的权利，但科研自由也要受制于人的尊严、生命权和人权等宪法权利和价值，一定要避免科研的过程和成果对个人和社会构成伤害。鉴于基因编辑婴儿的研究与人的尊严、人的基本权利和生命权等均有不同程度的对立，故而建议予以禁止。

---

① 韩大元：《论克隆人技术的宪法界限》，《学习与探索》2008 年第 2 期，第 93 页。

自动驾驶法律规制

论自动驾驶中交通肇事罪归责主体的认定问题

肖　怡* 赵津萱**

近年来，自动驾驶的问题时有出现，但是我国的相关法律制度却不甚健全，自动驾驶将原本由人操作控制的驾驶行为，一部分或者全部交由机器来完成，人工智能本就是一项颠覆性技术，自动驾驶汽车更是会直接应用到人们日常生活中。不能及时在法律上对其进行规制，在归责机制不完善的情况下，很有可能出现无人为事故负责的情况。因此，对自动驾驶进行法律上的规制是十分具有必要性的。

一、自动驾驶及其分级制度的概述

（一）自动驾驶的概念与特征

1. 自动驾驶的概念

自动驾驶汽车是一种智能型汽车，通常也被称为无人驾驶汽车、智能网联汽车。自动驾驶是指不同于传统驾驶一切指示行为都需要驾驶员进行，其通过在汽车内搭载先进装置，并运用新技术，而使汽车能够部分或完全不需要驾驶员进行操作即可运行的新型驾驶方式。

2. 自动驾驶的特征

（1）相应法律制度缺位

自动驾驶在我国尚属于新鲜事物，相应法律法规都不算健全。2017 年7 月，国务院出台了《新一代人工智能发展规划》，肯定了要大力发展人工智能，开展与人工智能应用相关刑事责任确认等法律问题研究，明确人工

---

　* 肖怡：首都师范大学政法学院副教授，法学博士。

　** 赵津萱：首都师范大学政法学院 2018 级硕士研究生。

智能法律主体、相关权利义务和责任等。该规划明确了自动驾驶汽车作为人工智能的一种，应明确刑事责任的确定问题。

（2）由人工操控的机械产品向智能化系统控制的智能产品转变

不同于传统的驾驶方式，随着自动驾驶技术的发展，我们对汽车的使用开始由人对汽车的直接支配力，逐渐转变为通过程序代码等高科技手段的间接支配力。自动驾驶技术则将一部分原本由驾驶员完成的技术，通过编程等手段转由机器完成，而驾驶员只需在必要时进行操作。在这种操作过程中，如果出现问题，就将面临确定归责主体的问题。

（3）高度危险性

人工智能本身就是影响面广的颠覆性技术，可能会冲击法律与社会伦理，将对政府管理、经济安全和社会稳定产生深远影响。自动驾驶汽车作为人工智能设备的一种，直接应用到人们的日常生活当中，对人们的生产生活具有直接影响，如果没有完善的法律法规、责任机制进行规制，其后果不堪设想。

（二）自动驾驶的分级制度

2018年1月，在国家发改委下发的《智能汽车创新发展战略》（征求意见稿）中，提到美国汽车工程师学会已经制定出了相关标准，其按照智能化程度将智能汽车划分为五个等级：第一等级是辅助驾驶，即驾驶人员负有监控驾驶环境和随时观察周围情况的责任，在遇到紧急情况或者突发状况时，驾驶人员应当及时恢复操作，此情形下的归责方式，同传统的交通肇事罪的归责方式大致相同；第二等级为部分自动驾驶，其自主性仍然较低，虽然车辆能够自主进行一些驾驶操作，但在行驶中，驾驶人员仍然具有持续监控周边环境和操作部分行驶的义务，但较之传统驾驶而言，其注意义务也不尽相同；第三等级为条件自动驾驶，驾驶人员只负责复杂情况下操作汽车执行驾驶任务，系统请求之前，驾驶人员无须执行驾驶任务，因而其注意义务较弱；第四等级是高度自动驾驶，自动驾驶汽车已经具有了相对较高的自动化程度，因此对于驾驶人员的注意义务的要求会相应降低；第五等级是完全自动驾驶，在自动驾驶汽车应用第五级时，就真正实现了无人驾驶。在此等级中，车上无须配备驾驶人员，可以实现完全自动驾驶，因此，驾驶人员也就不能成为刑事责任主体。

五级自动化等级，是根据自动驾驶车辆的自动化程度划分的，其中

一、二两级，自动化程度较低，该两级仅仅将人类的双手双脚从驾驶中解放出来，而驾驶人员的注意义务仍未降低。因此，在进行交通肇事罪的归责时，与传统驾驶大致相似。第五级自动驾驶汽车，实现了完全自动化，因此也不存在认定驾驶人员是否应当承担刑事责任的问题。需要区分刑事责任主体的情况，主要存在于三、四两级，此两级中，自动驾驶汽车具有较高的自动化性能，但驾驶人员仍需承担一定的注意义务，在此情形下，认定责任主体就相对困难一些。基于此，下文主要讨论的是在汽车应用三、四级自动驾驶系统时，应如何认定责任主体的问题。

二、我国传统交通肇事罪中归责主体的认定

根据《中华人民共和国刑法》第 133 条规定，违反交通运输管理法规，因而发生重大事故，致人重伤、死亡或者使公私财产遭受重大损失的行为构成交通肇事罪。据此规定，交通肇事罪是指：因违反交通管理法规，发生重大事故，致人重伤、死亡或者使公私财产遭受重大损失的行为。可以看出，刑法中并没有对交通肇事罪的主体予以特别限定，其犯罪主体为一般主体，即年满 16 周岁具有自由意志，且符合犯罪构成的自然人。

具体到交通肇事罪中，其犯罪主体包括从事交通运输人员或者非交通运输人员。根据传统理论，交通运输人员是指具体从事公路交通运输和水路交通运输业务的人员，同保障交通安全具有直接关系的人员，包括具体操纵交通运输的驾驶人员、交通设备的操纵人员、交通运输活动的直接负责人员和交通运输安全的管理人员。非交通运输人员是指交通运输人员以外的一切人员。如在高速公路上实施拉车乞讨等行为，造成交通事故的，行为人依旧可以作为交通肇事罪的犯罪主体。[①]

同时，交通肇事罪要求犯罪主体有违反交通管理法规的行为，且主观上具有过失，即行为人应当预见违反交通运输管理法规的行为可能发生重大交通事故，因为疏忽大意而没有预见或者已经预见却轻信可以避免，以致发生交通事故。如若行为人虽然违反交通运输管理法规，但没有造成重大交通事故，或者虽然造成了严重后果，但行为人主观上没有过失的，不能认定为交通肇事罪。[②]

---

① 谢望原、赫兴旺主编：《刑法分论》（第二版），中国人民大学出版社 2011 年版，第 55 页。
② 张明楷：《刑法学（下）》（第五版），法律出版社 2016 年版，第 719—720 页。

由此,传统交通肇事罪的归责主体主要是因违反交通管理法规,过失造成重大交通事故的行为人。其处罚对象主要是在交通运输过程中存在过失的自然人,该过失是针对交通事故的后果而言的,要求行为人对其违反交通运输法规是有认识的。

三、现阶段自动驾驶中四种归责观点

(一) 以产品罪责为基础将罪责归于制造商

持此观点的学者认为,自动驾驶的产生本身就是为了将驾驶人员从驾驶行为中解放出来。因此,在使用自动驾驶汽车时,不应苛责驾驶员具有观察周围情况的义务,驾驶人员仅仅需要在系统发出警报时,再恢复对汽车的操控。正如相关学者所说:"在这样的保证下,制造商与司机之间建立了一种近乎信任的关系,这种关系远远超过了人类与其他产品的关系,就像医生或律师一样,无人驾驶车辆保证了人类操作者的安全,并遵守法律。"[1] 这种信任度关系,意味着驾驶人员完全将驾驶风险转交给制造商,即制造商要事先设想到一切可能发生的情况和危险。显然,这种归责方式是存在问题的。

首先,在驾驶过程中,情况总是瞬息万变的,苛责制造商在制造之初就要担负一切注意义务,明显违背归责原理。驾驶过程中,很多事件的发生都具有偶然性和突发性,自动驾驶车辆在驾驶过程中,有些意外情况是制造商不能预见的。例如,人工智能的学习算法与最佳决策模式虽然由技术人员编程,但其实并不受编程人员的直接控制。"与传统意义上的软件编码不同的是,人工智能机器看起来更像是接受训练而不是编程。当软件与外界交互时,它会寻求哪一种行动会产生最有成效的结果。然后,它将最有成效的行动付诸未来的行动中。[2]"这也是人工智能的研究者可能根本不会下围棋,但机器人阿尔法狗为什么却可以以压倒性优势战胜世界围棋冠军李世石、柯洁的根本原因。因此,制造商只能尽可能全面地设定自动

---

① Clint W. Westbrook, The Google Made Me Do It: The Complexity of Criminal Liability in the Age of Autonomous Vehicles, Michigan State Law Review, Vol. 2017, No. 1, 2017, p. 141.

② Weston Kowert, "The Foresee ability of Human-Artificial Intelligence Interactions", Texas Law Review, Vol. 96, No. 1, November 2017, p. 183.

驾驶汽车在何种情况下应作出何种反应，而不可能预设出自动驾驶汽车所有行动轨迹。

其次，如果将驾驶事故的刑事责任一概归于制造商，也不够客观。因为，自动驾驶车辆的运行涉及多方主体，硬件供应商、程序员以及车辆所有者，他们都有可能因懈怠而造成事故。对于其他主体的过失视而不见，仅仅追究制造商的责任，显然违背公平正义的基本原则。同时，任何新技术的开发都蕴含一定的技术风险，有些缺陷是不可预见的，将其一概归于制造商会严重妨碍技术的创新与发展。

（二）将注意义务课予制造商、相关实体以及自我驱动的硬件和软件的提供商和服务商等"操作车辆的人"

持此观点的学者，同持第一种观点的学者之间存在一个共识，即在自动驾驶过程中，真正的驾驶人员对发生的事故不承担任何责任，二者的不同之处在于：第一，持第二种观点的学者扩大了责任主体的范围，将间接"操纵车辆的人"全部归到了责任主体中。第二，该观点要求把这些人员看作"操作汽车的人"，而不是"生产汽车的人"，因此，其要承担的是交通肇事行为的责任，而非产品责任。那么，问题就出现了，真正直接驾驶汽车的驾驶人员不用承担任何责任，而那些主体根本就没有直接参与自动驾驶车辆的操作，却要承担交通肇事罪的法律后果，明显违背了刑法的精神。

（三）辅助操作者承担注意义务

持该观点的学者认为，在自动驾驶的情况下，驾驶人员负有同传统驾驶一样的注意义务，如果驾驶期间出现任何问题，驾驶人员都应作为责任主体承担相应法律责任。但这种要求本身是不合理的，自动驾驶的出现，本质上就是为了将驾驶人员从驾驶活动中解放出来，虽然在三、四级的自动驾驶模式下，仍旧需要驾驶人员进行部分操作，但不能苛求驾驶人员时刻保持同传统驾驶一样的高度注意义务。这种针对传统车辆的驾驶员的要求，不能完全照搬至自动驾驶车辆的辅助操作者，否则会使自动驾驶的研究失去价值。

（四）在不同的主体之间分配注意义务和责任

持该观点的学者认为，自动驾驶车辆的生产、销售及使用过程中，存在多方主体,他们各自都有可能因为没有履行注意义务而导致事故的发生,或者自动驾驶车辆生产、销售、运营的不同阶段,不同主体没有合理履行监督、护理等注意义务,导致车辆出现问题或者有问题而没有及时解决,相关主体自然需要对后果承担责任[①]。需要注意的是,在不同的主体之间应合理分配注意义务,必须明确不同主体的义务来源,确定注意义务的范畴和界限,才能合理归责。

四、在"物主"主义刑法观下讨论归责方式

笔者认为,自动驾驶区别于普通的人工驾驶,其驾驶过程中可能出现任何情况,因此,自动驾驶的归责问题应当分情况讨论。

(一)从"人主"主义到"物主"主义——在自动驾驶环境下刑法观的转变

研究自动驾驶环境下的刑事责任主体问题,实际上是研究刑法观转变的问题,随着自动驾驶等人工智能的研发,我们的生活开始由"人主物"的生活方式逐步转变为"物主物"甚至"物主人"的生活方式,刑法观亦应当发生转变。在"人主物"的生活方式中,我们凭借"人主"主义的刑法观,可以很明确地判定出责任主体。但是,在"物主物"甚至"物主人"的生活方式中,如果我们仍然依照"人主"主义的刑法观去判断责任主体时,会发现不存在直接的责任人,相关人员可能都是间接操作。这时,就需要我们转变思路,用"物主"主义的刑法观去判断应如何归责,但要注意的是,处罚物本身是没有任何意义的,"物主"主义的本质上,仍旧要归责于人,但此事物的责任应当归责何人?是物的设计者、制造者,抑或是使用者?这是需要研究的问题。

其实,在"物主"主义的刑法观的指导之下,归责的依据是哪一方构成刑法规定的犯罪构成要件,这个犯罪构成往往体现在主观上,应当承担刑事责任的主体应当是意识到了可能存在安全问题,但没有及时采取措施,放任了危害结果发生的人,承担刑事责任的核心是主观上对危险是否明知并放任。对于自动驾驶而言,我们首先应判断使用人工智能者是否有

① 彭文华:《自动驾驶车辆犯罪的注意义务》,《政治与法律》2018 年第 5 期。

过错，使用人工智能者有过错的情况下，使用人工智能者应承担刑事责任。使用人工智能者如果没有过错，是自动驾驶系统的缺陷导致事故的发生，此时，就需要通过"物主"主义的刑法观，通过相关人员的主观状态，确定归责主体。

（二）区分不同情况讨论归责方式

1. 无论是否系自动驾驶，该事故不可避免

美国首例无人驾驶汽车在公开路面上撞伤行人致其死亡的案例：3月18日晚上10点左右，Uber的一辆无人驾驶汽车发生交通事故，与一名正在过马路的行人相撞，行人在送往医院后不治身亡。在该案中，据亚利桑那州坦佩警察局局长西尔维亚·莫伊尔（Sylvia Moir）对《旧金山纪事报》称："事实非常清楚的是，根据受害人横穿马路的方式，无论是有人还是无人驾驶模式，要避免这起交通事故是极其困难的。"[①]

在本案当中，可以确定的是，无论是驾驶员亲自驾驶还是机器操纵驾驶，此事故都几乎不可避免。笔者认为，在此种情况下，应当具体分析案发当时的情况，首先确定行人与车辆的事故主要责任归属，再通过专业技术分析事故避免的可能性，若事故即使是驾驶员驾驶也不能避免，无论是将责任归于自动驾驶系统还是归于车上具有注意义务的乘客都未免太过牵强。

2. 由于驾驶人员操作失误或者未按照用户手册进行操作，导致事故发生

在此情况下，一般应当归责于驾驶人员。比如，特斯拉自动驾驶规范一般认为，使用特斯拉自动驾驶应当在有路中隔离带的道路上行使，但驾驶人员将车使至无路中隔离带的道路行驶发生事故的；又如车辆发出警报提醒驾驶人员紧急操作，但驾驶人员未及时恢复人工操作的。再比如说谷歌汽车案中，经查，造成事故的原因是驾驶员的失误和注意力不集中[②]。上述案例中，因驾驶人员使用自动驾驶违反相关操作规程或者操作失误导致交通事故或者进行其他犯罪的，应当根据其主观罪责状况定罪。

---

① 胡涵：《首例无人驾驶车撞人致死案，公众在担心什么？》（《新京报》2018年3月21日），http://www.xinhuanet.com/auto/2018-03/21/c_1122567505.htm，最后访问时间：2018年12月7日。

② 参见《谷歌无人驾驶汽车出现首起人身伤害事故》，https://www.cnbeta.com/articles/411931.htm，最后访问时间：2018年11月9日。

3. 由于自动驾驶系统存在技术缺陷而导致事故发生

特斯拉披露了一起致死事故。在美国佛罗里达州的高速公路上，一辆特斯拉 Model S 在自动驾驶模式下，撞上并钻入了一辆 18 轮大拖车的车底。车主是一名 40 岁的男子，当场死亡。后经查，该次事故系特斯拉自动驾驶系统失灵，应当减速未能及时减速造成。[①]

在讨论由于技术系统缺陷而导致事故发生，应如何归责的问题之前，首先应当明确的一点是，我们不能因为自动驾驶汽车的缺陷造成了法益侵害，而追究其背后的制造商或设计者的过失责任。交通肇事罪虽然属于过失犯罪，但行为人对于其驾驶行为违反道路交通管理法规应当是有主观认识的。而制造商或者设计者有时无法在生产之初，就认识到车辆在某种情况下会违反交通法规，并酿成事故。在此情况下，判断相关人员是否成为刑事责任主体时，应当判断技术缺陷是否已在生产、测试、实验过程中被相关人员发现，且相关人员放任了该缺陷的存在。只有在相关人员对该缺陷的存在持故意的态度时，才能成为交通肇事罪的追责主体。

另外，对于已经发现技术缺陷的车辆，没有及时弥补而放任损失继续扩大的，由于绝大多数都是公司决策，因此可能很难找到一个实际的责任主体在刑法上承担罪则，故而实际很难追究刑事责任。

4. 由于现阶段技术不可预知缺陷而导致事故的发生

科技的进步有时需要付出代价，有些设计缺陷是在当时的技术条件下无法发现的，只有在出现不利后果之后才能被发现。例如 1972 年 6 月 23 日美国航空公司的 DC-10 型 96 号航班，因该舱门的设计缺陷，飞机底板出现大洞，因机长及时采取了正确的迫降措施，最终虽然飞机损毁严重，但机上无人伤亡。在此次事故中，因为舱门的设计缺陷是在当时的技术条件下无法避免的，因此，在此次事故中无人应当承担刑事责任。但两年后的土耳其 981 次航班的事故，事件的性质就大不相同了。[②]

在自动驾驶的研究发展过程中，不可避免地会存在一些开发过程中的危险问题。但是，我们不能因此就停滞不前，在发展中可能必须要承受一定风险才能有所收益，而过分苛责制造商或设计者的责任，显然不利于科

---

① 参见：《美国发生全球首例自动驾驶致死车祸 特斯拉或存缺陷!》，https：//mp. weix-in. qq. com/s? __biz = MTI0MDU3NDYwMQ% 3D% 3D&idx = 2&mid = 2656524850&scene = 21&sn = af5c45f17f07f836ba429c9d9a4865b5，最后访问时间：2018 年 12 月 8 日。

② 详见《设计缺陷——1974 年土耳其航空 981 号航班失事》，http：//www. zgdazxw. com. cn/news/2014-05/23/content_ 48340. htm，最后访问时间：2018 年 11 月 9 日。

技的发展进步。对于此类不能被发现的技术难题，不应归责于制造商与设计者。

综上，在我国自动驾驶技术逐渐成熟，其应用被提上日程，相关监管措施也陆续出台的情况下。在刑法上，对自动驾驶的归责问题进行研究是十分必要且急切的。在转变刑法观的同时，对自动驾驶可能出现的问题区分不同的情形进行归责，完善相关规则理论体系，具有重要的规范学意义。

自动驾驶汽车准入制度：
正当性、要求及策略

崔俊杰[*]

自动驾驶汽车是智能互联网技术运用的重要载体[①]，我国《新一代人工智能发展规划》将发展自主无人系统的智能技术作为关键共性技术来抓，指出要重点突破汽车自动驾驶等智能技术，支撑无人系统应用和产业发展。为此，政府职能的有效发挥应密切关注正在发生的变化，以期制定前瞻性策略并促成最好的规制结果。市场准入是最为常用的规制手段之一，传统准入制度在自动驾驶规制方面将具备怎样的价值，又将回应怎样的需求？本文将从法学的视角作出尝试性的解答。

一、自动驾驶汽车准入制度的正当性证成

（一）为自动驾驶汽车市场化提供合法性支撑

1. 市场机制不能减轻自动驾驶技术风险

市场失灵是划分政府和市场权责的边界。政府监管应当是一种旨在矫正市场失灵和促进竞争的制度安排。市场失灵通常可以从信息不充分、负外部性问题以及产业需求三个方面来展开论证。

* 崔俊杰：首都师范大学政法学院讲师，法学博士。本文系作者主持的 2017 年司法部国家法治与法学理论研究项目《技术市场规制中的政府权责及其边界研究》（编号 17SFB3015）。首都师范大学政法学院彭良玉同学对本文写作亦有贡献，谨致谢忱。本文首次发表于《行政法学研究》2019 年第 2 期。

① 自动驾驶汽车（Intelligent Cars）是指具备自动驾驶功能的汽车，即车辆具备在不需要驾驶员执行物理性驾驶操作的情况下，能够对车辆行驶任务进行指导与决策，并代替驾驶员操控行为使车辆完成安全行驶的功能。只具有机动车辅助类自动化功能的汽车不属于本文所称的自动驾驶汽车。

其一，信息不充分问题。信息问题是规制的一般性正当理由，但在智能互联时代，"数字鸿沟"将冥次方地加剧信息赤字难题。[①] 中国信息通信研究院的报告表明，我国各产业、行会和地区之间的数字经济指数差异较大，其深层次原因是各阶层、群体和地区之间存在巨大的数字鸿沟。[②] 数字鸿沟的存在，使得在自动驾驶汽车市场化进程中，交易双方及规制机构提供和处理有关自动驾驶汽车特定水平及质量信息的边际成本将严重高出于其所带来的边际收益。诚然，跨越"数字鸿沟"应当是智能互联时代服务型政府的职责，但在"数字鸿沟"存在并将长期存在的客观现实下，仅仅依靠市场机制不能自动减轻因信息不充分而引发的市场失灵问题。

其二，负外部性（negative externality）问题。自动驾驶汽车的市场化可能存在明显的负外部性问题：一是可能发生技术失灵，导致严重交通事故；二是可能过度收集处理用户信息，引发对社会公众隐私权的普遍侵犯；三是可能存在道德风险问题，直面所谓"电车难题"（Trolley Problem）[③]；四是可能发生异化风险，出现自动驾驶系统的滥用甚至犯罪。诚然，合同、侵权等私法上的装置都有能力将外部性问题内部化，但它们的作用很有可能止步于难以估量的交易成本。[④] 特别是考虑到现有法律体系下的侵权责任、消费者权益保护、保险赔付等传统纠错和救济机制，均或多或少地无法适用于自动驾驶汽车的情景之下，上述通过私法装置解决负外部性问题的进路就显得捉襟见肘。[⑤]

其三，产业需求问题。自法律制度建立以来，安全问题一直是最为传统的主题。当前自动驾驶汽车市场化的最大障碍也正是社会公众对其安全

① "数字鸿沟"（digital divide），是指不同社会经济水平的个人、家庭、企业和地区在接触信息通讯技术和利用互联网进行活动的机会的差距。参见［美］阿尔文·托夫勒 著：《权力的转移》，黄锦桂译，中信出版社2018年版，第456页。

② 中国信息通信研究院：《中国数字经济发展白皮书（2017年）》，中国信息通信研究院网，http://www.catr.cn/kxyj/qwfb/bps/201804/P020170713408029202449.pdf，最后访问时间：2018年10月1日。

③ "电车难题"是伦理学领域最为知名的思想实验之一，由哲学家菲利帕·福特（Philippa Foot）于1967年发表的名为《堕胎问题和教条双重影响》的论文中首先提出来，并用来批判伦理哲学中的功利主义理论。See Foot P. "The Problem of Abortion and the Doctrine of the Double Effect". *Oxford Reviews*, Vol. 5, No. 1, 1967, pp. 5-15.

④ ［英］安东尼·奥格斯著：《规制：法律形式与经济学理论》，骆梅英译，苏苗罕校，中国人民大学出版社2008年版，第24页。

⑤ 参见本文第二部分的论述。

性的担忧。"很多人坚持认为，无人驾驶汽车只有达到 100% 完美的可靠性才能合法，那意味着没有发生任何碰撞、事故或失误"，① 然而，"现代社会意义上的风险，是建立在对损害可能规模和发生概率等理性计算的基础上，是希望在控制风险的基础上利用其提供的机会"，② 如果需要自动驾驶汽车提供十全十美的可靠性，则自动驾驶技术的市场化将永无来日。问题的关键在于，"有关风险的决策实际上是一个社会选择何种生活方式的决策""风险并不能简单地被当作科学上的'事实'，而是一系列价值判断"③ ——在社会心理学的意义上，自动驾驶汽车的故障率降低到多少才是社会公众所可以接受的？ 显然，社会信心不足对自动驾驶产业而言是致命的，市场机制本身已无力调整社会心理的负担，适当的行政手段就不仅仅为了保护更为普遍的公共利益，而且通过改变风险事实，进而改变对风险的一系列价值判断。自动驾驶汽车的准入制度可以通过提高自动驾驶技术市场化的门槛来从整体上提升自动驾驶汽车的安全性，避免社会公众承受过于巨大的潜在福利损失，从而反向提升社会公众对自动驾驶技术市场化的信心，进而促进产业发展。

2. 事前准入制度具备独立的规制价值

基于前述市场机制不能减轻自动驾驶技术风险的矛盾，法律制度有必要从传统的通过法律责任体系调整的间接控制过渡到以行政规制为代表的直接性控制。由于自动驾驶汽车的很多具体的技术性问题需要等到大规模使用之后才能得知，行政机关往往很难作出准确的事前判断，特别是事前控制手段将更多地对个人自由形成限制，因此容易引发在这个领域对事前准入制度的必要性的质疑。故而，论证的焦点可以聚焦于事前准入制度在防范自动驾驶技术风险方面将具备怎样的独立价值。

风险预防要求决策者对自动驾驶技术所引发的风险保持必要的警惕。"我们需要制定和论证新政策（法律、法规……）以规范各种新情况。有时，我们可以预见技术的使用将产生明显的不可取的后果，尽可能多的

① ［美］胡迪·利普森、梅尔芭·库曼著：《无人驾驶》，林露茵、金阳译，文汇出版社 2017 年版，第 121 页。

② ［德］乌尔里希·贝克著：《世界风险社会》，吴英姿、孙淑敏译，南京大学出版社 2004 年版，第 67 页。

③ 赵鹏著：《风险社会的行政法回应》，中国政法大学出版社 2018 年版，第 57—65 页。

是，我们需要预见这些后果并制定政策，最大限度地减少新技术的有害影响。①"自动驾驶汽车准入制度一方面要求规制机构利用其专业技术、信息优势以及规模优势来获取、处理和使用信息，降低社会公众的信息成本，在一定程度上解决信息不充分问题；另一方面，还通过引入最低限度的市场准入标准，明确排除不合格的自动驾驶汽车供应商和产品，以此阻却巨大的社会福利损失以及其他负外部性的发生。此外，由于自动驾驶汽车准入制度是通过各项标准来定义自动驾驶系统应该具有的特征，这些标准将倒逼设计者和制造者进行大规模的投资和研发，以提升获得准入资格的可能性。故而，准入制度还增加了市场准入和退出的成本，间接提升了法律实施的水平。②

（二）预防和应对自动驾驶技术的不确定性挑战

"我们无法真正预测未来，因为科技发展并不会带来确定的结果③。"我国《新一代人工智能发展规划》明确提出："人工智能是影响面广的颠覆性技术，可能带来改变就业结构、冲击法律和社会伦理、侵犯个人隐私、挑战国际关系准则等问题，将对政府管理、经济安全和社会稳定乃至全球治理产生深远的影响。在大力发展人工智能的同时，必须高度重视可能带来的安全风险挑战，加强前期预防与约束引导，最大限度降低风险，确保人工智能安全、可靠、可控发展。"④

1. 软硬件系统及平台的功能发挥面临不确定性挑战

在硬件方面，自动驾驶汽车依赖于高精度的数码相机、摄像头、激光雷达、毫米波雷达等不同种类的车载传感器回传的数据流来"听"和"看"，而车辆识别地理位置则是通过卫星定位系统和高清存储数字地图。客观上讲，经过几十年飞速发展，传感器套件的质量和价格已经基本可以满足自动驾驶的需要，然而即便如此，一些关键性组件的功能发挥仍面临

---

① ［荷］尤瑞恩·范登·霍文、［澳］约翰·维克特主编：《信息技术与道德哲学》，赵迎欢、宋吉鑫、张勤译，科学出版社 2017 年版，第 223 页。

② 张卿：《论行政许可的优化使用——从法经济学角度进行分析》，《行政法学研究》2008年第 4 期。

③ ［以］尤瓦尔·赫拉利：《未来简史：从智人到智神》，林俊宏译，中信出版社 2017 年版，第 357 页。

④ 《国务院关于印发新一代人工智能发展规划的通知》（国发〔2017〕35 号），中国政府网，http://www.gov.cn/zhengce/content/2017-07/20/content_5211996.htm，最后访问时间：2018 年10 月 1 日。

极大的不确定性。

在软件方面，自动驾驶汽车的操作系统包含数以万计的代码。代码的数量之大，以至于任何熟练的程序员也无法精准检索到其中的潜在漏洞（Bug），只能依赖于永无休止的"补丁"程序。而"打补丁"的过程也是多种修改、添加程序的集合，修改之后的操作系统必然产生新的不确定隐患。

在系统平台方面，传感器平台、计算平台和控制平台构成软硬件结合的开放型系统形态。每一个硬件都需要配备专门的软件驱动程序，以使该硬件与操作系统上的其他部分相互连接。这些硬件及其驱动程序都有可能引发系统崩溃。

在车联网通信系统方面，存在一个云端将分布于各地的自动驾驶汽车实体连接起来。这种大数据的交互大大增加了行为的复杂性和归因的不可预见性。

2. 恶意攻击在自动驾驶系统安全方面带来不确定性挑战

当代码行数达到数以万计的时候，即使编写无误的程序也会产生崩溃的概率，更何况遭遇黑客攻击、病毒侵袭这类恶性事件，更是会威胁到数据安全。目前，针对自动驾驶汽车攻击的方法五花八门，渗透到自动驾驶系统的每个层次，包括传感器、操作系统、控制系统、车联网通信系统等。[①]

3. 渐进式发展进路所推崇的"人车切换"面临不确定性挑战

至少在目前，大多数国家的自动驾驶发展均遵循循序渐进的思路，即自动驾驶程序在难以驾驭危机的时刻，会通过"切换"程序将驾驶权交还给人工操作[②]，然后，有关法律规制就可以在原来的框架下进行。比如，全球第一个许可自动驾驶汽车上路测试的美国内华达州，最初就曾经要求

---

① 刘少山、唐洁、吴双、李力耘等：《第一本无人驾驶技术书》，电子工业出版社2017年版，第160页。

② 比如，关于自动驾驶技术分为多少个等级，业界采用较多的为美国汽车工程师协会（SAE）和美国高速公路管理局（NHTSA）推出的分类标准。按照SAE的标准，自动驾驶汽车视智能化、自动化程度水平分为6个等级：无自动化（L0）、驾驶支援（L1）、部分自动化（L2）、有条件自动化（L3）、高度自动化（L4）和完全自动化（L5），而人机切换实际上是L3—L4阶段的可能情形，这实际上反映了一种渐进式的产业发展进路。参见腾讯研究院等著：《人工智能：国家人工智能战略行动抓手》，中国人民大学出版社2017年版，第78页。

在测试时至少有两人在车内，并且其中至少有一人持有驾照。① 德国在 2017 年修订道路交通安全法的时候，虽然允许驾驶员有权在完全自动驾驶期间不亲自进行驾驶操作，但写入了应当承担相应的警觉义务和接管义务的条款。② 不过有关研究指出，这种从部分自动化到全自动化的阶段式演进路线在人车切换之时存在高度的不确定性。这不仅因为上述难以驾驭的危急时刻往往猝不及防，而且在于"自主智能代理"会削弱人类的责任感，引发一种被称之为"责任分散"的不确定性挑战。故而"关于'切换'问题，越来越多的研究人员就一个观点达成了一致——自动驾驶在紧急情况下返回人类驾驶的问题也许根本无法解决"③。

4. 机器自主学习能力的不断提升将进一步加剧不确定性挑战

智能是人类社会本质的产物。事实上，人类的驾驶一向面临着不确定性的世界，人类正是通过智能来应对驾驶中的不确定性。认识的不确定性，必然引发对不确定性人工智能的研究。"人工智能学科发展了很多基于图灵机模型的形式化推理方法，通过模拟人在解决确定性问题时的机械步骤来解决具体问题，后来又逐步提出了一系列模仿人类学习行为的方法，着力把人的智能用图灵机表现出来，称为机器学习。④"从这个意义上讲，将机器学习技术应用于自动驾驶，就是一种"拟人化"的技术运用，本质上是对人类驾驶员的智能模拟。"当程序员有了强大计算力的设备和大量训练数据，他就可以编写一个机器学习软件，让机器根据手头的素材'学会'自行应对处理，某些情况下，软件还可以学会应对不熟悉的新情景。⑤"这样一来，一台具有自主学习能力的自动驾驶汽车，就并非是在被动执行程序员的预先命令，而是在不断学习并不断创建新的算法规则，从而大大超出其开发者的预期。不过，这种基于自主学习而产生的识别方式具有极大的不确定性。譬如：自动驾驶汽车已经可以识别人、自行车这类简单的物体，但自动驾驶系统可能还未必能够有效识别出骑自行车的人；

---

① See Dorothy J. Glancy, "Privacy in Autonomous Vehicles", *Santa Clara L. Rev*, Vol. 52, 2012, pp. 1171, 1185.

② 参见张韬略、蒋瑶瑶：《德国智能汽车立法及〈道路交通法〉修订之评介》，《德国研究》2017 年第 3 期。

③ ［美］约翰·马尔科夫：《人工智能简史》，郭雪译，浙江人民出版社 2017 年版，第 59，163，190 页。

④ 李德毅、杜鹢：《不确定性人工智能》（第 2 版），国防工业出版社 2014 年版，第287 页。

⑤ ［美］胡迪·利普森、梅尔芭·库曼：《无人驾驶》，林露茵、金阳译，文汇出版社 2017 年版，第 96 页。

又比如在没有红绿灯的十字路口，自动驾驶汽车的自主学习将怎样判断交通优先权，以解决困扰多时的"四向停车难题"（Four Way Stop）呢?[①] 这在当下都是极不确定的难题。再比如，在应对操作系统本身的漏洞时，漏洞不仅可以由人类程序员进行修补，甚至可以由某些具备自主学习和修正能力的自动驾驶汽车自身进行修改，这将引发严重的不确定性。

（三）寻求自动驾驶技术在道德伦理上的正当性

不论科技界在对待人工智能的态度上存在怎样的分歧，"从哲学和政治学的角度而言，以人类为中心的计算更契合我们对世界的理解。"[②] "以人为本"是自动驾驶系统内在的正当性要求。自动驾驶汽车与其他人工智能一样，最初只是一种被灌输了程序员为达到特定目的而编写的代码的物体，但由于迄今为止的自动驾驶系统都毫无悬念地被输入了人类的知识、建模和算法，具有自主学习能力并能够模拟人的驾驶智慧、驾驶行为。因此，自动驾驶系统就大大超越了以往没有灵性的机器，进而形成人机共生的驾驶环境，其在给我们带来无尽欣喜与期望的同时，也逐渐挑战着我们既有的法律、伦理与秩序。自动驾驶的发展并不能以技术中立为由来回避它的价值偏好、商业利益以及社会风险。正如我国《新一代人工智能发展规划》所要求的那样，应当将"人在回路"（Human in the loop）作为研究有关混合增强智能的限定性条件。

二、自动驾驶汽车准入制度的回应性要求

"当新的问题产生，公平和正义会指引人们的思维找到解决方案，而当人们仔细审视这些解决方案，就会发现它们是和平衡与秩序相一致的。"[③] 为此，我们可以用"冲击—回应"式（Impact-response Model）的思路来分析有关自动驾驶带来的新挑战，继而论证以准入为代表的规制手

---

① ［美］约翰·马尔科夫：《人工智能简史》，郭雪译，浙江人民出版社 2017 年版，第 54、56 页。

② ［美］约翰·马尔科夫：《人工智能简史》，郭雪译，浙江人民出版社 2017 年版，第 180 页。

③ ［美］本杰明·N. 卡多佐：《法律的成长》，李红勃、李璐怡译，北京大学出版社 2014 年版，代译序，第 13 页。

段应当作出的回应性变迁。①

（一）确保回应了人机共生后的法权关系改变

"本质上讲，自主驾驶就是自动驾驶汽车在任意时刻对路权的检测、请求、响应，多车交互就是车群在任意时刻对路权的竞争、放弃和占有等协同的过程。②"因此，人与自动驾驶设备之间将不再是简单的"主体与客体"的关系，而是伴随着各种情景化和智慧化的互动，人机共生、"人在回路"是自动驾驶的常态。"这时候我们就需要在人机混合的'系统社会'中制定规范。"③

1. 回应准入对象的结构性变革

在传统意义上，对人类驾驶的规制毫无例外地坚持了主客体的二分法。在准入制度的设计上，就表现为人和物的分别准入，即分别对驾驶人和车辆实施准入。在人车分离的模式下，上述准入虽然种类繁多，但各自发挥有效功能，并未产生太多的问题。当机动车辆能够模仿人类自主驾驶之后，准入的对象将发生结构性改变：即自动驾驶汽车成为一个"行为客体"——不仅机动车驾驶人准入制度的存废成为一个可资争议的话题，而且机动车车辆准入的内容也将发生改变。譬如，在人类司机的时代，道路上需要通过设置包括信号灯在内的各类实体标志来规范人类驾驶行为，而对于车辆本身却并没有这类要求。在自动驾驶环境下，道路上的实体标志将被高清记忆地图中的虚拟"标记"所替代，传统上针对驾驶人的行为规范将被变更为针对自动驾驶车辆的"行为规范"，这势必要求在准入标准上予以体现。当然，在自动驾驶的初期，如果人类还存在接管车辆的必要性时，对机动车驾驶人的准入可能仍属必要，因为这并未从根本上背离人车二分的逻辑结构。

更进一步讲，准入对象的变化可能也预示着监管体制的改变。在人车二分的情况下，对机动车驾驶的管理是由不同的行政部门分别进行的，彼此之间的切分相对清晰。然而，当机器与人类之间形成一个紧密的反馈闭环，人类用户被整合进自动驾驶系统之后，这样的切分必然遭遇模糊化的

---

① 关于"冲击—回应"模式，应该首先是由美国哈佛大学著名中国问题研究专家费正清（John K. Fairbank）教授在解释中国的现代化进程时提出来的。参见［美］费正清：《美国与中国》（第四版），世界知识出版社2019年版，第132—161页。

② 李德毅、杜鹢：《不确定性人工智能》（第2版），国防工业出版社2014年版，第236页。

③ 陈钟：《从人工智能本质看未来的发展》，《探索与争鸣》2017年第10期。

困境，准入的整合也就成为必由的选择。

2. 回应权利间平衡状态的竞争性瓦解

人类多年来通过反复调适形成的权利间平衡状态正在因嵌入数字化、智能化要素而发生了竞争性瓦解。在自动驾驶车辆使用过程中，人类的生命权、自由权和以信息为载体的人格权之间始终面临着竞争性关系，这必然矛盾地使得行政规制在未来得以进一步延伸。人们在警惕"利维坦"的同时又亲手打开了权力滥用的"潘多拉盒子"。棘手的是，有关应对方案除了在准入标准中加入非必要数据采集禁止、无关联使用禁止等行为条件以外，是不能简单地表述为禁止采集、限制采集抑或附加更为决绝的算法义务的。这是因为，无人驾驶系统和所采集的数据之间具备某种程度的良性循环——"喂养"的数据越多，软件的性能就越好，从而推动系统越发积极地采集数据。

3. 回应权利义务分配现状的颠覆性改写

自动驾驶技术的植入可能改写现有的权利义务关系。例如，在人类驾驶的环境下，为了确保驾驶安全，往往通过单一限速的方式限制人类驾驶行为。即对于任一特定的路段，规制机关会根据道路的硬件状况、车流量的大小、行人的守法程度来提前限定一个最高限速，进而形成一种相对稳定且清晰的权利义务分配。这种针对人类驾驶人行为的权利义务分配实际上隐含在驾驶人资格取得的准入制度中——申请人通过学习交规、通过驾考而取得驾驶资格，即先行认可了这种权利义务的分配。而在实际驾驶行为中，超速行驶也就面临确定的法律制裁。当自动驾驶汽车全面普及以后，不仅上述对驾驶人的权利义务分配转移到人机共生的自动驾驶系统上来，而且上述人类驾驶时代的单一限速要求有可能会被群车交互和协同反馈下的灵活要求所取代。既有的"超速—受罚"的权利义务分配现状可能因此发生颠覆，甚至于根本上就不需要对超速的行为进行规范。在这种情况下，有关自动驾驶汽车的准入标准也将随之发生调整，此时如果再按照既有的以人类驾驶员为核心的规制方式，而强制规定自动驾驶汽车应当附设不得超速的算法的话，就有可能被解释为是一种过度规制。

4. 回应新型法权关系的保护性诉求

准入制度也应当考虑为智能系统的可能的权利创设规范。比如，德国联邦运输和数字基础设施部 2017 年发布的《自动化和互联化车辆交通伦理规则》明令禁止自动驾驶汽车在面临"电车难题"时进行价值权衡，

"这就意味着刑法在违法性阶段附加给设计制造者一项义务，即不能为了自动汽车的使用者，而在车辆上设计牺牲第三人生命的程序"。[①] 从某种程度上讲，禁止就"电车难题"进行价值权衡的做法实际上回避了将有关开展价值决策的权利义务分配及其背后的"自然法则上的人类形象"转换成自动驾驶系统的决策程序，而是通过禁止价值选择的指令将这一难题转变成为要求自动驾驶汽车的设计者和生产者提供更为可靠的自动驾驶设备，进而确证了人类"免受自动化决策的权利"。无独有偶，自动驾驶技术引发的对有关数据权益的争论，也需要在自动驾驶汽车的准入制度中得到体现，以充分回应这些新型法权关系的保护性诉求。

（二）确保回应了车辆事故中民事责任的分配

准入制度虽然是一种事前的行政规制手段，但准入制度的法律效果却通常作用于事后的法律后果承担。一个相对简单的方面在于准入制度与公法责任的关系——"行政许可可以通过加强威慑作用来提高法律的实施水平，"[②] 违反准入制度必然招致行政制裁，甚至有可能引发刑事判断；[③] 而另一个相对复杂的方面则在于准入制度与私法责任（主要是侵权责任）的关系。打通准入与民事责任的"任督二脉"，在于肯定准入制度一定程度上决定民事责任的承担方式，使得事前规制与事后规制相结合，公法规制与私法规制相结合。

既然准入制度通过准入标准来具体实施，因此，民事责任的承担就会与是否满足一定的准入标准结合起来。未经批准而不满足准入标准的自动驾驶汽车致人损害当然应当承担严格责任，但如果在满足准入标准的情况下，民事责任承担方式的设计可能就会与准入标准的充盈程度及准入标准的达成难度正向相关。申言之，如果准入标准相对充盈和明确，可预见性强，则选择适用传统产品责任的情形就比较容易让人接受，随后的强制责任保险也将易于分担交易的成本而不会为生产者、设计者乃至保险者附设过重的不确定性成本。反之，如果准入标准不确定性较强，达成有关标准

---

① 储陈城：《自动汽车程序设计中解决"电车难题"的刑法正当性》，《环球法律评论》2018 年第 3 期。

② 张卿：《论行政许可的优化使用——从法经济学角度进行分析》，《行政法学研究》2008 年第 4 期。

③ 有关论述参见陈兴良：《违反行政许可构成非法经营罪问题研究——以郭嵘分装农药案为例》，《政治与法律》2018 年第 6 期。

不仅仅需要投入极大的科学理性判断，而且需要进行复杂烦琐的民主议程和价值判断的时候，由于有关标准的获得在极大程度上体现了社会公众对自动驾驶汽车潜在风险的普遍接受程度，故而选择创设一种无过错补偿计划的阻力就会相对小许多。[①] 当然，即使创设了豁免规定，也需要有其他的更为严格的机制来分担交通事故的实际损害。

（三）确保回应了创新驱动下产业发展的诉求

准入制度的缺点已被反复论及。准入制度对所有申请准入的申请人的条件都进行逐一审查，不得不负担极高的行政成本，加之正式准入前的任何延误又可能带来商业机会的损失，因此准入制度之于创新驱动而言，代价显而易见。更有甚者，如果准入制度被不适当地运用于反竞争目标，人为制造市场进入壁垒，则会更大程度上降低经济运行效率和引发更为严重的社会福利损失。由于自动驾驶汽车将引发全新的经济模式，而市场壁垒又是一种"不由已建立的企业而由新进入的企业承担生产成本"[②]，因此行业对自动驾驶准入制度滥用的隐忧是易于理解的。

从全球范围而言，目前并无自动驾驶汽车的商业准入制度，但有关自动驾驶汽车实际道路测试准入制度在价值取向、基本原则、标准设定上都与未来的商业准入存在极大的重叠性，因此可以在一定程度上将其类比商业准入来探讨与产业发展的关系。从整体来看，美国出台的自动驾驶汽车路测标准在全球范围内最为完善，也最为开放。而相比较而言，中国政府与德国政府的态度相类似，都持一种相对谨慎的态度。比如：在是否需要操作员方面，美国加利福尼亚州行政法规办公室批准了一项新规定，率先允许了没有驾驶员的完全自动驾驶汽车在公共道路上进行测试，亚利桑那州等也紧随其后；而德国、中国等其他国家均附设达到有关规定的测试人

---

① 比如在传统上，美国就拒绝对疫苗适用设计缺陷的侵权责任，因为他们认为疫苗具有"不可避免的不安全性"。又比如，为了平衡推广预防接种所惠及绝大多数人的公共利益与少数人群承担的预防接种异常反应风险，世界上多数国家都建立了疫苗接种异常反应补偿计划，对于因疫苗接种而发生异常反应的受害者给予一定的补偿救济，以体现公平。See Daniel A. Cantor, "Striking a Balance Between Product Availability and Product Safety：Lessons from the Vaccine Act.", *American University Law Review*, Vol. 44, 1994-1995, p. 1859；C. Looker, H. Kelly, "No-Fault Compensation Following Adverse Events Attributed to Vacination：A Review of International Programmes", *Bulletin of the World Health Organization*, Vol. 89, No. 2, 2011, pp. 371-378.

② ［美］丹尼尔·F. 史普博：《管制与市场》，余晖、何帆、钱家骏、周维富译，格致出版社、上海三联书店、上海人民出版社 2017 年版，第 35 页。

的要求。在测试车辆上，尽管目前世界各国对自动驾驶测试车辆的要求均建立在传统车辆安全标准之上，但美国有条件地创设了对传统车辆安全标准的豁免制度。在车辆记录系统的要求上，世界各国均要求测试车辆建立独立的记录系统，并规定记录系统的设置要求和数据保存年限，但中国部分地区的测试规定还要求"具备车辆状态记录、存储及在线监控功能，能实时回传信息"。[①] 在路测的前提条件上，中国对测试车辆应在封闭道路、场地等特定区域进行充分的实车测试规定了较为严苛的要求，而其他国家要求较低甚至毫无要求，或者选择采用了模拟测试的方法。[②]

对自动驾驶汽车市场化持谨慎的态度无疑值得肯定，但过于严苛的准入条件与产业发展的速度负相关。"只有通过驶入实际道路，方可获得对其研发至关重要的海量数据"，[③] 美国相对宽松的准入制度不仅在操作端、而且在监管端都已经处于较为后期阶段，在减少限制的同时有效对接未来的商业准入，也极大地促进了行业的发展。从企业角度来看，在中国国内测试自动驾驶车辆的限制条件较多，而能够通过测试得到的数据信息却十分有限，投入和产出呈现出一种极大的不对等状态。

以自动驾驶汽车为代表的人工智能是国际竞争的新焦点、经济发展的新引擎、社会建设的新机遇。准入制度在保障安全底线的同时，也会给商业带来成本，特别是在飞速迭代的智能互联网研发和商业运用领域，过度的准入将抑制创新。从应然的层面来讲，准入的成本应该与收益相当。尽管有关成本与收益的计算是一个很难量化的问题，但从回应创新驱动下产业发展诉求的角度而言，自动驾驶汽车准入制度至少应当包含控制风险和发展产业的双重目标；应当定期性对有关准入制度的正面影响和负面影响进行系统分析，并履行对国民和相关利益团体的解释义务。[④] 此外，从平衡准入与产业发展的目的出发，国家的准入规制只能是宏观的原则性指引，更精细、更灵活、更体现差异化和创新趋势的规制，则需要通过行业规范来实现。[⑤]

---

① 参见《北京市自动驾驶车辆道路测试管理实施细则（试行）》。
② 如自 2015 年 8 月以来，美国亚利桑那州对自动驾驶汽车实行零监管，企业可以完全自由、开放地测试和部署自动驾驶汽车。
③ 李磊：《论中国自动驾驶汽车监管制度的建立》，《北京理工大学学报（社会科学版）》2018 年第 2 期。
④ 李宏舟：《日本规制改革问题研究：理论、内容与绩效》，中国社会科学出版社 2016 年版，第 75 页。
⑤ 马长山：《人工智能的社会风险及其法律规制》，《法律科学（西北政法大学学报）》2018 年第 6 期。

三、完善自动驾驶汽车准入制度的法治化策略

自动驾驶汽车的准入应首先对自动驾驶汽车有充分的了解，并基于安全数据作出指导，进而用一套合理而透明的标准来权衡并量化自动驾驶汽车的能力。本文无意于具体技术标准的讨论，也无意于仅从表面上去描述自动驾驶汽车准入制度应当在保障数据安全、强化隐私保护、打破算法黑箱等方面的有所作为，而是尽可能从法学的角度关注这种技术革命，并从准入制度的完善这个切面作出回应。

（一）对准入标准进行修构

1. 提取人车分别规制的公因式：从技术标准与行为规范二分到技术化的行为标准

法的社会价值并不在于立法，而在于实施，通过实施法律，使社会置于规则体系的控制之下，并在一定的秩序中运行。"秩序（order）这一术语将被用来描述法律制度的形式结构，特别是在履行其调整人类事务的任务时运用一般性规则、标准和原则的法律倾向。"[1] 在主客体二分的人类驾驶汽车的时代，立法通过对人和车分别附设规范，来实现法律所要求的秩序。总而言之，一方面，立法通过创设技术标准来为车辆的安全和性能度量；另一方面，立法者通过法律规则和法律原则对法律行为及其后果进行评价乃至谴责。比如，法律要求人类司机的驾驶行为应当是正当的。正当性原本是对人类驾驶人的行为评价，当面对危险时，每个人的心理都会衡量风险与收益的关系。在日常驾驶过程中，人类司机持续地作出一连串涉及衡量生命和财产价值相关的决定。只不过，在以往的社会生活规范中，立法者通过对法律行为及其法律后果的谴责，在一定程度上替代了对利益权衡的道德审判。而在人机共生的自动驾驶情景中，自动汽车的决策来源于程序员提前设置好的程序，即算法。因此，最关键的问题并不是无人驾驶车辆是否有道德，而是预先设置的车祸处理算法的伦理和逻辑是怎样的。

为了解决因自动驾驶汽车人车共生而引发的正当性难题，人们普遍认

---

[1] ［美］E. 博登海默：《法理学：法律哲学与法律方法》，邓正来译，中国政法大学出版社2004年版，第227页。

为自动驾驶汽车的算法应该满足于公开和可得解释的要求。比如，世界科学知识与技术伦理委员会发布了关于机器人伦理的初步草案报告，提出应当在机器人及机器人技术的伦理与法律监管中确立可追溯性，保证机器人的行为及决策处于全程监管之下。2016 年，英国下议院科学和技术委员会发布《机器人与人工智能》，特别强调决策系统透明化对于人工智能安全和管控的作用。如此一来，人类的监管机构不仅能够理解自动驾驶汽车的思考决策过程，使算法不再是无法被问责的"黑箱"；而且能够在特定的调查和法律行动中发挥其本应有的作用。

其实，上述规制措施并未跳脱为人类行为设定规范的窠臼，只不过将原先为人类驾驶员设置的行为规范转变为对自动驾驶汽车设计者和生产者设定的行为规范，即将透明、公开、程序合法、说明理由等行为义务赋予自动驾驶汽车的研发机构。法治的公正应该考虑技术变革所带来的新问题，这意味着"智能互联网时代的法律规制，需要……更多地采用技术主义路线和策略，把法律规制转化成与之对应的法律技术化规制"。① 具体到自动驾驶汽车准入方面，有必要提取过去分别对驾驶人和车辆进行规制的公因式，即把原来人车二分的技术标准和行为规范转换成合二为一的技术化的行为标准。在具体操作方面，由于代码而非算法才是自动驾驶汽车决策程序的原子形态。人类通过编写代码，赋予自动驾驶汽车活的灵魂。褪去算法的面纱，代码才是人机共生情景下既规制"人"，又规制"机"的公因式。"代码就是法律"②，通过加强立法者与代码作者的合作，主动进行法律编码化的研究和实践，辅之以构建技术公平行业规范，"对当前互联网代码的可变和空白之处作出选择"③，通过构建"以代码为基础的论证和决策的计算模型"，以代码化的行为标准方式主动保障算法正义。此时，因为"这些代码具有自我执行的属性"，故而"规则创制、规则执行和规则司法在代码这里是三位一体的"。④

2. 寻求不确定性中的确定：从绝对技术标准到相对技术标准

总体而言，传统意义上的人类驾驶汽车是以硬件为主体的工业产品。

---

① 马长山：《智能互联网时代的法律变革》，《法学研究》2018 年第 4 期。

② ［美］劳伦斯·莱斯格：《代码 2.0：网络空间中的法律》，李旭、沈伟伟译，清华大学出版社 2009 年版，第 6 页。

③ ［美］劳伦斯·莱斯格：《代码 2.0：网络空间中的法律》，李旭、沈伟伟译，清华大学出版社 2009 年版，第 89 页。

④ 余盛峰：《全球信息化秩序下的法律革命》，《环球法律评论》2013 年第 5 期。

硬件系统大多可以通过力学、光学、电学乃至声学等物理评测方法评价其性能。故而，世界各国政府均通过设定技术标准的方式对传统汽车的各项硬件指标及功能指标进行准入规定，以保障其满足公共安全、人身安全和财产安全的特定要求。以我国为例，由工信部牵头，协调国家标准化管理委员会、交通运输部、公安部、质检总局（市场监管总局）、国家认证认可管理委员会制定了为数众多的汽车标准，如安全性技术标准"汽车前照灯配光性能"（GB 4599—1994）等。这类标准具备一个共同特点，就是基于实验数据和统计概率，能够获得一个大体上确定的标准值。以汽车悬架用空气弹簧气囊标准（GB/T 13061—1991）为例，该标准要求"5.4 气囊24h 的内压降不得超过 0.02Mpa；5.5 气囊的破坏内压不得低于 2.00Mpa；5.6 气囊帘布层间的黏附强度不得低于 6kN/m；5.7 气囊的台架寿命不得低于 300 万次"等。我们不妨称其为绝对标准。相比之下，自动驾驶汽车则要有一套满足安全要求的软硬件标准，对自动驾驶汽车的软件和计算能力，以及硬件传感器的数量和类型作出规定。与人类驾驶汽车相同的是，自动驾驶汽车的硬件标准是可以通过绝对标准予以规范的，而自动驾驶汽车的软件标准，特别是人机共生和自主学习而产生的功能性标准则是无法用绝对值表示的。因此，设计自动驾驶汽车的准入标准无疑是复杂的。

为了解决标准不确定性问题，可以引用相对标准的概念。即提供一个参照物，以确定自动驾驶汽车性能与该参照物性能的比值。比如，从自动驾驶汽车的市场化来看，自动驾驶汽车始终存在着与人类驾驶汽车的安全性竞争。而人机共生的自动驾驶汽车的可靠性可以进行量化，标准就是它在毫无人工干预的情况下可以安全运行的里程数。为此，我们不妨设计"人类安全系数"这个相对值指标。一辆自动驾驶汽车如果单独无事故行使的里程数两倍于人类的平均水平，则可以称之为"人类安全系数 2.0"，以此类推。[①] 再比如，目前各国对于自动驾驶汽车的准入基本上是采用"一刀切"的方法，然而，自动驾驶汽车却因用途不同（比如客车与货车，乘用与商用）、种类不同、大小不同、作用的道路情况不同（比如高速公路还是复杂的城市道路）以及自动化和智能化的程度不同，可以为不同层次的自动驾驶汽车分别设置准入，避免"千车一面"，最终阻碍自动驾驶汽车的商业化。

---

① ［美］胡迪·利普森、梅尔芭·库曼：《无人驾驶》，林露茵、金阳译，文汇出版社 2017 年版，第 124—127 页。

（二）确立形成准入标准的一般性规则

与其他领域的准入标准一样，自动驾驶准入标准涉及科学的判断与价值的衡量，故而，在准入标准的形成上，需要通过制度设计充分融合理性精神与民主考量。

1. 公众参与不足以消除社会固有偏见

自动驾驶汽车所影响的公共利益和公共福祉具有不确定性，规制机关的技术理性和专业知识均决定了其无法通过"一致性"的技术认定加以判断。在这种情况下，有关自动驾驶汽车风险的决策实际上就是社会公众选择何种安全程度的自动驾驶汽车的决策。"为了追求特定目标的实现，行政机关事实上需要拥有并行使'管理权'，而不仅仅是'执行权'。随着'积极行政'的兴起，行政机关为了回应社会需求而制定相关政策的情形也越来越多见，行政过程的政治特性也随之变得日益明显。"[1] 通过公众参与、利益代表等"制度化过程"在准入标准取得方式上注入更多的民主化要素，使得标准的制定过程和制定结果具有更强的合法性。

不过，一个越来越为人们所公认的现象及其困境就在于，社会公众在判断影响自己健康、环境等潜在危险的问题上常常被"偏执和人为忽略"的综合征所困扰。大量的资源被消耗在并不棘手或者凭空臆测的危险上，而巨大且证据确凿的风险却没有被得到应有的关注。[2] 普通公众由于缺少必要的知识，匮乏完整的信息，且过度依赖不理性的直觉，通常得不到理性的风险判断和认知。特别是在对待自动驾驶汽车这类本身极不确定，又直接关乎财产乃至生命安全的情景时，由于"有关生命和人身的风险是内生于社会甚至内生于生命本身的"，普通公众对此难以作出客观的判断，也就无法进行思虑成熟的全面评估，这不仅无助于共识性的自动驾驶汽车准入标准的生成，而且可能因此阻滞整个产业的创新发展。

2. 专家理性不足以化解不确定性难题

公众参与的劣势恰恰是专家理性的优势。专家拥有足够的专业知识，掌握相对完整的信息，且与公众相比更为理性，有能力通过一套科学的方法得出更为可靠的判断。主张专家在自动驾驶汽车准入标准制定过程中发

---

① 王锡锌：《依法行政的合法化逻辑及其现实情境》，《中国法学》2008 年第 5 期。

② ［美］凯斯·R. 孙斯坦：《风险与理性——安全、法律及环境》，师帅译，中国政法大学出版社 2005 年版，前言。

挥比较优势并不为过，但"某个人知道所有相关的事实，而且他有可能根据这种关于特定事实的知识而建构出一种可欲的社会秩序是一个统而笼之的幻想"。① 自动驾驶汽车的风险本身就是在"试图控制他们的现代化进程中产生的"②，他们与科技的发展如影随形，人们无法通过科学理性和知识储备来控制这样的风险，甚至出现知识越多、控制越强、不确定性风险就越大的悖论。更有甚者，由于规制机关既必须维持与有关产业的合作关系，又醉心于最大化对有关行业的行政控制，且实际难以维系超然中立的规制地位，使得行政政策往往会产生某种"系统性偏见"③。

3. 调和达成准入标准的科学方式和民主程序

自动驾驶汽车准入标准应当经过科学方式和民主程序共同达成。一方面，既要考虑科学，以使得在制定准入标准时尽可能掌握更多的信息，并根据这些信息作出尽可能理性的专业判断；另一方面，又要考虑民主，把准入标准的制定与整体的社会偏好以及社会对待自动驾驶技术的信任程度结合起来，以夯实准入标准的合法性基础。因此，有学者指出，走向"审议式民主"才是融合科学与民主的方法论。④

作为一种理性决策方式的审议式民主，必须通过制度的构建来实现其功能的有效发挥。一方面，确立一系列有关自动驾驶风险评估的实体和程序要求，提高风险评估的客观性和中立性，以要求规制机关使用科学工具开展决策并保证决策理性；另一方面，针对公众占有信息的严重不足，必须首先以信息公开增强公众的科学理性。通过主动公开制度，充盈社会普通公众对自动驾驶汽车有关知识的认知，跨越因信息严重不对称而产生的"数字鸿沟"，进而通过利益代表、公众参与等程序建构打通信息交流的有效管道，促进专家意见的民主客观化，弥合公众与专家之间价值分歧，补足准入标准的民主赤字，体现准入标准的公共性，并进而使其获得合法性和认同。

---

① ［英］弗里德利希·冯·哈耶克：《法律、立法与自由》（第一卷），邓正来、张守东、李静冰译，中国大百科全书出版社2000年版，第11—12页。

② ［英］安东尼·吉登斯：《超越左与右——激进政治的未来》，李惠斌、杨雪冬译，社会科学文献出版社2003年版，第4页。

③ ［美］理查德·B. 斯图尔特：《美国行政法的重构》，沈岿译，商务印书馆2002年版，第26页。

④ 赵鹏：《风险社会的行政法回应》，中国政法大学出版社2018年版，第159页。

（三）谦抑选用不同强度的准入工具

奥格斯在其著作《规制：法律形式与经济学理论》中特别强调区分"批准"与"登记"或"认证"制度。奥格斯认为，"在理论上，认证是信息规制的形式"。[①] 虽然在我国行政许可法的话语体系中，区分"许可""登记"和"认证"并不容易，[②] 但区分的关键标准却是相对明确的，即在于"从事没有经过'认证'的活动是否是合法的"。[③] 换而言之，"认证"相比较于"批准"而言，强度弱、灵活性高，保留给申请人的自由也就更多。在自动驾驶汽车准入方面，可以谦抑地选用认证和批准的准入工具，从而实现放松管制的要求。比如，根据美国《国家交通与机动车安全法》（National Traffic and Motor Vehicle Safety ACT），传统的人类驾驶汽车就已经开始实行自我认证制度，即由汽车制造厂商自行认证自己生产的汽车是否符合国家标准，国家有权机关仅保留复查和抽查的权利。在自动驾驶汽车的准入方面，未来可以采用一种自我认证和批准程序相结合的机制，即对于既有的机动车安全标准，由自动驾驶汽车厂商进行自我认证；对于未被机动车安全标准涵盖的自动驾驶汽车功能，则由国家行政机构或者经授权的第三方进行批准，以避免因监管过度而阻碍产业发展创新。[④]

（四）对准入制度的刚性约束予以有限豁免

准入制度具有极高的合规成本。事实上，在很多情况下，囿于技术条件的限制，在特定的历史时期，即使耗资巨大，也存在无法满足准入标准的情形，现阶段的自动驾驶汽车就存在这样的困惑——虽然自动驾驶汽车未来的商业化将进一步验证摩尔定律[⑤]的正确，但至少在目前，它们还不得不是那些顶着几个数码镜头、若干传感器雷达的"机器怪兽"。这样的古怪物理构造注定了这些自动驾驶汽车不得不突破经典力学、结构动力

---

① ［英］安东尼·奥格斯：《规制：法律形式与经济学理论》，骆梅英译，中国人民大学出版社 2008 年版，第 218 页。

② 《中华人民共和国行政许可法》第 12 条。

③ ［英］安东尼·奥格斯：《规制：法律形式与经济学理论》，骆梅英译，中国人民大学出版社 2008 年版，第 218 页。

④ 参见曹建峰：《自动驾驶新政系列四：自动驾驶发展呼吁创新监管手段》，腾讯研究院公众号，http://www.weixinyidu.com/n_3935299，访问时间：2018 年 10 月 10 日。

⑤ 摩尔定律指出：当计算机芯片的表现以幂次方提升增长时，芯片的价格和尺寸也会以幂次方的速度大幅降低。

学、空气动力学、物理声学等定律的约束，一定程度上僭越法律为人类驾驶的汽车框定的基本安全准则和噪声扰动要求。

如果我们迷信强制性指令标准这类指令性工具，而对信息披露这类市场化的工具不够重视，坚持自动驾驶汽车即使在技术发展的初级阶段，也必须遵循准入标准的刚性约束，则强制技术性标准不够灵活、不适应现实等弊病均将逐一显现，其后果是自动驾驶汽车将极有可能夭折于市场化的前夜。一个比较折中而又可行的方法是对现有标准进行豁免。[①] 豁免现有标准旨在为制造商必须遵守的机动车辆安全标准的强制要求提供一定的灵活性。不过，豁免是鼓励技术创新的产物，因此豁免通常是临时性的，豁免的特殊政策不应当成为自动驾驶汽车制造商不遵守现有法律的借口，因此，被豁免的机动车一般也应仅以测试和评估为限。

四、结语

也许在不久的将来，自动驾驶就将不再是监管空白之地。在法律上确认自动驾驶的合法地位以及维持一定的法律确定性和统一性是推进自动驾驶汽车产业稳健发展的必要条件。准入制度只不过是自动驾驶规制的一个环节，但仅这个环节法律制度设计就需要与事中、事后监管手段和有关法律责任的分配结合起来。就自动驾驶汽车的规制而言，还有诸如安全监管、责任、伦理、隐私与数据保护等很多问题需要研究，对自动驾驶汽车的规制，也将注定是一个多主体合力、综合施策的过程。最重要的是，我们要时刻谨记规制的强度和技术，因为"风险……是一种控制与缺乏控制的矛盾状态"。[②]

---

① 比如，美国高速公路管理局作为汽车的规制机关，有权在两年期限内每年豁免2500辆汽车用于安全研究。美国国会正在制定的自动驾驶汽车法案提出了更大力度的豁免制度。原则上，用于测试或销售的汽车必须满足机动车安全标准，但如果自动驾驶汽车具有新的机动车安全特征，而现实情况下又缺乏相应的强制性安全标准时，申请人可以申请豁免。法案草案关于豁免的数量是极大的。

② See. Barbara Adam, Ulrich Beck, Joost Van Loon, *The Risk Society and Beyond：Critical Issues for Social Theory*, SAGE Pubulication, 2000, p. 225.

个人信息的法律保护

个人信息保护中的告知同意原则研究

丛雪莲* 吴利宽**

告知同意原则作为个人信息保护领域的一项重要原则，为各国法律所认可且纷纷构建了以告知同意为基础的信息收集、处理与利用机制。然而在实践中，信息主体处于弱势地位，且在 Web3.0 时代，数据资源交互性增强，信息使用目的更加灵活机动，从而大大增加了有效获取同意的难度，使得告知同意原则陷入困境之中。学者们关于告知同意原则的适用也展开激烈讨论，不少学者基于个人信息在现实中不可避免被收集之现状，对告知同意原则在个人信息处理过程中的正当性基础提出质疑，甚至认为应当摒弃告知同意原则。对此观点值得我们深思：告知同意原则的适用困境是否意味着必须要对其摒弃？有无应对之法？在信息时代如何在信息数据利用和信息主体权利保护之间取得平衡？基于对上述问题的思考，本文提出浅见，以期对告知同意原则在实践中的应用有所裨益。

一、告知同意原则的探源与发展

告知同意原则最先发端于医学伦理领域。即在医疗过程中，医生需要尊重患者的自主决定权，充分告知患者其医疗方案的风险并经由患者同意后实施其所设定的医疗方案。1891 年 1 月，普鲁士当局在其内部传阅的关于监狱系统结核菌的使用备忘录中，首次以书面文件方式提出"参照患者的意愿"原则。① 1914 年，美国著名的 Schloendorff v. Society of New York Hospital 案在判决中明确了医疗领域中的告知同意原则。该案大法官本杰

---

* 丛雪莲：首都师范大学政法学院副教授，法学博士。

** 吴利宽：首都师范大学民商法学专业 2019 级硕士研究生。

① 李振良：《医患之间：从医疗纠纷到公众理解医学》，中国经济出版社 2016 年版，第 128 页。

明·卡多佐（Benjamin Cardozo）在判决书中表明：每一个心智健全的成年人都有权利自主决定如何处置其身体，医生未经同意切除肿瘤的行为构成暴行，医生应当对其损害负责。[①] 该案创造性地提出自决权这一概念，将同意当作自决权正当性的理由[②]，也为后续告知同意原则的发展打下了法律基础。"二战"后，告知同意原则通过《纽伦堡法典》被国际化和法典化，随后逐渐延伸到个人信息的获得和使用过程中。

告知同意原则在个人信息保护中的应用得益于世界各国和各国际组织对隐私权的重视。1948 年《世界人权宣言》公布，规定任何人的私生活、住宅和通信等受法律的保护。[③] 随后，1950 年的《欧洲人权公约》规定任何人有权享有使自己的私人和家庭生活、家庭和通信得到尊重的权利。[④] 保护隐私权不受侵犯的意识逐渐在全世界范围内建立起来。而随着计算机时代的到来，隐私权出现了新的问题，即个人信息的保护问题。相较于传统的隐私权，处于自动化科技时代的个人信息则更容易受到侵犯，世界各国开始在发掘信息的经济价值和保护个人信息之间寻求更好的平衡点。

1970 年，欧洲第一部保护个人信息的立法——《德国黑森州信息法》问世，该法将告知同意原则纳入个人信息保护的基本原则之中。同年美国颁布的《公平信用报告法》也沿用了告知同意原则。[⑤] 1973 年，美国健康、教育与福利部（现为卫生和人权服务部）发布了《记录、计算机和公民权利》报告，建议国会立法采纳《正当信息通则》。[⑥] 后来的美国、加拿大和欧洲的政府机构在进行个人信息的相关立法时，广泛接受了正当信息通则，其五项核心隐私保护原则中就包含有告知同意原则。[⑦] 2004 年，美国联邦首席信息官委员会发布了《联邦企业架构的安全性和隐私文件（FEA-SPP）》，在《正当信息通则》的基础上制订了一套隐私控制方案，

---

① See Schloendorff v. Society of New York Hospital, 211 N. Y. 25（1914）.

② 刘昂：《论医疗知情同意权的历史嬗变及法律启示——来自美国医疗诉讼案例的考察》，《河北法学》2015 年第 4 期。

③ 参见 1948 年《世界人权宣言》第 12 条："任何人的私生活、家庭、住宅和通信不得任意干涉，他的荣誉和名誉不得加以攻击。人人有权享受法律保护，以免受这种干涉或攻击。"

④ 参见 1950 年《欧洲人权公约》第 8 条："1. 人人有权享有使自己的私人和家庭生活、家庭和通信得到尊重的权利。2. 公共机构不得干预上述权利的行使，但是，依照法律规定的干预以及基于在民主社会中为了国家安全、公共安全或者国家的经济福利的利益考虑，为了防止混乱或者犯罪，为了保护健康或者道德，为了保护他人的权利与自由而有必要进行干预的，不受此限。"

⑤ 张新宝：《个人信息收集：告知同意原则适用的限制》，《比较法研究》2019 年第 6 期。

⑥ 高富平：《个人数据保护和利用国际规则：源流与趋势》，法律出版社 2016 年版。

⑦ Federal Trade Commission：Privacy Online：A Report to Congress, June 1998, pp. 7-10.

后在 2009 年将透明原则加入修订稿中，即企业在收集信息时需要向个人提供收集、使用、传播和维护个人身份信息的通知。[1] 2011 年韩国《个人信息保护法》第 4 条也对数据主体的知情权和同意权进行了规定，后在 2020 年《个人信息保护法执行令》第 15（2）条和第 17 条中细化告知方式和得到同意的方法。

在国际组织的立法实践中，1980 年世界经济合作与发展组织（以下简称 OECD）所颁布的《隐私保护和个人数据跨境流通指南》（以下简称《OECD 指南》）对《正当信息通则》进行了继承和发展，规定了个人信息的收集应当经过信息主体的知晓和同意。[2] 1981 年，欧洲理事会发布的《关于个人数据自动化处理的个人保护公约》（以下简称《108 号公约》）规定处理个人数据的依据是数据主体的知情以及明确同意。[3] 2004 年，亚太经济合作组织在《OECD 指南》原则的影响下，设立并发布了《APEC 隐私框架》，其中便包括同意原则。2012 年，欧盟委员会提交的《统一数据保护条例》立法建议案中，要求数据控制者提供有效途径帮助数据主体实现知情权。2013 年，为应对新情况的出现，OECD 对《OECD 指南》进行了修订，并在其修订案《OECD 隐私框架》中继续使用了同意原则。2016 年，欧盟颁布了《通用数据保护条例》（以下简称 GDPR），不仅细化了告知同意原则的具体操作，并且将告知同意原则规定为一项必须遵守的基本原则，对告知同意原则在实践中的有效适用起到重要作用。

从国内立法来看，全国人大常委会在 2012 年发布的《全国人民代表大会常务委员会关于加强网络信息保护的决定》就规定收集公民个人信息时须经信息主体的同意。[4]《中华人民共和国消费者权益保护法》也规定收

---

[1] 高富平：《个人数据保护和利用国际规则：源流与趋势》，法律出版社 2016 年版，第 79 页。

[2] See OECD《Guidelines on the Protection of Privacy and Transborder Flows of Personal Data 1980》art. 7：There should be limits to the collection of personal data and any such data should be obtained by lawful and fair means and, where appropriate, with the knowledge or consent of the data subject.

[3] See《Convention for the Protection of Individuals with regard to Automatic Processing of Personal Data》art. 5. 2：Each Party shall provide that data processing can be carried out on the basis of the free, specific, informed and unambiguous consent of the data subject or of some other legitimate basis laid down by law.

[4] 参见《全国人民代表大会常务委员会关于加强网络信息保护的决定》第 2 条：网络服务提供者和其他企业事业单位在业务活动中收集、使用公民个人电子信息，应当遵循合法、正当、必要的原则，明示收集、使用信息的目的、方式和范围，并经被收集者同意，不得违反法律、法规的规定和双方的约定收集、使用信息。网络服务提供者和其他企业事业单位收集、使用公民个人电子信息，应当公开其收集、使用规则。

集、使用消费者个人信息要经过消费者同意。① 2016 年通过的《中华人民共和国网络安全法》第 41 条第 1 款规定网络运营者在收集、使用个人信息时，需要经过被收集者的同意。2020 年 5 月通过的民法典第 1035 条第 1款第 1 项也要求处理个人信息需要征得该自然人的同意。由此可见，在收集、使用个人信息时应当遵循告知同意原则，"同意"是收集、使用个人信息的唯一合法性基础。当然民法典中新增了兜底条款，即法律、行政法规另有规定的除外。这就为基于公共利益和其他突发公共卫生事件在告知同意原则之外使用个人信息提供了法律依据。2020 年 10 月全国人民代表大会公布的《中华人民共和国个人信息保护法（草案）》也作了类似规定。

综上，无论是在国际文件还是各国国内立法中，告知同意原则自始便是个人信息保护中的一项基本原则，无论条文如何变迁，其内涵几乎是一脉相承，都彰显了信息主体对个人信息享有的自决权。

二、告知同意原则的理论基础

当下，有学者对告知同意原则持批判态度，甚至有学者认为在大数据时代，收集数据已经不再是需不需要的问题，个人信息在现实中不可避免地被收集着，既然收集行为不可回避，就只需要关注对个人信息使用行为的规制，应当越过告知同意原则。② 而笔者认为，告知同意原则有其坚固的理论基础，应当在个人信息保护中坚持适用告知同意原则。

（一）个人信息自决权理论

信息自决权的含义是信息主体对其自身信息的控制权和选择权，即公民有权决定其自身信息在何时、何地，以何种方式被收集、储存、使用的权利。③ 最先提出"个人信息自决权"这一表述的是德国学者施泰姆勒（Stienmuller）。他认为，人们有权自由决定周遭的世界在何种程度上获知

---

① 参见消费者权益保护法第 29 条第 1 款：经营者收集、使用消费者个人信息，应当遵循合法、正当、必要的原则，明示收集、使用信息的目的、方式和范围，并经消费者同意。经营者收集、使用消费者个人信息，应当公开其收集、使用规则，不得违反法律、法规的规定和双方的约定收集、使用信息。

② Susan Landau. Control Use of Data to Protect Privacy. Science，2015，347（6221）：504-506.

③ 姚岳绒：《论信息自决权作为一项基本权利在我国的证成》，《政治与法律》2012 年第 4 期。

自己的所思所想以及行动。① 而后在 1983 年，德国宪法法院在"人口普查案"的判决中首次使用了"信息自决权"这一表述，其宪法依据是德国基本法中有关"人性尊严"和"人格自由发展"的规定。自此，"信息自决权"便成为个人信息保护中的宪法依据。② 信息自决权的核心价值是自决，信息主体对其信息有自由决定的权利，违背信息主体意愿而进行收集或使用的行为均构成对信息主体自决权的侵犯。换言之，如果信息主体对信息处理者收集、使用其个人信息的行为不同意、不授权，则信息处理者不得擅自对该个人信息进行处理。而只有当信息主体对信息处理者的收集、使用行为进行授权和同意时，信息主体才需要对自己的同意和授权的行为负责。

（二） 隐私权理论

不同于德国的个人信息自决权理论，美国则是以隐私权作为告知同意原则的基础。美国的相关法规中有关告知同意原则的规定，均源于对隐私权保护的不断完善。如前文提到的美国《正当信息通则》的确立。也有学者指出："每个人都有权决定他的思想、观点和情感在多大程度上与他人分享。"③ 对应到美国宪法上，其在第四修正案中明确规定了对公民人身、信件等隐私权的保护。④ 为应对大数据时代的发展所带来的新的信息保护的问题，美国将隐私权扩展到个人信息保护领域，变消极为积极，来加强对个人信息领域的监管。

综上，告知同意原则在德国法律体系中源于"个人信息自决权"，在美国则源于对"隐私权"的扩张保护。就我国而言，不管是《全国人民代表大会常务委员会关于加强网络信息保护的决定》对信息主体同意的规定，还是民法典对告知同意原则合法性的认可，抑或《中华人民共和国个人信息保护法（草案）》对告知同意原则的进一步细化，均源自我国宪法

---

① 杨芳：《个人信息自决权理论及其检讨——兼论个人信息保护法之保护客体》，《比较法研究》2015 年第 6 期。

② 齐爱民：《德国个人资料保护法简论》，《武汉大学学报（人文科学版）》2004 年第 4 期。

③ Brandeis / Warren：The Right to Privacy, Harvard Law Review 1890, Vol. 4, p. 193.

④ See《The Fourth Amendment of the U. S Constitution》art. 4：The right of the people to be secure in their persons, houses, papers, and effects, against unreasonable searches and seizures, shall not be violated, and no Warrants shall issue, but upon probable cause, supported by Oath or affirmation, and particularly describing the place to be searched, and the persons or things to be seized.

第 38 条对人格尊严的保护规定。① 总结三者相同之处，将告知同意原则对应到宪法上，都是在强调人格尊严价值，在本质上都是对人的尊严以及人的自由的回应。

除去上述两种理论基础，也有学者认为告知同意原则源于信息不对称理论。② 信息不对称主要是指信息处理者处理信息的行为可能是信息主体所不知情的。随着个人信息市场的快速扩张，个人信息被使用的频率愈加高涨，在此过程中，信息处理者所拥有的经济实力、业务能力等使得其拥有更加强大的市场地位，而与之相对应的信息主体，则由于对自身信息控制能力的不足使得其处于弱势地位。由此，设置告知同意原则来增加强势一方即信息处理者的告知义务，让信息处理者主动披露对信息的收集、使用等相关过程，即在处理信息主体个人信息前，需要告知信息主体，让信息主体明晰自己的信息处于被处理的状态，以及处于何种处理状态。其实质是通过增强信息处理者法定义务，从而使得弱势一方即信息主体能够相对提升保护个人信息的能力，尽量弥补信息主体对自身信息控制力的缺失，减少信息不对称带来的不利影响，尽量达到信息主体与信息处理者之间的实质平等。

对于信息不对称理论，笔者认为其并不能成为告知同意原则的最根本的理论基础，抑或说信息不对称理论作为告知同意原则的理论基础，没有"人的尊严"这一理论来源更直接有力。信息不对称理论对于告知同意原则来说更多地体现在市场交易等经济活动中合法获取个人信息时，因市场中的信息不对称情况，需适用告知同意原则来应对解决。当然告知同意原则对于应对信息不对称情况的作用是毋庸置疑的。

由此，我们可以得出，随着个人信息市场的扩张，个人隐私受到空前的侵犯，基于维护市场发展中对个人信息的利用与个人信息的保护之间的平衡，也基于人的尊严和意思自由的理念，产生了告知同意原则。洛克 Locke 在其《政府论》中提到"一切自然人都是自由的，除他自己同意以外，无论什么事情都不能使他受制于任何世俗的权力"。③ 在信息主体和信息处理者的关系中，唯有信息主体的"同意"才能够使信息处理者获得收

---

① 参见《中华人民共和国宪法》第 38 条：中华人民共和国公民的人格尊严不受侵犯。禁止用任何方法对公民进行侮辱、诽谤和诬告陷害。

② 杜换涛：《论个人信息的合法收集——〈民法总则〉第 111 条的规则展开》，《河北法学》2018 年第 10 期。

③ ［英］洛克：《政府论（下篇）》，叶启芳、翟菊农译，商务印书馆 2019 年版，第 74 页。

集信息主体个人信息的权利，也只有"同意"才能够产生使信息主体将个人信息交出的义务，"同意"是信息处理者收集信息的唯一正当性基础。

当前，学界中出现了对告知同意原则持批判态度的观点，如有的学者质疑其在个人信息处理过程中的正当性基础，提出在保护个人信息时可以采取"宽进严出＋删除权"的策略；① 有的学者主张重构个人信息保护路径进而取而代之。②甚至有学者认为应当如大数据和隐私领域的专家舍恩伯格（Schönberger）所言，不再关注个人的许可，转而加强对信息处理者的制裁。③ 对于此类观点，笔者认为，告知同意原则对于个人信息保护而言，侧重于事前的预防。如果在信息收集前不考虑用户的主体地位，只是寻求事后的救济手段，其往往无法弥补信息安全事件所带来的后果，个人信息的泄露也并非物质补偿等能够弥补的。因此，笔者认为，在个人信息保护中应当坚持适用告知同意原则，信息主体的"同意"在信息的收集和使用中是不能被取代的。

三、告知同意原则在当前的困境

告知同意原则虽拥有牢固的理论基础，但不得不承认，随着大数据时代的发展，告知同意原则的适用在实践中屡屡"碰壁"，总结并分析其实践困境，才能够有的放矢，对症下药。综合来看，其现实困境主要有以下三方面：

（一）告知同意原则适用成本较高

在信息主体同意授权时，需要付出一定的成本，包括时间成本和金钱成本，当下信息主体同意信息处理者处理信息行为的成本较高。如美国的一项研究表明，如果所有的美国消费者阅读自己所浏览网站的个人信息保护声明，一年内花费的时间将达到 538 亿小时，换算成经济成本大概是 7810 亿。④ 告知同意原则设立之由是平衡信息处理者和信息主体的地位，

---

① 任龙龙：《论同意不是个人信息处理的正当性基础》，《政治与法律》2016 年第 1 期。

② 范为：《大数据时代个人信息保护的路径重构》，《环球法律评论》2016 年第 5 期。

③ 丁晓东：《论个人信息法律保护的思想渊源与基本原理——基于"公平信息实践"的分析》，《现代法学》2019 年第 3 期。

④ See Leecia M. McDonald&Lorie Faith Cranor. "The Cost of Reading Privacy Policies", A Journal of Law and Policy for the Information Society, Vol. 4, No. 3, 2008.

让信息主体享受到更加规范的服务。而很明显在实践中，信息处理者却将告知同意原则作为其免责的挡箭牌。信息处理者制定了冗长晦涩的个人信息保护声明，而在快节奏的大数据时代，大多数信息主体通常会将这份凝结了许多专业人士心血的重要文本视为无物，而选择直接奔向页面下方的"同意"按钮。甚至连美国联邦最高法院的罗伯茨大法官，都坦言自己并不会阅读平常遇到的隐私协议。[①] 由此，个人信息保护声明阅读难、费时间的问题愈演愈烈，而对应的告知同意原则适用成本高的问题也亟待解决。

（二）"同意"的有效性仍需商榷

告知同意原则应用到市场中，便是源于信息不对称理论，其被适用的本意便是为了实现信息处理者和信息主体之间的实质平等。但在实践中，由于信息主体的专业能力欠缺，面对个人信息保护声明中的各种术语，信息主体往往并不能做到完全理解，这也就意味着该原则的设立目的并未很好地实现，此时信息主体同意的有效性仍然是受到影响的。同时，当前多数应用程序（App）在信息主体不同意其个人信息保护声明时便不允许用户使用，由此，信息主体面临的局面则是不论是否同意信息处理者对其个人信息的处理行为，为了使用该应用程序，都必须对其个人信息告知声明点击"同意"按钮。此时信息主体并未作出真实的意思表示，同意的有效性更是值得商榷。此类情况下信息处理者的告知义务未做到有效告知，信息主体的知情授权也未充分体现。

（三）告知同意原则与信息场景化利用不匹配

当下实践中的告知同意原则常为静态的一次性同意，信息主体往往只有"同意"和"不同意/退出"的选项，但个人信息却通常根据场景的变化产生多样的处理方式和不同的处理目的。显然，这样"一揽子同意"的方式与机动灵活的信息处理方式、处理目的及处理者身份等多样变化状态不相符。信息主体的"同意"行为具有时效性和层次性，当前点击"同意"按钮并不意味着用户将自己的信息完全授予应用程序，允许其对自己

---

① Fairfield, Joshua AT. Owned: Property, Privacy, and the New Digital Serfdom, Cambridge University Press, 2017.

的个人数据进行毫无保留的二次加工。① 因此，告知同意原则的适用并不能完全匹配场景化利用信息的方式。"一揽子同意"的粗放式获取信息的行为也并不能满足信息主体对个人信息自由支配的合理期待。场景的不同，就意味着所收集、使用的个人信息可能是不同的，"一揽子同意"的方式虽然便捷了信息处理者，不需要设置更多按钮或增加告知服务来获取信息主体个人信息，同时便捷了信息主体，不需要逐项点击"同意"，但是却在实质上并没有满足个人信息保护的一项基本原则——最小必要原则。

实践中，告知同意原则的适用虽受通信自由和通信秘密宪法权利的限制，受隐私权保护制度的限制和正当目的原则、必要原则的限制，② 学界也大多在解构告知同意原则，却极少对收集使用个人信息的方式进行重新架构。这也就意味着我们并不一定要对告知同意原则弃之如敝屣，完善其现有的不足使之更加符合人们心中的预期，应当不失为一种更为妥帖的方式。

四、告知同意原则的出路

适用告知同意原则的意义在于通过信息主体自决实现保护个人信息的目的，但在个人信息保护中，除这种事前防御手段外，还需要事中保护和事后监管，需要多种方式相互作用，共同实现对数据全生命周期严格、有效的保护。如在产品端融入"设计保护隐私"理念，直接将保护个人信息的目的以技术手段融入产品和服务的最新形态中，实现技术和法律的双重保障。又如在存储阶段的匿名化处理、建立完善的数据泄露制度和完善的问责机制，也对保护个人信息起到重要作用。但值得注意的是，这些措施的相互配合从而使得个人信息得到有效保护，也就意味着，我们并不能苛求仅适用告知同意原则就可以完全实现个人信息的高效保护。由此，在保持不苛求告知同意原则作用的态度下，针对前述告知同意原则的困境及成因，现仅就其本身内容及适用，提出以下四个方面的完善措施。

---

① 王雪乔：《论欧盟 GDPR 中个人数据保护与"同意"细分》，《政法论丛》2019 年第 4 期。
② 张新宝：《个人信息收集：告知同意原则适用的限制》，《比较法研究》2019 年第 6 期。

（一）对"告知"的内容进行限定

在告知同意原则中，首先应当细化告知内容，满足让信息主体充分知情的需求。如信息处理者、共享者均是哪些法律实体，什么样的数据基于何种目的在哪些环节会被收集，数据在哪里存储、会流转到哪些第三方，以及数据在整个生命周期中是如何被使用、处理和分享的，等等。同时，当前各类应用程序的个人信息保护声明过于专业化，且内容繁杂，从而加大了信息主体的阅读难度。针对个人信息保护声明冗长晦涩的现状，格式化的个人信息保护声明模式更便于加快信息主体的阅读速度。目前已出台部分行业标准对告知声明作出了相对细化的规定，如《App 违法违规收集使用个人信息自评估指南》《App 违法违规收集使用个人信息行为认定方法》等。但在效力位阶上，由于该类文件效力较低，并不能很高效地推进相关规定的适用，故需要从法律上作出要求。如要求在个人信息保护声明中简化告知方式；要求信息处理者在设置个人信息保护声明时要单独成文并容易获取；对于个人一般信息和个人敏感信息须进行不同显著程度的告知，对个人敏感信息可以采取加粗、下划线等方式区别于一般个人信息进行显著标识，让信息主体能够快速识别条款要求，减少阅读时间。同时，要求信息处理者在制定个人信息保护声明时，尽量采取通俗易懂的语言，以此减轻信息主体阅读困难，降低告知同意原则的适用成本。

（二）对"同意"的方式重新设定

纵览个人信息利用的整个流程，多环节的数据处理成为一种普遍现象。而在不同场景中，个人信息的敏感程度也会有着相应的变化，且信息主体对信息处理行为接受程度不一，有些信息主体可能只能够允许信息处理者收集其信息，但并不允许对该信息进行加工或转让，这也就对信息主体的同意有所要求，其必须是具体的。换言之，要保证同意是信息主体自愿自由的，是具体的，也是明确清晰的，而不是简单的默示同意。

有学者提出以动态同意（Dynamic Consent）的方式来满足该要求，[①]笔者持赞同态度。因为动态同意就是在利用现代网络技术的基础上，使

---

① 田野：《大数据时代知情同意原则的困境与出路——以生物资料库的个人信息保护为例》，《法制与社会发展》2018 年第 6 期。

信息主体明晰不同环节的数据处理行为并自我决定是否同意和授权，自主选择同意或退出，并且采用持续性的收集信息方式。例如，在 App 基础业务功能上可以进行一次性同意授权，而当扩展性业务功能需要某些信息时再行收集，形成信息收集的动态同意模式。采取这种方式能够很好地弥补"一揽子同意"与信息场景化利用不匹配的缺陷，并且能够满足信息主体多样化的个人需求，进而最大化地实现告知同意原则的最初目的。

并且欧盟 GDPR 第 7 条第 3 款还赋予信息主体撤回同意权，在信息主体作出同意的意思表示之前，应将该权利明确告知数据主体，并且该权利的行使应和作出同意一样容易。我国个人信息保护法也要求在个人信息的处理活动中，信息主体有权撤回其同意，并且个人信息处理者不得以个人不同意处理其个人信息或者撤回其对个人信息处理的同意为由，拒绝提供产品或者服务。

（三）在产品端融入"设计保护隐私"理念

"设计保护隐私"（Privacy by Design，简称 PbD）这一概念最早出现于 1995 年加拿大的隐私专员 Ann Cavoukian 女士和荷兰数据保护局联合小组共同发表的《隐私增强技术：匿名之路》这一报告中，[①] PbD 理论就是将该报告中所提及的隐私增强技术与"数据最小化"原理相融合而形成的。随后，其被吸纳到欧盟 GDPR、美国 FTC 隐私设计新框架以及英国《数据保护指南》等多个个人信息保护文件中。PbD 的含义是指在产品开发设计之初，便将隐私保护的理念以技术的手段融入产品之中，将个人信息保护的需求与产品设计相结合。我国在 2019 年 6 月出台的国家标准《信息安全技术　个人信息安全工程指南（征求意见稿）》中已经对 PbD 理论进行探索，提出了设计策略。比如，在信息收集前进行告知时，如涉及多个渠道收集或展示信息主体个人信息，可以在产品设计时注意在不同的渠道对用户进行告知。

当下，告知同意原则作为收集个人信息的第一步在适用中确实存在困境，而解决这种困境除去从原则本身出发，还可以考虑技术手段的辅助。

---

① Peter Hustinx. Privacy by design：delivering the promises，Identity in the Information Society2010（8），pp. 253-255. 转引自李维扬：《通过设计保护隐私》，《信息安全与通信保密》2018 年第 1 期。

PbD 理论的推广应用便可很好地帮助应对该困境。且在 App 开发时就对后续产品的运行和后台数据安全等进行预先设计保护，更有利于适应大数据时代信息技术的不断发展，通过技术和法律的双重保障实现对个人信息全生命周期、全方位的保护。

（四） 对告知同意原则的地位重新审视

对于个人信息保护，如前文所述，我们不能苛求一个告知同意原则就将所有个人信息保护的相关问题全部解决。而且，过度依赖告知同意原则也会阻碍个人信息的合理利用。在一般情形下我们应当遵循告知同意原则，对于例外情形，例如紧急状态下疫情信息的收集，则应当采用法定原则。根据民法典第 1035 条，处理自然人个人信息的，应征得该自然人或者其监护人同意，但是法律、行政法规另有规定的除外。该条款重申了告知同意原则，同时针对处理个人信息的合法基础作出修正：在符合法律、行政法规规定的前提下，可以不经个人信息主体同意而处理其个人信息。个人信息保护法也规定，为应对突发公共卫生事件，或者紧急情况下为保护自然人的生命健康和财产安全，为公共利益实施新闻报道、舆论监督，为履行法定职责或者法定义务等法律法规明文规定的情形，可以不经个人信息主体同意而处理其个人信息，但要限制在合理的范围内。这就为告知同意原则之外使用个人信息提供了法律依据。

在特殊情形下设定法定采集原则旨在保障公共利益和公共健康安全，此时个人信息的使用与公共安全、公共卫生、公共网络安全、重大公共利益等直接相关，并非为了商用或长期使用，在这类情形中，收集个人信息的公共利益具有优先性。但应当注意的是，对个人信息的使用要限制在合理的范围内，要进行匿名化、去标识化处理，要消除信息对信息主体的影响，做到损害最小。由此，在告知同意原则之外增加适用的例外情形，既能够对个人信息作出严格保护，又能够满足对个人信息合理使用的需求，对有效平衡保护个人信息和利用个人信息之间的关系起到重要作用。

五、结语

告知同意原则的价值取向在于保持个人信息处理活动的透明度，实现个人信息主体的自决。面对其当前的适用困境，需要我们从理论方面进行更深层次的探究，并且结合实务中的经验，以及比较法中的规定，对我国当下告知同意原则的适用进行完善，使告知同意原则回归其本身的价值中，而非直接摒弃。同时也需要结合网络技术的应用，破解告知同意原则的困局，从法律和技术两个方面保障信息自决权的实现。

大数据背景下的公民个人信息保护

李 怡[*]

据《中国互联网络发展状况统计报告》显示，截至 2017 年 12 月，我国网民规模达 7.72 亿，普及率达到 55.8%（超过全球平均水平 51.7%），[①]随着网民规模的持续增长，大数据背景下的公民个人信息问题较之以往发生了巨大改变。政府通过收集、管理、公开公民个人信息，实现政府公共服务的目标；企业利用大数据互联网 + 统计分析、分类收集客户的相关信息，作为营销手段。基于大数据自身的复杂性，公民个人信息保护面临巨大的挑战。

一、大数据背景下个人信息的内涵与特征

（一）个人信息的内涵

个人信息的概念最早源于 1968 年联合国"国际人权会议"提出的"资料保护"一词。[②] 到目前为止，世界上多达 90 个国家和地区制定了个人信息保护专项立法。[③] 但是，这些国家和地区的个人信息保护立法针对个人信息的定义则不完全相同。代表性的表述有"个人数据""个人隐私""个人资料""个人信息"等。

---

* 李怡：首都师范大学政法学院 2017 级硕士研究生，北京建筑大学辅导员。
① 2018 年第 42 次《中国互联网络发展状况统计报告》：https：//baijiahao. baidu. com/s？id = 1591258144487675180&wfr = spider&for = pc，最后访问时间：2018 年 7 月 30 日。
② 刘玉成、曹睿婷：《论我国个人信息隐私权法律保护制度的完善》，《华章》2013 年第 14 期。
③ 《全球 90 个国家和地区制定个人信息保护法律》，人民网，http：//world. people. com. cn/n1/2017/0810/c1002-29463433. html，最后访问时间：2018 年 5 月 21 日。

1. 个人信息的定义

在高度交往的今天，个人信息的内涵较之以往，其范围必不相同。明确现阶段个人信息的范围，是个人信息保护的根本前提。

个人信息是关于个人的一切资料、数据，是能够直接或者间接识别特定个人的所有信息，包括一个人生理的、心理的、智力的、个体的、社会的、经济的、文化的、家庭的等方面。这些方面包括健康情况、犯罪记录、性活动、名誉等涉及人格权的事项，也包括著作和财产等涉及财产权的事项。[①]

英国采用"个人数据"表述，1998 年《数据保护法》将个人数据定义为："由有关一个活着的人的信息组成的数据，对于这个人，可以通过该信息（或者通过数据用户拥有的该信息的其他信息）识别出来，该信息包括对有关该个人的评价，但不包括对该个人数据用户表示的意图。"

使用"个人隐私"称谓的有 1974 年美国《隐私权法》，该法是美国最重要的一部保护个人信息方面的法律。该法适用于美国公民和在美国取得永久居留权的外国人。该法对政府机构应当如何收集个人信息、什么内容的个人信息能够储存、收集到的个人信息如何向公众开放及信息主体的权利等都作出了比较详细的规定，以此规范联邦政府处理个人信息的行为，平衡隐私权保护与个人信息利用之间的紧张关系。其中规定："该法中的'记录'，是指包含在某一记录系统中的个人记录。记录系统是指在行政机关控制之下的任何记录的集合体，其中信息的检索是以个人的姓名或某些可识别的数字、符号或其他个人标识为依据。"个人记录是指"行政机关根据公民的姓名或其他标识而记载的一项或一组信息"。其中，"其他标识"包括别名、相片、指纹、音纹、社会保障号码、护照号码、汽车执照号码以及其他一切能够用于识别某一特定个人的标识。个人记录涉及教育、经济活动、医疗史、工作履历以及其他一切关于个人情况的记载。

我国台湾地区 2010 年修订的"个人资料保护法"则使用"个人资料"来表达，其中第 2 条规定："个人资料：指自然人之姓名、出生年月日、……特征、指纹、婚姻、家庭、教育、职业、病历、医疗、基因、性生活、健康检查、犯罪前科、联络方式、财务情况、社会活动及其他得以直接或间接方式识别该个人之资料。"

2016 年 11 月 7 日发布的《中华人民共和国网络安全法》对公民个人

---

① 齐爱民：《个人信息保护法研究》，《河北法学》2008 年第 4 期。

信息予以明确界定，第 76 条第（5）项规定："个人信息，是指以电子或者其他方式记录的能够单独或者与其他信息结合识别自然人个人身份的各种信息，包括但不限于自然人的姓名、出生日期、身份证件号码、个人生物识别信息、住址、电话号码等。"

2017 年 3 月，全国人大代表、全国人大常委、财经委副主任委员吴晓灵，全国人大代表、中国人民银行营业管理部主任周学东以及 45 位全国人大代表在两会提交《关于制定〈中华人民共和国个人信息保护法〉的议案》，建议尽快制定《中华人民共和国个人信息保护法》。议案同时将《中华人民共和国个人信息保护法（草案）》作为附件提交。

随后，2017 年 4 月 26 日最高人民法院、最高人民检察院通过的《最高人民法院、最高人民检察院关于办理侵犯公民个人信息刑事案件适用法律若干问题的解释》第 1 条规定："……'公民个人信息'，是指以电子或者其他方式记录的能够单独或者与其他信息结合识别特定自然人身份或者反映特定自然人活动情况的各种信息，包括姓名、身份证件号码、通信通讯联系方式、住址、账号密码、财产状况、行踪轨迹等。"

2017 年 12 月 29 日，国家质量监督检验检疫总局、中国国家标准化管理委员会发布《信息安全技术　个人信息安全规范》，尽管这是一部推荐性的国家标准，其不具有强制力，但仍引起了学界与实务界的广泛关注。其中规定，作为个人信息保护的国家标准，明确判定某项信息是否属于个人信息，应考虑以下两条路径：一是识别，即从信息到个人，由信息本身的特殊性识别出特定自然人，个人信息应有助于识别出特定个人；二是关联，即从个人到信息，如已知特定自然人，则由该特定自然人在其活动中产生的信息（如个人位置信息、个人通话记录、个人浏览记录等）即为个人信息。符合上述两种情形之一的信息，均应判定为个人信息。

2. 个人信息与个人隐私的关系

从以上个人信息的定义看，美国采用"个人隐私"表述方式，实则个人信息与隐私的关系既有联系又有区别，一方面，个人信息具有一定程度的私密性，很多个人信息都是人们不愿对外公布的私人信息，是个人不愿他人介入的私人空间，不论其是否具有经济价值，都体现了一种人格利益。[①] 但是，个人信息不完全属于隐私的范畴，不能与其混同。

---

① 张新宝：《信息技术的发展与隐私权保护》，《法制与社会发展》1996 年第 5 期。

个人信息除了个人隐私外还包括其他信息，数字化技术的发展使得许多隐私同时具有个人信息的特征，如个人通信隐私甚至谈话的隐私等，都可以通过技术的处理而被数字化，从而可能因具有身份识别的特征而被纳入个人信息的范畴。① 个人信息与个人隐私的区别主要在于：（1）个人信息在内容上更为广泛，涉及个人心理、生理、智力以及社会政治、经济、文化、教育、家庭、财产等方方面面。② 隐私主要是一种私密性的信息或私人活动，如个人身体状况、家庭状况、婚姻状况等，凡是个人不愿意公开披露且不涉及公共利益的部分都可以成为个人隐私，而且，单个的私密信息或者私人活动并不直接指向自然人的主体身份。③ 隐私的私密性即决定了个人自主公开后便不属于隐私，而有些个人信息不具有私密性，个人可以自行加以公开，公开后仍属于信息的范畴。《全国人民代表大会常务委员会关于加强网络信息保护的决定》指出，个人信息是指国家保护能够识别公民个人身份和涉及公民个人隐私的电子信息，此规定即可看出二者关系。（2）个人信息的存在形式为固定化的信息方式，主要以电子化方式储存。隐私不限于信息的形态，它还可以以个人活动、个人私生活等方式体现。④

3. 个人信息与个人数据的关系

英国和欧盟采用"个人数据"表述方式，有关个人信息与个人数据的联系，学界对此尚未有明确的界定，有些国家亦称为"个人资料"。个人信息是具有属性特征的个人数据和经过加工的个人数据的总和。而个人数据是能通过计算机识别、储存、加工和处理的个人信息。⑤ 简而言之，个人数据是有关个人的初始序列符号，而个人信息则是经过二次转换后直接可被读取的内容。个人数据同个人信息的关系为交叉关系，如果个人数据是与一个身份已被识别或者可被识别的自然人相关的任何数据，经过转化即为个人信息；无法识别个人的数据则不属于个人信息。

---

① 王利明：《论个人信息权的法律保护——以个人信息权与隐私权的界分为中心》，《现代法学》2013 年第 4 期。

② 史卫民：《大数据时代个人信息保护的现实困境与路径选择》，《情报杂志》2013 年第 12 期。

③ 王利明：《论个人信息权的法律保护——以个人信息权与隐私权的界分为中心》，《现代法学》2013 年第 4 期。

④ 王利明：《论个人信息权的法律保护——以个人信息权与隐私权的界分为中心》，《现代法学》2013 年第 4 期。

⑤ 郎庆斌、孙毅、杨莉：《个人信息保护概论》，人民出版社 2008 年版，第 132 页。

4. 小结

通过比较各国对个人信息的定义，个人信息的内涵既不同于数据亦不同于隐私，因此需要明确其独立的含义。

综上所述，虽然上述各地区定义名称、内容表达及立法模式都不尽相同，包含的个人信息范围之限度亦有差异，但其核心内容是一致的，即可识别性。个人信息的界定具有时代特征，其随着社会的变动内涵亦随之改变。各国针对大数据时代的趋势，都在不断针对立法中"个人信息"的内涵进行扩大。因此，准确界定个人信息的内涵是无法实现的，但以概括结合列举的模式，辅之以个人信息的特点予以对应，即可判断该"个人信息"是否在保护之列。

（二）个人信息的特征

1. 可识别性

可识别性是个人信息的实质性特征，其是指通过一条或多条个人信息识别信息主体。以信息与特定自然人之间的关联密切程度为标准，可分为直接个人信息与间接个人信息。可直接识别特定个人的信息即包括身份证号、声音、肖像、DNA 等；间接识别特定个人的信息是指须结合两个及两个以上信息才能确定特定个人的信息，即身高及姓名、通信地址及年龄等数种个人信息的排列组合。德国、挪威及丹麦等大多数国家在界定个人信息的范围时，明确将直接或间接信息作为构成个人信息内容的要素，在立法条文中予以体现。

2. 共享性

不同于隐私的"私密性"，大数据背景下的个人信息不具有独占性，又称其具有可复制性、共享性。传统个人隐私具有对世效力，除隐私权主体自行支配外，任何人不得窥探、窃取、处理或使用他人隐私。一旦非法获取他人隐私，侵权人将承担相应的法律责任。单个信息无法实现社会效用，信息的价值必须通过流通、共享形成链条，再通过科技处理才能最大限度地发挥出来。个人信息固定于一定的载体上，如文字、声音、图像等记录媒体。因记录方式的特殊性，通过大数据其他主体可以迅速获取、处理、分析信息，且可多次利用。

3. 人格性

如前所述，个人信息与个人隐私的关系密不可分，一部分个人信息反映信息主体不愿公开的私生活秘密，同个人隐私的内容相重合，故具有人格性。就隐私而言，其产生的价值基础就是人格尊严和人格自由发展的保护。[①] 而个人信息常常被称为"信息自决权（ informational self – determination right)"，同样体现了对个人自决等人格利益的保护。[②] 我国台湾地区"个人资料保护法"的立法目的即为"避免人格权受侵害"。其所列举的各项个人信息，均是有关人格利益等方面的信息。

4. 财产性

《中华人民共和国刑法》第 253 条之一规定了"侵犯公民个人信息罪"，第 1 款规定："违反国家有关规定，向他人出售或者提供公民个人信息，情节严重的，处三年以下有期徒刑或者拘役，并处或者单处罚金；情节特别严重的，处三年以上七年以下有期徒刑，并处罚金。"信息的牟利行为即体现了其财产性，以个人信息的交换换取一定的"利益"。当前，在公民日常使用网络服务时，以个人信息的授权使用换取网络服务。公权力机关因公共利益目的获取、收集、管理、使用公民个人信息，通过挖掘这些信息的潜在价值，其能够全面提升服务质量，帮助政府的各个部门流通数据，从而促进各部门的协同合作，提高政府的行政效率。从企业角度来讲，其以营利为目的，通过海量信息的处理，大数据反馈的政策走向、市场发展、客户需求等信息能够为企业带来更大的经济价值。

二、大数据背景下个人信息的法律属性

个人信息的法律属性，不同国家或组织有其各自的学说。主要有以下几种：

（一）所有权客体说

所有权客体说认为，个人信息是一种财产利益。波斯纳（Posner）的隐私经济学理论即是此种观点的代表。"人们无一例外地拥有信息，这些信息在有些时候对他人和社会是有价值的，他们会愿意付出对价来购买这些信息。信息主体对他们的信息拥有产权，并应该允许他们就这些拥有产

---

① 王利明：《论个人信息权的法律保护——以个人信息权与隐私权的界分为中心》，载《现代法学》2013 年第 4 期。

② 王利明：《论个人信息权的法律保护——以个人信息权与隐私权的界分为中心》，载《现代法学》2013 年第 4 期。

权的信息进行交易。"① 我国亦有部分学者赞同此观点："对于资料采集者来说，获得个人资料不是目的，而是一种手段，是建立和扩展财源的一种途径。"并由此得出"根据所有权原理，只要不与法律和公共利益相抵触，所有权人均享有对个人资料的占有、使用、收益、处分权；个人资料的所有者是该资料的生成体个人，无论他人对主体个人资料的获取方式与知悉程度如何，都不能改变个人资料的所有权归属。"②

（二）隐私权客体说

美国以隐私权体系保护个人信息，其认为个人信息是隐私利益的子概念，对其保护当采隐私权保护模式。1974 年美国通过了《隐私权法》，主要规制政府机构处理个人信息的行为。经济合作与发展组织 1980 年通过了《OECD 关于隐私保护与个人数据跨疆界流动的指导原则的建议书》，第 2 条规定："这些指导原则适用于个人数据，不管其是属于公共领域还是私人领域，因为处理方式或者因为他们的性质或被使用的语境，他们对隐私和个人自由构成危险。"③ 明确指出个人数据的不当处理是对隐私的侵犯。

（三）人格权客体说

人格权客体说以德国为代表，个人信息体现的是一种人格利益，对其保护应采取人格权保护模式。④ 德国最初针对个人信息保护立法深受美国影响，1977 年德国《联邦信息保护法》规定："个人资料保护的目的在于保护隐私。"实践中以隐私权保护模式进行的个人信息保护，在德国未获得预期效果，过度的管制引发了德国社会的广泛批评。20 世纪 80 年代后，随着信息技术的发展和普及，公民修改《联邦信息保护法》的呼声日益高涨，但议会先后审议了 10 个修正草案都未获批准。1982 年 3 月，德国联邦议会全票表决通过了《联邦人口普查法》，该法案规定次年起（1983

---

① 齐爱民：《个人信息保护法研究》，《河北法学》2008 年第 4 期。

② 汤擎：《试论个人资料与相关的法律关系》，《华东政法大学学报》2000 年第 5 期。

③ 孙昌兴、秦洁：《个人信息保护的法律问题研究》，《北京邮电大学学报（社会科学版）》2010 年第 1 期。

④ 齐爱民：《论个人信息的法律保护》，《苏州大学学报（哲学社会科学版）》2005 年第 2 期。

年），在联邦范围内实施包括住址、职业、教育经历等个人信息的全面登记。① 1983 年，德国联邦宪法法院审理"人口普查案"是德国信息保护立法发展的里程碑。民众针对国家强制收集个人信息的行为强烈反对，100 多位公民以其违反基本法为由，将该法案诉至联邦宪法法院，此即"人口普查案"。联邦宪法法院判决指出，在信息社会中，不可避免地存在个人信息的收集、处理和使用，任何人都有可能成为信息侵害的对象，因此，个人应享有"信息自决权"以对抗信息侵害。"信息自决权"是指信息主体有权决定其私人生活是否公开、公开的时间和方式以及公开到何种程度。宪法法院认为，信息社会中，个人如果无法评估其信息公开的程度，势必会影响其社会生活中的行为。特别是当其不愿为公众所知的信息有被公开的可能时，则对其自由发展之人格构成威胁。因此，结合基本法第 1 条第 1 款"人性尊严不受侵犯"和第 2 条第 1 款"人格发展之自由"，宪法法院将"信息自决"确认为一般人格权项下的基本权利。② 德国 1990 年修改后的《联邦信息保护法》第一章"一般条款"第 1 条规定："本法旨在保护个人的人格权，使其不因个人资料的处置而遭受侵害。"确认其一般人格权地位。我国台湾地区"计算机处理个人数据保护法"在总则部分第 1 条规定："为规范计算机处理个人数据，以避免人格权受侵害，并促进个人资料之合理利用，特制定本法。"亦将个人信息保护纳入人格权体系。

（四）基本人权说

联合国《关于自动资料档案中个人资料的指南》第 1 条规定："不得用非法或者不合理的方法收集、处理个人信息，也不得以与联合国宪章的目的和原则相违背的目的利用个人信息。"而联合国宪章的目的和原则即是保障人权。欧洲理事会协定在导言中指出："考虑到在自动化处理条件下个人资料跨国流通的不断发展，需要扩大对个人权利和基本自由，特别是隐私权的保护。"③ 欧盟指令第 1 条明确规定："各成员国应对个人数据处理中自然人的基本权利和自由，特别是他们的隐私权予以保护。"国际

---

① 李欣倩：《德国个人信息立法的历史分析及最新发展》，《东方法学》2016 年第 6 期。
② 李欣倩：《德国个人信息立法的历史分析及最新进展》，《东方法学》2016 年第 6 期。
③ 孙昌兴、秦洁：《个人信息保护的法律问题研究》，《北京邮电大学学报（社会科学版）》2010 年第 1 期。

组织多采用此说，认为个人信息的保护体现为基本人权的保障。

（五）我国关于个人信息法律属性的认识

1. 所有权客体说、隐私权客体说、人格权客体说的弊端

我国法律目前未明确定性个人信息的权利形式，司法实践中一般采取隐私权的间接保护形式。2014 年，庞理鹏与中国东方航空股份有限公司、北京趣拿信息技术有限公司隐私权纠纷一案中，庞理鹏主张趣拿公司和东航泄露的隐私信息包括其姓名、尾号＊＊49 手机号及行程安排（包括起落时间、地点、航班信息），应承担连带侵权责任。二审法院在论述姓名、电话号码及行程安排等是否可以通过隐私权纠纷寻求救济时阐述道："姓名和手机号，在日常民事交往中，发挥着身份识别和信息交流的重要作用。因此，孤立来看，姓名和手机号不但不应保密，反而是需要向他人告示的。然而，在大数据时代，信息的收集和匹配成本越来越低，原来单个的、孤立的、可以公示的个人信息一旦被收集、提取和综合，就完全可以与特定的个人相匹配，从而形成某一特定个人的详细而准确的整体信息。此时，这些全方位、系统性的整体信息，就不再是单个的可以任意公示的个人信息，这些整体信息一旦被泄露扩散，任何人都将没有自己的私人空间，个人的隐私将遭受巨大威胁，人人将处于惶恐之中。因此，基于合理事由掌握上述整体信息的组织或个人应积极地、谨慎地采取有效措施防止信息泄露。任何他人未经权利人的允许，都不得扩散和不当利用能够指向特定个人的整体信息。"[1] 本案的审理对个人信息保护与隐私权的关系进行了充分论证，即采取隐私权模式对个人不愿披露的信息进行保护。

尽管个人信息同隐私的内涵部分重合，但正如前文所言，二者亦存在一定的差异。一旦隐私信息被公开，其就不属于隐私，但只要尚具备识别个人信息主体的功能，就仍属个人信息的范畴。因此，隐私侵权行为不存在重复侵害的情况，"公开"隐私即"灭失"隐私。然个人信息不以私密性为实质特点，公开的个人信息仍可作为侵权客体，其可被传输至任何地方、被反复获取、利用，所以在判断行为是否侵害信息主体的个人信息时，不因该特定个人信息已被公开或已被侵害而阻却其违法性。

---

[1] 《庞理鹏诉中国东方航空股份有限公司、北京趣拿信息技术有限公司隐私权纠纷案》，https：//www.chinacourt.org/article/detail/2018/08/id/3459620.shtml，最后访问时间：2018 年 9 月 1 日。

综上，以隐私权为权利基础间接保护个人信息，是现行立法的滞后与实践案件需要不得已采取的折中方案，而从二者之间的差异来看，以该权利保护形式并非长久之计。

对比其他权利模式，所有权客体说和人格权客体说均忽视了个人信息的双重属性，无法兼顾保护其人格利益及经济利益、私权与公权属性。

2. 基本人权说的优势

基本人权说即通过对条文中的基本价值扩大解释，将个人信息所表现的价值纳入宪法保护之中。《世界人权宣言》第 3 条规定："人人有权享有生命、自由和人身安全。"个人信息在宪法上的权利表现为信息主体有权享有有关其个人信息的人格尊严、自由与人身安全。具体细化于部门法，体现为个人享有决定是否向有关组织或个人提供自己信息的权利、请求说明个人信息的使用目的及信息处理者基本情况的权利、请求被告知是否持有本人信息并向其公开持有本人信息的权利、要求更正持有的与本人实际情况不符的信息以及在上述权利受到侵害时获得救济的权利。[①]

当下我国未创设"个人信息权"，所以应采取变通方式，个人信息的法律属性宜采用基本人权说，即纳入《中华人民共和国宪法》第 33 条第 3 款："国家尊重和保障人权。"该条款中，宪法的公法性质适用于来自公权力的侵犯，即为公权力机关收集、使用、管理个人信息提供方向和准则。具体私法性质内容由相关部门法予以完善，即解决平等主体间有关个人信息的纠纷。

三、大数据背景下个人信息保护面临的挑战与影响

（一）网络的匿名化效果逐渐削弱

在网络世界中，用户将个人信息进行匿名化，以虚拟的身份进行网络活动是目前广泛运用的个人信息保护措施。但在大数据时代，大量数据交叉重叠、相互补充校验，使原本匿名的数据同其他数据关联，用户身份被重新确定。2006 年，美国在线公司（America Online，AOL）为推动搜索技术的研究，公布了 65 万用户在三个月内的搜索记录。这些搜索记录以随机

---

① 孙昌兴、秦洁：《个人信息保护的法律问题研究》，《北京邮电大学学报（社会科学版）》2010 年第 1 期。

数代替用户账号的方式进行匿名化处理。随后,《纽约时报》宣布成功地将部分数据去匿名化,并公开了其中一位用户的真实身份。[①] 可见,在大数据时代,匿名化个人信息依然有被复原的可能性。

(二)"知情同意"规则在弱化

所谓"知情同意"规则,即被采集人在信息采集前有权知悉其所被采集的个人信息的内容及用途,采集个人信息需在征得被采集人同意后进行。[②] 在大数据背景下,用户"知情同意"授权会产生巨大成本。首先是海量的信息规模,若拟获取的个人信息数量庞大,一一争取信息主体同意会耗费大量的人力物力财力;其次是信息价值的体现源于二次利用,传播流程烦琐,信息采集者无法全面列举其所获信息的将来用途,故其可能要求用户主体对信息采集概括授权,信息的某些具体用途用户往往无法知晓。

(三)大数据技术使公民行为可以被预测

预测被认为是大数据技术的核心,它把数学算法运用到海量数据上来预测事情发生的可能性。[③] 在 2009 年全球爆发甲型 H1N1 流感的时候,谷歌公司通过观察用户的搜索记录领先美国疾控中心得出流感相关数据。[④] 美国公司利用追踪技术来收集用户的网站浏览记录,形成记录人们上网行为的庞大数据库。[⑤] 它不记录信息主体姓名,主要记录个人标识与其住房拥有情况、家庭收入、婚姻状况和常去的餐厅等信息,以此进行交叉检验和汇总,再通过大数据技术统计分析,推测上网者的个人喜好。网站 Cookies 技术的用途即存储用户在特定网站上的密码和 ID、浏览过的页面、停留的时间等信息;当再次使用该网站时,网络运营商通过读取 Cookies 之前有关信息,有针对性地进行营销推广。

---

① 《高校数据隐私保护技术》,http://www.media.edu.cn/zcjd/fmbd/201604/t20160406_1384027.shtml,最后访问时间:2018 年 8 月 30 日。

② 罗娇:《大数据环境下个人信息保护法律问题研究》,《图书馆》2018 年第 5 期。

③ 《大数据的预测原理》,http://www.sohu.com/a/225211751_100123073,最后访问时间:2018 年 8 月 30 日。

④ 《日均超 30 亿条搜索指令的谷歌大数据,早已变革公共卫生领域》,https://baijiahao.baidu.com/s?id=1563364309367847&wfr=spider&for=pc,最后访问时间:2018 年 8 月 30 日。

⑤ 张茂月:《大数据时代个人信息数据安全的新威胁及其保护》,《中国科技论坛》2015 年第 7 期。

（四）大数据时代侵权手段的专业性、隐蔽性

网络服务商通过对用户的网络活动进行记录，使用大数据技术分析海量信息之间存在的关联，从而获取用户的其他信息。大数据自身的专业性、不透明化使信息主体难以发现自己的个人信息受到侵犯，即使发现，他们也难以证明。2011年，金山网络发布中国互联网一级预警，公开指出通过搜索引擎可以搜到360官方服务器上的数据包。这些数据包包括了上百万用户的邮箱、微博、QQ、淘宝网等网站的登录用户名和密码。连一些企业和机关内网中的干部考核、工资、预算、人事等"机密文件"也在其中。① 随后，奇虎360公司表示是金山安全中心因存在漏洞出现大量用户信息泄露的情况。在这两起数据泄露事件背后，若非新闻报道，信息主体并不知道个人信息已被泄露。在大数据时代，用户得知信息被侵犯通常是在事件发生后，究其原因即由于侵权手段的专业性及隐蔽性。正因为专业性、隐蔽性的侵权手段，信息主体无法精准采取预防措施保障自身的信息安全。

四、大数据背景下个人信息保护模式的比较研究

大数据时代，个人信息的过度收集和使用给信息主体的生活、公权力机关的权威性、企业的信息安全及国家安全均带来巨大的破坏，选择最优最适的个人信息保护模式是个人信息保护的重点。对比国外个人信息保护模式，较为成熟的有美国模式和欧盟模式，通过梳理两地区的代表性成果，期望对我国个人信息保护模式的确定有所启发。

（一）美国——行业自律主导模式

美国奉行"自由放任主义"，主张让自由市场自行其道是最为适当、迅速的方法，将省去任何由政府运作所造成的效率不彰。正因如此，美国倾向于通过市场自身调节以解决社会问题而非僵化的法律规定以抑制企业的经济活动。②

① 《金山指责360窃取用户隐私　360与金山口水战升级》，http：//china.cnr.cn/gdgg/201101/t20110101_507538821.shtml，最后访问时间：2018年9月1日。
② 王忠：《大数据时代个人数据隐私规制》，社会科学文献出版社2014年版，第50页。

101

在美国，单纯的行业自律无法全面地保护公民个人信息，故辅之以法律规制以实现强制效果，形成"安全港"模式。所谓"安全港"模式是一种将国家立法模式和民事主体的自律模式相结合的综合保护模式，具体说，就是将行业的个人信息自律规范纳入相关法律之内，行业内的组织或者机构只要遵循了经由国家主管机关审查通过的行业自律规范，就被认为是遵守了本国相关法律的立法模式。[①]

1. 行业自律为主

美国的行业自律模式主要有以下三种方式：

第一种是建议性的行业指引。建议性的行业指引是由以网络隐私权保护为宗旨的自律组织制定的行为指导原则。[②] 其中，以美国隐私在线联盟（Online Privacy Alliances，OPA）为代表的行业自律组织，其制定的建议性的行业指引要求所属成员承诺必须遵守。1998 年 6 月 22 日，由 46 家企业和团体组成的隐私在线联盟公布了其在线隐私指引。[③] 该在线隐私指引的客体即适用于收集的个人可识别信息，内容包括：同意采取并执行隐私政策；应全面公布和告知其隐私政策；选择与同意；信息数据的安全；信息数据的质量和接近等。[④] 建议性的行业指引为行业内提供了较为灵活的个人信息保护要求，但其缺乏强制力，无法对不遵守该指引的企业或团体进行制裁。

第二种是网络隐私认证计划。其是企业自发发起实现网络隐私保护的认证计划。该计划要求被授予"安全认证标志"的网站必须遵守在线资料收集的行为规则，并且服从成员组织的监督、管理。网络隐私认证计划同商标注册原理，对符合要求的企业许可网上隐私标志。网络隐私认证计划的安全认证标志具有商业信誉的意义，它不仅使得用户便于识别遵守该规则的网站，更激励企业更好地遵守网络隐私认证计划。目前，代表性的网络隐私认证组织有两个，一是 TRUSTE，二是 BBB Online。TRUSTE 是美国最具权威性的第三方隐私认证机构，也是美国首家网络隐私认证民间机

---

① 齐爱民：《个人信息保护法研究》，《河北法学》2008 年第 4 期。

② 徐敬宏：《美国网络隐私权的行业自律保护及其对我国的启示》，《情报理论与实践》2008 年第 6 期。

③ 《国外如何通过法律保护个人信息？》，http：//www. npopss-cn. gov. cn/GB/219567/219575/18137114. html，最后访问时间：2018 年 9 月 2 日。

④ 徐敬宏：《美国网络隐私权的行业自律保护及其对我国的启示》，《情报理论与实践》2008 年第 6 期。

构，获得认证的网站设立认证标志，表明其属于遵守隐私保护规则并采用
TRUSTE 制定的争议解决机制的网站。TRUSTE 认证并监督网站的隐私和
电子邮件政策，监督施行惯例，并且每年解决上万个客户隐私问题。① BBB Online 隐私认证计划所指的个人信息，不仅包括个人可识别信息，还
包括潜在的个人信息，即网站从第三方在线获得的可识别信息。BBB Online 隐私认证计划采取主动检查方式，将对其成员执行隐私指导原则的情
况进行监督检查，违规者将被取消成员资格，或被公开点名，或被移送政
府有关部门。② 二者的区别在于监督及制裁成员的方式不同。相比 TRUSTE
则采取抽查监督的方式，一旦发现成员的违规行为，TRUSTE 就会取消其
安全认证资格，将其列入违规名单，若违规行为构成欺诈罪，则将其诉至
法院。

第三种是技术保护。技术保护即通过用户装载安全软件，警示用户是
否继续提供个人信息操作。其中，最有代表性的是全球资讯联盟网推出的
技术标准"个人隐私安全平台（P3P）"，其能够保护在线隐私权，使 Internet 冲浪者可以选择在浏览网页时，是否被第三方收集并利用自己的个人
信息。如果某站点不遵守 P3P 标准，则有关它的 Cookies 将被自动拒绝，
并且 P3P 还能够自动识破多种 Cookies 的嵌入方式。P3P 的工作方式为：得
到 P3P 软件的用户可以将他的个人隐私偏好设定在该软件的选项中，软件
默认值设定为：当任何网站收集或贩卖个人网上信息的时候，禁止进入该
站点或者提醒用户。一旦设定，该软件将同用户的浏览器程序一同运行，
每一个受访的站点都会发送某种形式的机器语言提议到用户的电脑中，这
个提议包括网站需要用户提供的个人隐私信息以及对这些信息所做的处
理。如果该站点的信息收集行为同用户 P3P 中设定的标准相符，则两者之
间关于个人隐私信息的协定就可以自动地缔结，而用户亦可毫无阻碍地浏
览该站点；若不符，P3P 将会用红绿灯的简单方式提醒用户，用户必须迅
速地决定是否对自己制定的个人隐私策略作出修改以进入该网站，这通常
会以对话框的形式出现，目的是方便用户作出选择。③

这三种方式共同建立了美国保护公民个人信息的行业自律制度。

---

① 《国外如何通过法律保护个人信息？》，http：//www.npopss-cn.gov.cn/GB/219567/219575/
18137114.html，最后访问时间：2018 年 9 月 2 日。

② 徐敬宏：《美国网络隐私权的行业自律保护及其对我国的启示》，《情报理论与实践》2008
年第 6 期。

③ https：//baike.baidu.com/item/p3p/426876，最后访问时间：2018 年 9 月 2 日。

2. 分散式立法为辅

在立法方面，不同于欧盟制定统一的个人数据保护法，美国以分散立法为特点。1974 年，美国制定了《隐私法》，该法是针对联邦行政机构的行为而制定的，并着力于各类信息的收集、持有、使用和传输，该法以隐私权保护为基础，通过隐私权对个人信息加以保护。[①] 1986 年，美国国会颁布《联邦电子通讯隐私法案》，以延伸原先在电话有线监听的相关管制（包含透过电脑的电子数据传递）。美国《儿童在线隐私权保护法》于 2000 年 4 月 21 日生效，主要针对在线收集 13 岁以下儿童个人信息的行为。它规定网站管理者要遵守隐私规则，必须说明何时和如何以一种可以验证的方式向儿童家长索求同意，并且网站管理者必须保护儿童在线隐私和安全。2010 年颁布《消费者信息隐私权法案》，该法案延续了信息主体的知情权和个人数据信息使用者的安全保障义务，确立了七大基本原则，包括透明原则、信息主体控制原则、尊重信息主体初衷原则、确保访问畅通原则、信息准确性原则、安全原则以及责任原则。[②]

（二）欧盟——立法保护模式

与美国不同，欧盟主要采用立法保护模式。

1. 个人信息保护的立法演进

对于个人信息保护的相关法律主要包括：1980 年颁布的《关于保护隐私与个人数据跨国界流动的准则》，对个人信息保护的最低标准予以明确规定，并试图缓解个人信息保护与信息通信自由之间的矛盾。1981 年颁布的《有关个人数据自动化处理之个人保护公约》，明确规定缔约国在收集公民的个人信息时，必须加强对信息主体隐私权的保护。1995 年颁布的《个人数据保护指令》（以下简称《95 指令》），提出"在制定个人信息保护的相关法律时，应当参照共同的标准，确保法律制定的统一"。1997 年颁布的《电子通讯数据保护指令》，对《95 指令》进行补充，并强调电子通信部门应遵守保密和安全原则，对电子通信领域的个人数据安全加以重点保护；1998 年通过的《私有数据保密法》，进一步规范了在使用个人数

---

① 王利明：《论个人信息权的法律保护——以个人信息权与隐私权的界分为中心》，《现代法学》2013 年第 4 期。

② 李明发、孙昊：《论个人信息隐私权的法律保护——以美国〈消费者信息隐私权法案〉为例》，《东北农业大学学报（社会科学版）》2015 年第 1 期。

据时必须遵守的相关规定，强化了对成员国之间个人数据传输行为的规范。① 2002 年出台了《电子隐私指令》，赋予隐私主体拒绝他人或组织非法收集个人隐私的权利。紧接着，2009 年以来，欧盟为了在大数据时代更好地保护公民的个人信息，对获取个人信息的范围、企业商家的告知义务，侵权行为的救济等都进行了更为完善的法律规定。

2012 年初，欧盟《有关"1995 年个人数据保护指令"的立法建议》明确增设"被遗忘权"，自此其成为一项根本权利，其定义是"当个人信息不再为正当目的所需，个人使其被删除"。②

2.《一般数据保护条例》的个人信息保护现状

2018 年 5 月 25 日生效的《一般数据保护条例》被称为最严"数据保护条例"，欧盟负责司法、消费者保护和性别平等事务委员尧罗娃（Vera Jourová）表示："欧盟消费者得以重拾处理个人信息的控制权，而所有涉及欧盟公民隐私的企业都将被置于严格监管之下。"2016 年 4 月，欧盟就数据保护法律框架作出重大改革，以新颁布的《通用数据保护条例》取代已经沿用 20 多年的《95 指令》，从原来 34 个条款扩展到 99 条。《一般数据保护条例》详细制定了欧盟企业和非政府组织等机构收集、储存、处理和转移个人数据的相关规则。《一般数据保护条例》不仅涉及欧盟全境，而且针对与欧盟相关的第三国企业和机构同样具有法律效力，被视为欧盟强化数据保护立法的重要里程碑。③

该条例对比《95 指令》，其适用范围大幅扩展，主要表现在：（1）管辖权范围的扩大。《95 指令》依据传统的属地管辖权，即设立在欧盟或使用在欧盟境内的设备进行处理活动的控制者，现《一般数据保护条例》采用"影响主义"，即"属地 + 属人"等综合性原则。根据属地原则，GDPR 规制任何发生在欧盟境内的数据处理行为；按照属人原则，GDPR 适用于数据控制者和处理者的营业地在欧盟境内，不区分该数据处理行为发生在欧盟境内或是欧盟境外。④（2）扩充原则性规定。进一步明确提出合法公

---

① 王忠：《大数据时代个人数据隐私规制》，社会科学文献出版社 2014 年版，第 38—39 页。

② 李冰、展江：《美国和欧盟对网络空间"被遗忘权"的不同态度》，《新闻记者》2016 年第 12 期。

③ 《欧盟"最严"数据保护条例生效》，http://media.people.com.cn/n1/2018/0528/c40606-30016545.html，最后访问时间：2018 年 7 月 30 日。

④ 《描摹解析全球数据治理新篇章——国内首部 GDPR 专著书评》，http://www.oeeee.com/mp/a/BAAFRD00002018052781937.html，最后访问时间：2018 年 11 月 9 日。

平透明原则、目的限制原则、数据最小必要原则、准确性原则、存储限制原则、完整性和保密性原则、特殊数据处理原则等，并从处理的合法性、同意的要件、儿童同意等方面诠释了"知情同意原则"。（3）信息主体权利的扩大。增设"被遗忘权""数据可携带权"，在"免受自动化决策权"基础上提出"数据画像"、延展"知情权"与"访问权"，加重数据控制者和处理者的责任义务。（4）加大个人信息保护措施。完善跨境数据传输机制、设立数据保护官、规定欧盟监管机构一致性机制、建立欧洲数据保护委员会、规定巨额行政罚款。[①]

综上可见，欧盟以完善的立法对个人信息予以充分的保护。

（三）我国个人信息保护的立法现状

在大数据时代，技术的发展使个人信息保护受到严重威胁，而现有的法律框架无法有效应对该问题。从我国现有的法律体系看，我国有关个人信息保护的相关规定散落于各部门法中，多以间接保护方式规定。

1. 宪法

我国宪法第 33 条、第 38 条、第 39 条和第 40 条关于国家尊重和保障人权、公民的人格尊严不受侵犯、公民的住宅不受侵犯以及公民享有通信自由和通信秘密的权利之规定，对个人信息予以了间接保护。

2. 部门法规范

我国目前针对个人信息保护的相关立法不乏少数，如 2004 年 1 月 1 日实施的《中华人民共和国护照法》第 12 条第 3 款规定："护照签发机关及其工作人员对因制作、签发护照而知悉的公民个人信息，应当予以保密。"《中华人民共和国消费者权益保护法》第 29 条第 1 款规定："经营者收集、使用消费者个人信息，应当遵循合法、正当、必要的原则，明示收集、使用信息的目的、方式和范围，并经消费者同意。经营者收集、使用消费者个人信息，应当公开其收集、使用规则，不得违反法律、法规的规定和双方的约定收集、使用信息。"2015 年 11 月 1 日施行的《中华人民共和国刑法修正案（九）》设非法获取公民个人信息罪。2017 年 6 月 1 日施行的《中华人民共和国网络安全法》第四章专章规定网络信息安全。2019 年 1 月 1 日施行的《中华人民共和国电子商务法》第 5 条、第 23

---

① 京东法律研究院：《欧盟数据宪章：〈一般数据保护条例〉GDPR 评述及实务指引》，法律出版社 2018 年版，第 24—33 页。

条、第 25 条、第 32 条、第 79 条、第 87 条等规定电子商务经营者收集、使用公民个人信息应遵守的基本原则及承担的义务、责任。相关法规、规章及规范性文件保护公民个人信息的条款亦不在少数。

(四) 小结

通过对比美国与欧盟个人信息保护模式,基于政治、经济、文化背景的不同,个人信息保护也采用不同态度。美国主要以行业自律为主,分散式立法为辅,其采用开放的个人信息保护模式,注重信息流通;欧盟采用保守的个人信息保护模式,其通过统一立法形式,注重公民个人权利的保护。而我国宜采用折中态度,既注重信息流通亦注重个人权利的保护。

五、大数据背景下我国个人信息保护的完善与建议

纵观国外优秀经验,结合我国的实际情况,我国应采用立法保护、政府监管及行业自律协同发展,形成政府、社会、个人三位一体的"分工负责,通力合作"的保护模式。

我国的行业协会在组织体系中的地位有限,因此仅靠行业自律保护公民个人信息的方法是行不通的。且行业自律同我国立法现状、公民意识等因素密不可分。同西方国家相比,我国长期以来对隐私权保护研究不甚重视,至今仍未有隐私权保护专项立法。而作为隐私的衍生物——个人信息,我国对其研究尚处于起步阶段。不论政府、社会、个人,其个人信息保护意识均较为薄弱,这是时代遗留的产物,非一日即能解决。所以,只有完善的立法、政府的有效监管、企业的成熟自律规则三者齐力奋进,才能使我国加快形成完备的个人信息保护法律体系。

(一) 构建个人信息保护制度

在具体的立法工作中,主要内容即是对个人信息主体权利的保护及对个人信息义务主体使用界限的明确。

1. 信息主体权利的保护

个人信息主体指的是可通过信息识别的特定自然人。现有立法对信息主体的权利规定不明,结合对美国、欧盟的相关规定,笔者认为信息主体

应有以下权利：

（1）知情同意权。知情即指信息主体有权了解信息收集者的名称、收集目的、收集信息的范围、信息被使用的时间地点及方式、信息的保护手段及储存方式、信息主体的权益和权利行使方式、救济途径等。告知内容应尽可能详尽且简洁。同意即指信息主体有权以明示或默示的方式授权信息收集者收集、使用信息。用户有权部分或全部授权信息收集者收集、使用信息，不得以禁止使用平台功能强制信息主体授权提交个人信息。

（2）信息访问权。个人信息权人得以查询、访问、复制其个人信息及其有关的处理情况，并要求有关负责人答复。可以在技术可行时直接要求信息控制者将这些个人信息传输给另一控制者。

（3）修改、删除、停止使用权。在法定或约定的事由出现时，信息主体有权就信息收集者掌握的个人信息进行修改、删除或停止使用的权利。

2. 信息义务主体权利的限制

同信息主体相对的即为信息义务主体，其主要包括获取、储存、传输、使用公民个人信息的公权力机关、私主体。信息义务主体在实际使用过程中应遵守一定的规则，即利益协调机制。笔者认为利益协调机制确立的核心既要保证信息的共享性，又要保护信息主体的权利。

利益协调机制在欧盟也有所体现，《一般数据保护条例》中所述："保护个人数据的权利不是一项绝对权利，应考虑其在社会的作用并应当根据比例原则与其他基本权利保持平衡。"欧盟对于个人信息利益协调机制采用比例原则模式。

北美则采用个案平衡模式，即根据具体情形并依照社会一般观念以及公理等尺度加以衡量，决定是否为实现信息自由而限制个人信息本人的人格利益。[①] 其中，法官在具体裁量个案中，应符合以下标准：第一，依是否具有人格尊严属性或敏感程度划分个人信息类别。处理与隐私相关个人信息的行为则受到更大程度的限制。第二，依个人信息主体的不同。一般而言，北美地区法院对处理公众人物个人信息的行为所附加的限制条件较非公众人物少。第三，依目的的不同。处理个人信息的目的是否基于公共利益。公共利益包括维护国家安全与防卫，公共安全，刑事案件的预防、调查、侦查及起诉和执行，对抗和预防公共安全的威胁，对违反职业道德

---

① 齐爱民、李仪：《论利益平衡视野下的个人信息权制度——在人格利益与信息自由之间》，《法学评论》2011 年第 3 期。

的预防、调查、侦查和起诉以及经济、财产利益等。① 该权利得以确立的理论依据之一是霍布斯与黑格尔等学者主张的信息契约论。根据该理论，包括国家与社会赖以维系的纽带在于它对各个领域的信息（包括个人信息）的收集与传输。社会成员应当将专属于其自身信息的部分权利让渡给国家，从而促进公共福祉的实现；而国家为达到这一目的，有义务在管理这些信息的同时允许公众获得，从而满足后者参与社会事务以及自我发展等需求。②

个人信息基于自身的价值多元性，面对多元化主体需求，通过利益衡量机制实现对不同利益上下位阶的合理选择。我国的利益衡量机制具体应从以下几个方面体现：

（1）个人信息的分类保护

依个人信息敏感程度的不同，分为敏感信息和一般信息，此种分类标准是各国立法主要运用的依据。正因一般信息较之敏感信息对特定主体影响力较小，笔者认为应采取不同程度的保护措施。

欧盟《一般数据保护条例》中规定，原则性禁止个人敏感信息的收集和处理。美国也存在类似的限制性规定，表现为不得以敏感信息作为作出某些决定的依据，否则则将被视为歧视性决定。

根据英国1998年《资料保护条例》的规定，敏感个人信息是"由资料客体的种族或者道德起源、政治观点、宗教信仰或与此类似的其他信仰，公会下属关系、生理或心理状况、性生活、代理或宣称的代理关系，或与此有关的诉讼等诸如此类的信息组成的个人资料"。③ 欧盟《一般数据保护条例》第9条规定敏感数据包括：种族或民族出身；政治观点；宗教/哲学信仰；工会成员身份；涉及健康、性生活或性取向的数据；基因数据；经处理可识别特定个人的生物识别数据。④

综合以上规定，笔者认为敏感个人信息应兼采欧盟《一般数据保护条例》的列举规定及兜底条款：种族或民族出身；政治观点；宗教/哲学信

---

① 京东法律研究院：《欧盟数据宪章——〈一般数据保护条例〉GDPR 评述及实务指引》，法律出版社 2018 年版，第 66 页。

② 齐爱民、李仪：《论利益平衡视野下的个人信息权制度——在人格利益与信息自由之间》，《法学评论》2011 年第 3 期。

③ 齐爱民：《论个人信息的法律保护》，《苏州大学学报（哲学社会科学版）》2005 年第 2 期。

④ http：//www. sohu. com/a/232773245_ 455313.

仰；工会成员身份；涉及健康、性生活或性取向的数据；基因数据；经处理可识别特定个人的生物识别数据；可能引起社会歧视的其他信息。敏感信息之外的即为一般信息。

因个人信息具有时代特征，随着社会的变迁其内涵也随之变动，则敏感信息亦如此，故应附有兜底条款以应对现实的需要。

（2）基于目的的分类保护

基于目的的分类保护即从"公共利益"与"营利性目的"出发，对敏感信息及一般信息予以分类保护。

判断公权力机关是否为了国家安全、医疗诊断、科学研究或统计目的之需要等，如符合"公共利益"目的，对于敏感信息，可未经个人信息主体同意使用个人信息，但应提供适当、具体的措施保障信息主体的基本权益；对于一般信息，基于公共利益及合法公益性的个人利益，未经个人信息主体即可使用该信息，应提供适当、具体的措施保障信息主体的基本权益，但该措施较敏感信息保护手段相对简便。

且公权力机关基于公共利益未经信息主体同意使用公民个人信息时，要遵循比例原则。[①] 当其不得已使用个人信息时，也要保证该种损害是必须且适当的，使这种影响尽可能限制在小范围，尽量减少对个人利益的侵害。

私主体使用个人信息时，应坚持知情同意原则。对于敏感信息：一是基于合法公益性目的的个人利益。如为了个人科学研究或基金会等非营利性机构在适当安全保障的活动中，经信息主体同意，获取仅与该机构有联系的成员信息，并且相关信息未经信息主体同意不得向机构外披露；二是基于合法营利性目的的个人利益。以营利性为目的获取个人信息的行为，未经信息主体同意，不得使用其信息。对于一般信息：一是基于合法公益性目的的个人利益，如为了个人科学研究或基金会等非营利性机构在适当安全保障的活动中，获取仅与该机构有联系的成员信息，并且相关信息未经信息主体同意不得向机构外披露；二是基于合法营利性目的的个人利益，亦须经信息主体同意使用个人信息；均应提供适当、具体的措施保障信息主体的基本权益，但该措施较敏感信息保护手段相对简便。

不管是公权力机关抑或是私主体在使用公民个人信息时，应使用匿名

---

① 比例原则的内容分为适当性原则、必要性原则和损害最小原则。即行政主体的手段适当且必要，如果一定要对行政相对人造成损害，那么损害必须是最小的。

化等处理技术作为最低保障措施，控制个人信息的再使用范围。

在义务主体使用个人信息时，应在促进经济发展和保护个人权益之间取得平衡，既要对敏感信息予以无条件保护，亦要对一般信息予以一定利用，促进大数据时代的发展。

（二）加强个人信息的监管

1. 加强政府监管

欧盟的《一般数据保护条例》第六章专章规定独立监管机构，以监督数据控制者和数据使用者，强调用公权力保障个人信息主体和其他公众的合法权益。

网络安全法第 8 条第 1 款规定："国家网信部门负责统筹协调网络安全工作和相关监督管理工作。国务院电信主管部门、公安部门和其他有关机关依照本法和有关法律、行政法规的规定，在各自职责范围内负责网络安全保护和监督管理工作。"笔者认为，国家网信部门应作为领导部门，负责统筹协调网络安全工作和相关监督管理工作。各政府职能部门应单独设立信息监管办公室，负责信息共享和使用的技术支持、监督、问责和协调工作。具体职责包括：（1）对个人信息保护相关法律的执行情况进行监督；（2）进行部门获取的个人信息日常管理工作；（3）政府数据开放平台的技术支持；（4）向信息主体提供行政救济、对有关负责人进行问责；（5）作为有关个人信息保护行业自律组织的业务主管单位，对其进行相应的协助、指导。

2. 加强行业自律建设

行政部门的过度干预会限制产业发展的自身活力，因此行业自律是解决执法成本较高、公务繁重，达到个人信息保护最优效果的有效方式。

我国在行业自律方面早有尝试，2001 年 5 月 25 日，以互联网从业者为主体发起、成立了中国互联网协会，并于 2002 年 3 月 26 日发布了《中国互联网行业自律公约》。协会自成立起就积极吸纳互联网行业优秀从业者加入协会共同自律管理，2011 年陆续发布了《中国互联网协会关于抵制非法网络公关行为的自律公约》《互联网终端安全服务自律公约》等自律性条款，在规范互联网行业工作上有一定的积极影响。对于信息行业自律组织，可借鉴中国互联网协会的经验，进行个性化调整予以建立。

行业自律组织可借鉴美国网络隐私认证计划，建立行业内信息安全认证制度。即对符合遵守个人信息保护相关行业自律公约的企业许可网上信息认证标志，其作为商业信誉的象征，若通过数次年检仍具有该标志，有关政府主管部门应对其予以奖励，以激励行业自律组织长期、高质量地进行个人信息保护工作。

六、结语

在信息时代，个人信息作为战略性资源，其自由流动对资源的有效利用具有重要的基础性意义。基于此，现阶段对于个人信息保护提出了更高的要求，即建立信息流通及信息保护平衡的个人信息保护法律体系。

在构建大数据时代个人信息保护体系的前提是，明确信息义务主体使用的是以"可识别性"为实质特征，符合信息自身特点的个人信息。结合我国历史传统及现实需求，将个人信息纳入我国宪法"国家尊重和保障人权"的外延，通过部门法规定予以细化、完善，再辅之利益衡量机制、政府监管和行业自律等手段，形成从上到下的多层级立法模式，横向多主体的协调机制，构建我国立体、全方位的个人信息保护法律体系。

数据法律规制

刑事诉讼电子数据的规制

丁　飞*

一、刑事诉讼电子数据的特点

我国刑事诉讼法第 50 条将"电子数据"列为法定证据种类，与视听资料并列为第八种刑事诉讼证据。2016 年 9 月，最高人民法院、最高人民检察院、公安部共同印发的《关于办理刑事案件收集提取和审查判断电子数据若干问题的规定》（以下简称《规定》）第 1 条对电子数据进行了明确定义，即电子数据是案件发生过程中形成的，以数字化形式存储、处理、传输的，能够证明案件事实的数据。

根据现行刑事诉讼法的规定，电子数据是独立的证据种类。但是，电子数据实际上是传统证据种类的电子数据化。[1]电子数据作为一种证据形式与传统证据相比，其最大的特点在于存在形式、载体方式不同，而非证明机制方面。正因如此，电子数据并非一种全新的证据，而是传统证据的不同存在形式，即所有的传统证据均存在电子形式。根据我国三大诉讼法的规定，证据种类分为物证、书证、证人证言、当事人陈述、鉴定意见以及勘验检查笔录、视听资料以及电子数据。与上述前七种证据对应，电子数据基本可分为电子物证、电子书证、电子证人证言、电子当事人陈述、电子数据鉴定意见以及电子勘验检查笔录、电子视听资料七种。

---

　* 丁飞：首都师范大学政法学院讲师。

　① 有学者指出："同七种传统证据形式相比，应该说电子证据来源于七种证据，是将各种传统证据部分地剥离出来而泛称的一种新证据形式。"参见何家弘、刘品新：《证据法学》，法律出版社 2019 年版，第 185 页。

常见电子数据

电子数据类型	不完全举例
电子物证	电子痕迹（比特流）、IP 地址、计算机、硬盘、光盘、软盘、ZIP 存储器、打印机与传真机的存储器、声卡、视盘、PDA、手机 SIM 卡、电子签名、电子签名制作数据、电子签名验证数据、公钥、密钥、源代码、激光唱片来源码、电子口令、密码、计算机软件、备份磁带、电子邮箱、上网拨号、登录记录、上线日志、上线时段、网页点击率
电子书证	电子合同、电子邮件、电子数据交换、电子报关单、电子病历及其摘要、传真、电报、电子刊物、电子文章、电子短信息、登录图示、站点目录图、网页、上网注册信息、BBS 帖子、电话拨号记录仪记录、自动取款机交易记录、电子账簿、转账电子记录
电子证人证言	证人网络聊天记录、电话通话记录
电子当事人陈述	当事人网络聊天记录、电话通话记录
电子数据鉴定意见	计算机鉴定意见、镜片检测仪自动测试意见
电子勘验检查笔录	现场勘查的数码照片、数码摄像、交通违章检测器拍摄资料
电子视听资料	数码照片、录像、摄像、VCD、DVD、网络色情图片、视频文件、音频文件、移动通信终端电子信息、声讯台语音信息、录音带、录像带、电子监听资料

根据上列表格可以看出，电子数据的种类繁多，分类标准相应也非常多。从调查取证工作角度，可以以用户个人行为生成的各类数据为标准进行分类，《规定》第 1 条对电子数据进行了以下分类：

网络平台发布的信息，包括网页、博客、微博客、朋友圈、贴吧、网盘等；

网络应用服务的通信信息，包括手机短信、电子邮件、即时通信、通讯群组等；

用户注册信息、身份认证信息、电子交易记录、通信记录、登录日志等信息；

电子文件，包括文档、图片、音视频、数字证书、计算机程序等。

《规定》也明确了电子数据包括但不限于这些信息、电子文件。在实际取证中，经常还要提取 USB 设备痕迹、信息设备 IP 地址、上网记录、数据库系统中数据、手机 APP 数据等。

美国相关判例确定，以电子数据的形成来源为标准，将电子证据分为以下三类：

计算机储存记录，是由人创制的电子数据，比如电子邮件、网络聊天记录等；

计算机生成记录，是计算机自动生成的电子数据，比如计算机日志、电话记录等；

电子数据证据即计算机合成记录，由以上两类电子数据混合形成的电子数据证据。[①]

对电子数据进行分类是为在司法实务运用中更加清晰、便利，相比较其他种类的证据，电子数据的特点可以归纳为：

电子数据的丰富性。信息大数据时代，电子数据海量般存在于日常工作、生活中，在庞大的信息储量中搜索相关的证据无疑是大海捞针，因此，及时、有效地收集与案件相关的数据信息，是电子数据取证的关键。

电子数据的依赖性及易损性。电子数据的存在依赖于存储介质，而存储介质、设备的安全性决定了电子数据的安全性。各种对存储介质的损害都可能导致电子数据的灭失或者损伤，尽管现有技术手段可以恢复部分或者全部损伤的数据，但并不完全保险且永久性的灭失无法恢复。

电子数据的易变性。现有技术针对电子数据进行修改并非难事且不易察觉，因为电子数据不是实体证据。因此，要及时将电子数据物化，以防被篡改。

二、刑事诉讼电子数据规制体系的形成

2012 年，刑事诉讼法修正时将电子数据明确规定为法定证据种类，但当时并未进一步细化规定电子数据的收集提取与审查判断规则。目前，根据此后修正的刑事诉讼法的规定，有关司法解释和规范性文件逐步确立了电子数据收集提取规则、移送规则、审查判断规则。

2014 年 5 月，最高人民法院、最高人民检察院、公安部联合发布《关于办理网络犯罪案件适用刑事诉讼程序若干问题的意见》（以下简称《意见》）。《意见》专设"关于电子数据的取证与审查"部分，对电子数据的收集、移送和审查作了全面规定，主要内容包括电子数据取证人员资质与

---

① 蒋平、杨莉莉：《电子证据》，清华大学出版社 2007 年版，第 11 页。

技术要求、电子数据取证原则、收集提取电子数据的笔录制作要求、电子数据的移送规则和电子数据的鉴定与检验等问题。

《规定》对电子数据相关规则作了细化和统一。《规定》的颁布是基于《意见》在实践运用、经验总结基础上，针对信息技术飞速发展、收集提取电子数据的难度增加、对取证的信息网络技术要求增强的情况作出的及时必要的反应。《规定》对电子数据收集提取和审查判断的规则进行了进一步的完善，使其更具操作性，以有效应对、顺利开展越来越多涉及电子数据的刑事诉讼案件。

根据上述梳理，现行的刑事诉讼电子数据规制体系主要包括以下规则：

一是电子数据收集提取规则；二是电子数据移送规则；三是审查判断规则。

三、电子数据规制体系的内容

（一）刑事诉讼电子数据收集提取规则

1. 电子数据的取证规则

《规定》第 8 条、第 9 条进一步完善了电子数据取证规则，正式确立了以扣押原始存储介质为原则、以提取电子数据为例外，以打印、拍照、录像等方式固定为补充的规则。

《规定》第 9 条规定，在无法扣押原始存储介质的情况下，可以提取电子数据，包括直接提取电子数据和通过网络在线提取电子数据。即提取电子数据主要针对电子数据量过大、电子数据存储方式、电子数据原始存储介质存放地点以及由于其他原因无法扣押原始存储介质的情形。第 10 条规定，对于有些涉案电子数据，可能出现既不能扣押原始存储介质也无法提取电子数据的情形时，可以采用其他方式对相关电子数据加以固定，包括打印、拍照、录像等方式。

2. 电子数据的取证主体与取证方法

相比于传统证据不同的特点，电子数据对取证人员的专业知识、技术能力及专业设备有特别要求。2014 年《意见》第 13 条规定由两名以上具备相关专业知识的侦查人员收集、提取电子数据，并确保取证设备和过程符合相关技术标准。

随着网络技术的大众化、网络犯罪的迅速蔓延，涉及电子数据的刑事案件数量与日俱增，过去通常由网警负责的电子数据收集提取工作已经普及到各警种，使得电子数据的收集提取由以往的专业技术工作成为了一项基础性、普通性的侦查工作。为顺应形势需要及顺利开展刑事诉讼工作的需要，《规定》第 7 条取消了"收集、提取电子数据应当由具备相关专业知识的侦查人员进行"的规定，仅要求由两名以上侦查人员进行。

关于电子数据的取证方法，首先需要明确的是取证步骤。电子数据的取证步骤是相对固定的，一定时期内不会随着计算机技术的量变而改变，除非计算机技术产生了质变。一般而言取证步骤可以概括为：

在不对原有的证物进行任何损坏或改动的前提之下获取（Acquire）证据。

证明（Authenticate）所获取的证据和原有的数据是相同的。

在不改动数据的前提之下对其进行分析（Analyze）。[①]

电子数据具体的收集取证方法，《规定》作了详细、明确的规定：

（1）电子数据存储介质扣押及勘验

《规定》第 8 条第 1 款要求："收集、提取电子数据，能够扣押电子数据原始存储介质的，应当扣押、封存原始存储介质，并制作笔录，记录原始存储介质的封存状态。"由此规定可知，收集提取电子数据首先考虑的是存储介质的扣押。当其不具备扣押条件时，《规定》第 9 条对电子数据的现场及勘验作了相关规定。

（2）计算机及服务器的扣押与勘验

电子数据的现场调取，主要包括三种设备的调取：个人计算机、存储介质、通信设备。

（3）移动存储介质的扣押与勘验

移动存储介质主要包括移动硬盘、U 盘、存储卡等种类，因其体积较小，易于隐藏，因此在现场可以按照搜索银行卡、小件贵重物品的方法，仔细查找，移动存储介质的处理应当采用直接扣押的方式。

（4）手机的扣押与勘验

涉及手机数据的收集和提取，主要包括 SIM 卡、手机机身、存储卡三

---

① 何建波：《国内外电子数据取证标准规范研究》，《保密科学技术》2016 年第 3 期。

部分。《规定》明确规定:"封存手机等具有无线通信功能的存储介质,应当采取信号屏蔽、信号阻断或者切断电源等措施。"之所以要采取信号屏蔽和阻断的措施,目的是为了防止手机在扣押或者勘验时由于信号影响,手机的数据状态造成改变、影响电子数据的收集和提取工作。

在收集提取电子数据存储介质时,严禁以下操作:一是使用取证对象上网,登录网页、邮箱等;二是登录、执行计算机、手机中的应用程序(包括微信、QQ、邮箱工具、Office、专有程序等);三是删除、修改文件;四是创建、复制、本地拷贝文件夹、文件。

在进行电子数据存储介质、设备扣押及勘验时应当严格遵循以下原则:

及时性原则。由于电子数据极易篡改,导致电子数据被损坏的可能性较大,因此要及时收集和提取电子数据。

针对性原则。包括三个方面:一是归属的针对性,是否涉案嫌疑人或者其关系人的载体;二是时间的针对性;三是范围的针对性,主要是划定取证的范围。

全面性原则。电子数据取证本质上是还原基于虚拟环境的多维度犯罪现场,因此,要求做到全面完整。

规范性原则。收集、提取电子数据应当按照规范要求、严格进行。按照要求制作笔录,记录案由、对象、内容、收集、提取电子数据的时间、地点、方法、过程,并附电子数据清单,注明类别、文件格式、完整性校验值等,由侦查人员、电子数据持有人(提供人)签名或者盖章;电子数据持有人(提供人)无法签名或者拒绝签名的,应当在笔录中注明,由见证人签名或者盖章。有条件的,应当对相关活动进行录像。

(二)刑事诉讼电子数据移送规则

为防止电子数据移送后出现被增删改的情形,在可能的情况下,刑事诉讼其他阶段的审查判断通常都是针对电子数据的备份进行。因此,《规定》明确要求随同移送电子数据的备份。第 18 条第 1 款规定:"收集、提取的原始存储介质或者电子数据,应当以封存状态随案移送,并制作电子数据的备份一并移送。"这可以看作是移送规则的原则性规定,基本要求是原始件移送前封存,同时随同复制件移送,二者缺一不可。

有原则必有例外,例外规定:"对网页、文档、图片等可以直接展示的电子数据,可以不随案移送打印件;人民法院、人民检察院因设备等条件限制无法直接展示电子数据的,侦查机关应当随案移送打印件,或者附展示工具和展示方法说明。对冻结的电子数据,应当移送被冻结电子数据的清单,注明类别、文件格式、冻结主体、证据要点、相关网络应用账号,并附查看工具和方法的说明。"即例外情况可以只移送打印件,但必须附有展示方法说明和展示工具。没有条件可以只移送打印件。

第19条规定:"对侵入、非法控制计算机信息系统的程序、工具以及计算机病毒等无法直接展示的电子数据,应当附电子数据属性、功能等情况的说明。对数据统计量、数据同一性等问题,侦查机关应当出具说明。"

(三) 刑事诉讼电子数据审查判断规则

电子数据的审查判断主要是针对电子数据的真实性与关联性而言,至于合法性问题,上节关于电子数据的收集取证已经有了详细阐述,只要严格按照程序与要求进行,合法性就不是问题。

1. 电子数据真实性的审查判断

《规定》第22条规定了电子数据真实性审查判断的几个方面:

(1) 对是否优先封存原始存储介质以及对原始存储介质的相关问题进行审查,"是否移送原始存储介质;在原始存储介质无法封存、不便移动时,有无说明原因,并注明收集、提取过程及原始存储介质的存放地点或者电子数据的来源等情况"。

(2) 对数字签名、数字证书等特殊标识进行审查。对于具有数字签名、数字证书等特殊标识的电子数据,可以通过数字签名或者数字证书以判断相关电子数据示范真实。实践中,对数字签名、数字证书的验证,可以通过审判人员自行验证、技术人员验证和侦查人员验证等多种方式进行。

(3) 对电子数据收集、提取过程是否可以重新进行审查。例如,在判断电子数据检查过程中从扣押的原始存储介质中恢复的电子数据是否真实时,可以对数据再次进行恢复,并比较两次数据恢复的内容是否相同,从而对电子数据的真实性作出判断。

(4) 对电子数据是否存在增删改的情形进行审查。电子数据发生增加、删除、修改的情形的,并不必然否定其真实性,例如基于正常使用目的对电子数据进行修复的情况。因此,审查发现电子数据存在增删改情形时，应当进一步查明原因和具体情节，以判断是否出于善意，从而予以区别对待。

（5）对电子数据的完整性进行审查。《规定》第23条规定了具体的审查方法："对电子数据是否完整，应当根据保护电子数据完整性的相应方法进行验证：（一）审查原始存储介质的扣押、封存状态；（二）审查电子数据的收集、提取过程，查看录像；（三）比对电子数据完整性校验值；（四）与备份的电子数据进行比较；（五）审查冻结后的访问操作日志；（六）其他方法。"

2. 电子数据关联性的审查判断

根据刑事诉讼证据规则，只有与案件事实存在关联性的电子数据，才具有证明力，才能作为证据被采信。关于电子数据的关联性审查，《规定》第25条作出了原则性规定："认定犯罪嫌疑人、被告人的网络身份与现实身份的同一性，可以通过核查相关IP地址、网络活动记录、上网终端归属、相关证人证言以及犯罪嫌疑人、被告人供述和辩解等进行综合判断。认定犯罪嫌疑人、被告人与存储介质的关联性，可以通过核查相关证人证言以及犯罪嫌疑人、被告人供述和辩解等进行综合判断。"

据此规定，电子数据关联性包括虚实对应和人机关联两个方面，第25条对这二者的判断方法也作出了规定。有学者将其概括为电子数据的"双联性"，即内容关联性与载体关联性。前者指"电子证据的数据信息同案件事实之间的关联性"，后者是指"电子证据的信息载体同当事人或其他诉讼参与人之间的关联性"[1]。

---

① 刘品新：《电子证据的关联性》，《法学研究》2016年第6期，第175页。

数据产品财产权的理论构建与实现机制

袁 泉[*]

一、引言：传统模式下的数据产品保护困境

作为大数据时代的一种重要资源和生产要素，数据产品的商业价值逐渐凸显，围绕数据产生的纠纷越发复杂，数据产品是否应当确权成为数据保护领域饱受争议的议题。

从 2012 年上海钢联电子商务股份有限公司诉上海纵横今日钢铁电子商务有限公司非法使用数据信息案[①]、2015 年大众点评诉百度不正当竞争案[②]、2016 年底新浪微博起诉脉脉抓取使用微博用户信息案[③]，到 2018 年的淘宝诉美景侵权案，法院对企业数据权利的保护均基于《中华人民共和国反不正当竞争法》第 2 条作出，数据产品并没有被界定为财产权，而是作为一项企业的经营条件和水平等比较优势的排他性利益[④]。然而，反不正当竞争保护路径下的数据产品不同于"财产"，其所获得的救济也不同于一般侵权救济。

首先，企业的数据产品权益不具有完整的排他性。反不正当竞争法保护的权利并非对世权，权利人只得向有竞争关系的主体主张其权利，这使得权利人可获得的救济范围远小于一般侵权救济。换言之，基于反不正当竞争法的保护，企业可以阻止市场内的竞争对手利用、处理个人信息，却无法阻止非竞争关系的市场主体或出于个人目的等其他因素利用个人信

---

[*] 袁泉，首都师范大学政法学院讲师，法学博士。

① 参见《上海市第二中级人民法院民事判决书：(2012) 沪二中民五 (知) 初字第 130 号》。

② 参见《上海知识产权法院民事判决书：(2016) 沪 73 民终 242 号》。

③ 参见《北京知识产权法院民事判决书：(2016) 京 73 民终 588 号》。

④ 龙卫球：《再论企业数据保护的财产化路径》，《东方法学》2018 年第 3 期。

息，造成企业利益受损的行为。基于非对世性，企业就个人信息利益只能主张停止损害、损害赔偿等消极性权利，无法获得转让、设定担保等积极性权利，严重限制了数据产品之上财产权利益的使用。

其次，企业的数据产品利益只有在特定情形下才可获得法律保护。反不正当竞争保护模式下，企业就数据产品享有的权利并没有被定格为某种特定化的财产，而仅仅是一种具有商业价值的利益，企业只有在其利益受到损害时才可诉求法律保护。这就意味着，企业的数据产品权利并不是由法律创设的，而是基于市场竞争者的侵害而出现的。更进一步讲，反不正当竞争保护模式下的数据产品利益无法获得事前救济，企业必须在受到侵害时才可以获得法律保护。与财产权相比，这种侵权救济的保护属于消极赋权模式，企业就个人信息主张的权利也可以被称之为"准财产权"①。

如上所述，反不正当竞争保护模式赋予企业的数据权利是有限的，企业所能获得的法律保护也是消极的。从更广泛的维度来看，这种权利界定不符合数据生态下的经济发展趋势，无益于数据驱动型经济的整体发展。反不正当竞争模式下的数据所有者只能自用该数据产品，无法通过许可、设定担保等方式获得相应商业对价。然而，如今的经济发展早已被数据驱动型商业所裹挟，采取的就是新的石油数据②，用户信息早已成为企业重要的新型资产。在此背景下，仍然沿用反不正当竞争模式保护企业的数据产品，严格限制信息利益的利用方式，有悖于社会经济的发展规律。从微观角度考量，反不正当竞争保护模式一方面明确了数据产品作为企业比较优势的利益地位，另一方面却又限制该利益的效益最大化，实属矛盾。

二、我国数据产品财产化第一案：淘宝诉美景侵权案

（一）案情回顾

2018 年 8 月 16 日，杭州互联网法院公开宣判了淘宝（中国）软件有限公司诉安徽美景信息科技有限公司案，③ 成为大数据时代首起确认企业对数据财产享有财产性权利的重要案例。

---

① 高富平：《信息财产——数字内容产业的法律基础》，法律出版社 2009 年版，第 467 页。
② Personal Data：The Emergence of A New Asset Class，World Economic Forum，（2011）．
③ 参见《杭州铁路运输法院民事判决书：（2017）浙 8601 初 4034 号》。

案件纠纷始于一款名为"生意参谋"的数据产品。"生意参谋"系由淘宝公司独立开发和运营的零售电商数据产品，用于向淘宝商家提供数据化的商业参考。"生意参谋"的内容是基于对淘宝用户的浏览、搜索、收藏、加购、交易等活动留下的痕迹信息进行加工处理，从而形成具有衍生性质的数据产品。安徽美景公司涉嫌引诱已订购"生意参谋"产品的淘宝用户下载其产品分享、共用子账户，并在其平台上出租"生意参谋"产品子账户以获取佣金。与此同时，美景公司还组织自己平台用户租用"生意参谋"子账户，为其通过远程登录"出租者"电脑等方式使用"出租者"子账户查看"生意参谋"产品数据内容提供技术帮助，并从中牟利。

淘宝公司以美景公司为被告向杭州互联网法院提起诉讼，认为其行为对"生意参谋"已构成实质性替代，直接导致后者的订购量和销售额减少，极大损害了淘宝公司的经济利益。与此同时，美景公司的行为恶意破坏了淘宝公司的商业模式，严重扰乱大数据行业的竞争秩序，已经构成了不正当竞争行为。

被告美景公司辩称，淘宝"生意参谋"的原始数据获取未经用户同意，侵犯了用户的财产权、个人隐私和商户的经营秘密，具有违法性。此外，淘宝公司利用自己的垄断优势控制数据衍生产品，使原始数据的拥有者被迫购买由自己数据衍生的数据产品，具有不正当性。加之自己与淘宝并不属于同一市场行业，因此不处于竞争关系，淘宝公司无法依据反不正当竞争法予以起诉。

(二) 裁判主旨

本案的审理法院为杭州互联网法院，法院认为，本案的争议焦点主要有以下三点：一是淘宝公司收集并使用网络用户信息的行为是否正当；二是淘宝公司对于"生意参谋"数据产品是否享有法定权益；三是被诉行为是否构成不正当竞争。

针对第一个焦点，法院认为淘宝公司对网络用户的信息收集行为具有合法性和必要性，故对美景公司的抗辩意见不予采纳。淘宝对网络用户的信息收集符合《中华人民共和国网络安全法》第 22 条第 3 款、第 41 条第 2 款对信息收集的要求，即作出了明示并获取用户同意，且信息收集遵守最小化义务。

针对第二个焦点，法院认为淘宝公司对"生意参谋"享有竞争性财产权益。然而，财产所有权作为一项绝对性权利，一旦被赋予则意味着不特定多数人将因此承担相应义务，关涉极大。因此，基于物权法定原则，法院并未确认淘宝对数据产品的财产权利。

针对第三个焦点，法院认为被告美景公司的行为已经构成了反不正当竞争行为。美景公司与淘宝公司吸引争取的用户群体具有高度重合性，存在此长彼消的或然性对应关系，故二者存在直接竞争关系。与此同时，美景公司在未付出任何劳动的前提下，使用淘宝公司具有竞争性财产权益的数据产品作为盈利工具，给淘宝公司的市场收益造成损失，属于"搭便车"的不正当竞争行为。

2018 年 8 月 16 日，法院根据《中华人民共和国反不正当竞争法》第 2 条、第 17 条，《中华人民共和国网络安全法》第 22 条第 3 款、第 41 条、第 42 条、第 76 条，《最高人民法院关于审理不正当竞争民事案件应用法律若干问题的解释》第 17 条，《中华人民共和国民事诉讼法》第 64 条第 1 款之规定，作出如下判决："一、被告安徽美景信息科技有限公司于判决生效之日起立即停止涉案不正当竞争行为；二、被告安徽美景信息科技有限公司赔偿原告淘宝（中国）软件有限公司经济损失及制止不正当竞争行为所支付的合理费用共计 200 万元；三、驳回原告淘宝（中国）软件有限公司的其他诉讼请求。"

淘宝公司诉美景公司侵权案反映出数据市场发展的现状及我国数据权利保护的法律困境。大数据时代，用户信息已成为网络服务者积极争取的重要资本。通过对用户数据的收集、分析、加工形成的数据产品，不仅可以为用户提供更人性化、便捷化的服务，也能提高网络平台的用户黏性，提高其市场占有率。因此，数据产品成为蕴含极高经济价值、可以为企业带来巨大竞争优势的无形资产。利用数据产品提升用户体验的商业模式，早已成为新的商业模式被广泛采用。遗憾的是，在当前的个人信息保护框架下，企业对数据产品无法享有独立的财产性权利。

围绕淘宝诉美景公司的核心争议，本文将就以下几个问题进行展开。其一，以本案判决书为依据，围绕数据产品和用户信息、原始数据之间在物理性质与法律性质上的界分予以讨论。其二，基于本案的最终判决，分析反不正当竞争法进路对数据产品所有者权益保护的不足。其三，以数据财产权的证成为核心，分别探讨赋予数据产品以财产权的必要性和可行性。其四，本文结语部分指出我国应尽快确立企业对数据产品的财产权利。

三、数据产品性质的界定

在淘宝诉美景公司案中，法院首次对用户信息、原始数据、数据产品在物理性质和法律性质上的区别作出界分，对数据产品财产权的论证具有重大意义。

（一）数据产品和用户信息、原始数据在物理性质上的界分

原始数据与用户信息在物理性质上无本质区别，前者是对后者进行数字化记录的转换。易言之，原始数据与个人信息的区别仅仅是形式上的，而非内容上的，网络运营者在此过程中付出的劳动极为有限，未能使用户信息产生本质的变化。因此，原始数据在权利属性上仍依附于用户信息，无法形成独立的权利对象，基于原始数据形成的权利义务关系遵从用户信息的相关法律规定或合同约定。

数据产品与用户信息、原始数据具有物理性质上的本质区别，前者是基于后者形成的创造性产品，是区别于原始数据和用户信息的新的权利客体。具体而言，数据产品在生成方式和呈现内容上具有特殊性。

在生成方式上，数据产品主要依赖于网络运营者的加工创造，并非个人的直接提供。不同于ID、住址、银行账户等信息的产生源于个人的直接提供，数据产品生产方式相对复杂，有赖于个人对原始信息的提供，以及网络运营者的信息处理行为。这是在原始数据的基础上通过一定的算法，经过深度分析过滤、提炼整合以及匿名化脱敏处理后而形成的预测型、指数型、统计型的衍生数据。在此过程中，个人虽然参与了信息产品的生产环节——以信息产品原材料的提供者身份，但贡献程度较弱，信息产品的最终呈现主要源于企业的智利劳动创造。换言之，数据产品的生成依赖于网络运营商的大量智力劳动投入。

在呈现内容上，数据产品展示的是对个人的评估或预测，并非事实。数据产品并非关于个人的当前事实状态的描述，而是对其未来行为甚至风险的预测，就此意义而言，信息产品具有准知识产品的特性。例如，基金公司专为个人客户设计的投资计划书，保险公司基于健康分析对用户预期

寿命的预测，银行对用户信誉状况的分析等。因此，数据产品的呈现方式不同于原始数据，更多表现为趋势图、排行榜、占比图等可视化的数据内容。基于其预测性的特点，信息产品无法被认定为正确或错误，而是一项具有不确定性的信息。因此，此类信息的生产过程也被称为预测性信息挖掘，反之，则被称为描述性信息挖掘。[①]

（二）数据产品与用户信息、原始数据在法律性质上的界分

第一，用户信息本身不具有经济价值，不存在财产权益纠纷。本案法院认为，用户向网络服务提供商提供的信息作为单一信息加以使用，一般而言并不当然具有直接的经济价值，在无特殊约定的前提下，用户对于单个用户信息不享有独立的财产权或财产性权益。

第二，网络运营者对原始数据不享有独立的财产权益。原始数据作为用户信息的数字化表现形式，在内容上为脱离原网络用户的信息范围，网络运营者对原始数据只能按合同约定享有使用权，不得享有独立的其他权利。然而，上述观点虽在一定程度上否定了网络运营者对原始数据的财产性权利，却并未提及原始数据本身的经济利益，换言之，用户是否对其享有财产权益尚未可知。

第三，网络运营者对数据产品享有独立的财产性权益。在类型上，数据产品系网络运营者的劳动成果，故独立于用户信息、原始数据之外，是与之无直接对应关系的衍生数据。在性质上，数据产品虽表现为无形资源，但可以为运营者所实际控制和使用，能够为运营者带来相应经济利益。在实践中，数据产品本身已经成为市场交易的对象，具有实质性的商品交换价值，网络运营商早已将数据产品视为自己的重要财产性权益以及核心竞争力。

四、确立数据产品财产权的必要性

（一）实现数据资源的优化配置

数据产品已经成为事实上的财产权。著名法学家波斯纳（Posner）在

---

① B. W. Schermer, The Limits of Privacy in Automated Profiling and Data Mining, 27 Computer Law and Security Review 2011, p. 46.

其著作《法律的经济分析》一书中提出事实上（de facto）的财产权的观点，认为市场上只要存在某物支付意愿，就应当认为该物具备了事实上的财产权。① 事实上，波斯纳所称的"事实上的财产权"就是经济学上的财产权。显然，数据产品早已具备了经济上的财产权地位。

本案法院在判决中指出，网络数据产品的开发与市场应用已成为当前互联网行业的主要商业模式，是网络运营者市场竞争优势主要来源于核心竞争力之所在。随着网络大数据产品市场价值的日益凸显，网络大数据产品自身已成为市场交易对象，已实质性具备了商品的交换价值。本案中，美景公司对"生意参谋"的盗用已充分证明了数据产品的经济价值，美景公司愿意承担一定的成本非法使用淘宝公司的数据产品。进言之，市场中存在对淘宝公司所有的"生意参谋"的支付意愿，其具备了事实上的财产权。

然而，财产权在经济学上的含义不同于法学。一般来说，法律权利会增强经济权利，但是，对于经济上的财产权来说，前者既非必要条件，也非充分条件。一方面，法律财产权利的主要功能即实现法院的审判效力与强制执行力；另一方面，个人对财产享有的经济权利并不因法律财产权的缺失而消逝②，但其财产保护与交换活动只能通过自力救济（self-enforce-ment）的方法实现。换言之，当法律无法给予权利人足够的产权保护时，个人就不得不付出更多的努力保障自身的经济利益，与此同时，市场交易成本也被迫提高。因此，财产权之所以得到明确界定，源于市场对该财产的交易需求；反之，财产权的明晰可以促使个人通过市场机制有效地分配风险和激励③。换言之，经济学上的产权是法律对财产权进行界定的基础与前提，法律对财产权的明确可以导致外部效应内部化，从而达到资源的有效分配。

数据驱动型经济发展趋势下，数据产品作为财产不仅成为企业重要的资本要素，更被视为重要的资产参与到商品流通。质言之，数据产品在经济学上的财产性地位已被确立，这种财产权利并不因法律的缺失而消亡。

---

① ［美］理查德·波斯纳：《法律的经济分析》（第七版），蒋兆康译，法律出版社2012年版，第55—56页。

② ［美］罗伯特·C. 埃里克森：《无需法律的秩序——邻人如何解决纠纷》，苏力译，中国政法大学出版社2003年版。

③ Ronald Harry Coase, The Problem of Social Cost, Journal of Law and Economics, 1960, 3, pp. 28-33.

至于法律是否应当赋予个人信息财产权，应当视该资产的市场交易需求而定，一旦市场表现出对数据产品进行交易的巨大需求，法律基于资源优化配置的立场应当赋予其财产权地位。

（二）推进数据市场的稳定发展

我国大数据战略要求构建以数据为核心的经济新生态，其中，网络运营者是数据经济中的核心力量，赋予网络运营者以数据财产权有利于提高其积极参与数据经济发展的意愿和动力，同时亦有益于稳定数据市场环境。网络运营者对数据产品的开发和努力，最终取决于其能否就数据产品获得充分、有效的法律保护，特别是财产权保护。

相较于法律积极承认的权利，未能上升为权利的法益，只能获得相对薄弱的保护。[①] 相较于其他保护进路，赋予数据产品以财产权能够最大程度实现数据产品开发者的权益保护。一方面，财产制度能够减轻数据产品持有者的负担。反不正当竞争法保护的核心在于"过错"，即不当获得或使用了他人的数据产品，这令网络运营者不得不承担其中的举证责任，弱化了对其权益的保护。另一方面，财产权制度能够为数据持有者提供积极保护，而侵权保护模式只能赋予权利人一些否定性的权利，作为第二位阶的救济手段存在。

赋予数据产品以财产权是对网络运营者创新行为的奖励，[②] 法律之所以要对一项利益赋予财产权，其目的就是要鼓励创新，保护财产权利人所创造的新的价值，推动财产性利益的效用最大化。数据产品财产化意味着，网络运营者可以就其开发的数据产品设立许可、抵押等各项权利，使数据产品的经济价值被进一步放大，而这自然也会促使网络运营者竭尽所能开发和利用数据。

可以说，只有赋予网络运营者对数据产品的财产性权利，最大限度地保障数据产品开发者的权益，才能积极促进数据产品的交易、转让和进一步开发。这不仅是网络运营者的诉求，同时也是国家大数据战略的发展需要。

---

① 曾世雄：《民法总则之现在与未来》，中国政法大学出版社 2001 年版，第 61 页。

② Jacqueline Lipton，"Information Property：Rights and Responsibilities"，56 Fla. L. Rev. 135（January，2004），p. 150.

五、数据产品财产权的可行性

法律的论证不是凌空蹈虚，必须要受到逻辑体系的约束，要论证数据产品的财产权属性，必须明确对其赋权的理论基础。洛克的"劳动值得"理论（labor-desert theory）试图通过个人劳动证明一种普遍有效的财产权利的正当化，对论证网络运营者的数据财产权具有重要意义。

"劳动值得"理论认为："个人只要使任何东西脱离自然所提供的以及该物所处的状态，这个人就已经付出了他的劳动，而劳动是当然的属于个人的。因此，他已经在该物之上添加了自己拥有的某些东西，从而使之成为他自己的财产。"① 换言之，由于劳动归劳动者所有，个人通过劳动使某物脱离自然状态，就应当认为劳动者对此物享有财产权利。数据驱动的商业模式下，企业积极分析和处理用户信息，使之成为能够提升用户服务、指导未来发展的信息产品。该信息产品作为企业的重要竞争性资产，承载着企业的智利创造和劳动成果，依据"劳动值得"理论应当归属于企业所有。

然而，反对者称，洛克所构建的以自然权利为基础的财产权理论建立在一个重要的前提之下，即劳动作用的对象须为公共产品，即在个人投入劳动之前，该产品之上不存在任何所有权人。"土地和一切低等动物为一切人类所共有，其中人对自己的人身享有所有权，除自己以外的任何人都没有此种权利，"② "是劳动使某物脱离于其原来所处的共同状态，区别于其他共有品，成为私人所有的财产。"③ 然而，个人信息中的财产权利益并不属于洛克所称的公共产品。企业的加工处理是建立在个人信息提供的基础上的，故企业的劳动行为是作用于属于个人的信息之上，其权利具有明确的归属，而非公共产品。因此，"劳动值得"理论无法作为企业拥有个人信息财产权的理论基础。④

支持"劳动值得"理论作为企业获得信息产品权基础的学者认为，在现有法律和传统意识的角度下，信息属于公共领域，它不因收集、汇编成

① ［英］洛克：《政府论（下篇）》，叶启芳、瞿菊农译，商务印书馆2019年版，第19页。
② ［英］洛克：《政府论（下篇）》，叶启芳、瞿菊农译，商务印书馆2019年版，第19页。
③ ［英］洛克：《政府论（下篇）》，叶启芳、瞿菊农译，商务印书馆2019年版，第19—20页。
④ Vera Bergelson, Its's personal But Is It Mine—Toward Property Rights in Personal Information?, 37 U. C. Davis L. Rev. （2003）p. 420.

为数据库而对信息形成任何支配权或专有权。① 因此，信息加工者通过自己的劳动是否侵占了公共财产，就成为决定信息产品处理者是否可以取得财产权的重要因素。而由于信息的公共性，任何主体从公开渠道收集都不会影响公共信息的减损。换言之，只要信息处理者付出了劳动，且信息收集、处理行为合法，法律就应当对其劳动成果予以保护，赋予其信息财产权利。②

上述论辩的关键在于，信息究竟是否属于公共产品。公共产品是西方经济学中的核心概念，是指在消费上同时具有非竞争性（non-rival）和非排他性（non-excludable）的产品。根据著名经济学家萨缪尔森（Samuelson）的观点，非竞争性意味着一个人对它的消费不会减损其他人的消费数量，其新增消费者使用产品的边际成本为零。非排他性则是指一个人无法排除他人对产品进行消费，即使可以排除他人从该产品中获取利益也需要付出极高的成本，亦即社会效益极低，因此是不值得的。③ 二者在性质上有些微不同，非竞争性是基于产品本身固有的，而非排他性在一定程度上取决于法律规制④，换言之，排他性并非产品自身的特性，而是一种社会选择。

基于上述理论，信息具有非竞争性和非排他性，属于公共产品。一方面，信息的复制成本极低，信息交易无法排除"搭便车"的人，他人使用信息的边际成本几乎为零。故而，信息无法成为市场中的交易品，不具有交易价值，具有非竞争性。另一方面，信息易复制的特点导致其无法排除他人对信息的使用，或需要付出极高的技术和经济成本。从客观操作上，信息排他性的实现难度极大，即使法律予以规定也需承担较高的执法成本。因此，信息本身并不当然归属于个人，具有公共产品属性，符合"劳动值得"说的理论前提。企业的信息加工行为作用于信息，信息具有公共产品特性，故经由企业智力创造活动形成的信息产品是企业的劳动成本，企业对其享有财产性权益。

---

① 高富平：《信息财产——数字内容产业的法律基础》，法律出版社 2009 年版，第 41 页。

② 高富平：《信息财产——数字内容产业的法律基础》，法律出版社 2009 年版，第 469—470 页。

③ 郭庆旺、赵志耘：《财政理论与政策》（第二版），经济科学出版社 2003 年版，第 78 页。黄恒学主编：《公共经济学》（第二版），北京大学出版社 2009 年版，第 93—94 页。

④ Hal R. Varian, Markets for Information Goods, April 1998, http：//people. ischool. berkeley. edu/ ~ hal/Papers/japan/，最后访问时间：2018 年 8 月 25 日。

六、结语

1890 年，布兰代斯（Brandies）和沃伦（Warren）在其重要的论文《论隐私权》中写道："法律的这种成长是不可避免的。"如今，大数据技术的发展再一次对法律发起了挑战，继续沿用传统的反不正当竞争路径早已无法满足企业对数据的权益诉求，同时也不符合大数据时代的经济发展趋势。在司法实践中，相关判决已经通过对数据产品物理性质与法律性质的辨析明确了其与用户信息、原始数据之间的界分，数据产品的确权，为数据产品的确权化奠定了理论基础。在此背景下，我们应顺应大数据时代的发展要求，承认企业对数据产品的财产性权利，建立稳定的数据保护制度，促进大数据的开发、流动、共享和利用。

数据开放的风险规制功能与法治路径

——以新冠疫情防控为例

王　也*

2020 年 2 月 4 日，中央网信办发布的《关于做好个人信息保护利用大数据支撑联防联控工作的通知》① 提出"鼓励有能力的企业在有关部门的指导下，积极利用大数据，分析预测确诊者、疑似者、密切接触者等重点人群的流动情况，为联防联控工作提供大数据支持"。数据开放，作为通知中所提的"大数据支持"的应用终端，在此次新冠疫情的防控中发挥了重要作用，世界卫生组织首席科学家苏米娅·斯瓦米纳坦表示，中国在分享新冠肺炎相关数据和样本中展现的开放和透明度值得赞赏。② 所谓数据开放，是指行政机关及法律授权的主体将其在从事公共利益之职时制作或者获取的，以一定形式记录、保存的各类数据资源主动向社会开放，提供一切途径便于社会读取、利用的一项社会制度。数据开放具有的"开放性"、"普世性"以及"积极主动性"等理念，是现代法治国家基于传统规制手段失灵状况下的反思成果，而传统规制手段的弊端，在应对大城市风险中就显得更加明显。

一、现代城市风险下传统规制手段的失灵

在各种资源要素高度密集在城市、城市架构愈益精巧化的同时，城市脱离并悖逆自然界的倾向性加大，由城市自身增长所导致的内在风险因素

---

* 王也：首都师范大学 2017 级宪法学与行政法学硕士研究生，北京市才良律师事务所律师。

① 《关于做好个人信息保护利用大数据支撑联防联控工作的通知》，中央网络安全和信息化委员会办公室发布，下文简称通知。

② 凌馨、杜洋：《中国分享新冠肺炎数据展现的开放和透明度值得赞赏》，《光明日报》2020年 2 月 19 日第 12 版。

却与日俱增，^① 现代大都市所面临的风险具有突出的密集性、流动性、叠加性、圈域性等特征，各类风险源日趋复杂多样，风险存量不断加大，风险流量大大增多，各种风险在更大的时间和空间范围内进行非线性的连锁性、跨时空传播，并且不同风险之间还经常存在耦合传递的特征，从而造成更严重危害。^② 这不仅冲击社会价值体系，也对公民的人身财产安全带来严重损害。^③ 国务院应急管理专家组组长、国家减灾委员会专家委副主任、国务院参事闪淳昌曾说："由于多灾并发，大灾多发，城市面临的风险已经不再是传统意义上的静止的、孤立的风险，而是影响大、高度不确定、综合性强、回旋余地越来越小的现代风险；城市灾害越来越呈现出它的突发性、多样性、复杂性、连锁性，受灾对象的集中性、后果的严重性和放大性等特点。"

城市风险，作为行政规制的对象，具备的高度专业性和不确定的特点使得传统规制手段陷入囹圄中。首先，传统行政规制手段追求"庇佑型"政府，即政府扮演的是唯一、全能的管理角色，其具有的独断性使得传统规制手段在管理过程中严格秉承自有的方法和思路，虽然具有稳定性和体系性等优点，但也存在一些自身难以克服的局限性，例如模糊性、滞后性和僵化性等问题。^④ 现代大城市风险蔓延速度快，后果更为严重，需要规制主体面对风险的不确定性和复杂性灵敏地嗅出其中的威胁气味，采用瞬时手段缓解风险，这是传统法律规制手段无法做到的。^⑤ 其次，就行政组织设置而言，社会多元化的发展促使多元化的社会关系诞生，管理公共事务需要更高的专业性和技术性手段，膨胀的社会关系以及缩减的行政组织具有天然的矛盾，政府很难承载庞大且精细的工作量，在当今扁平化治理的编制下，政府从规制体量上很难满足一揽子治理愿景。最后，传统规制手段无法满足风险的建构性需求。城市风险不仅仅是技术性问题，在对于城市风险的界定与理解中还涉及语义描述、价值判断、主体界定等社会性问题。尤其在设定风险红线时，不同的灾难阈值取决于其被卷入风险时，

---

① 李颖：《基于资源整合的城市风险治理研究》，《理论与改革》2016 年第 5 期。

② 钟开斌：《国际化大都市风险管理：挑战与经验》，《中国应急管理》2011 年第 4 期。

③ 郑容坤：《公民参与城市风险治理的困境超越》，《湖南行政学院学报》2019 年第 2 期。

④ 高航：《成文法的局限性及其弥补》，《中国社会科学院研究生院学报》2006 年第 1 期。

⑤ Gary E. Marchant and Kenneth L. Mossman，Arbitrary and Capricious：The Precau-tionary Principle in the Europeon Courts，Washington D. C. ：The AEI Press Pub-lisher for the American Enterprise Institute，2004，p. 1.

是参考决定者还是受波及者的意见，① 如何取得共识的最大化，这意味着对风险进行规制的同时也在建构风险自身，其中折射的民主价值需要通过公众参与的方式实现，这和传统的封闭式管理思路存在根本冲突。因此，无论从决策的科学性还是可接受性上，传统治理手段无法实现现代大城市风险的规制要求。②

二、数据开放于风险规制中的制度优势

数据开放采用的信息科学技术具备高效性和流通性的特征，能够应对大城市风险的复杂问题，同时在数据共享中提供多元共治的平台，通过不同信息主体的沟通，在一定程度上实现民主价值。具体数据开放能够从社会共治、科学决策两个方面大力提升治理者的风险规制能力。

（一）促成社会共治格局

由于政治文明的进步，西方国家代议制民主的缺陷日益为人们所认识，再加上科学技术特别是互联网的发展，人民直接参与国家治理显示出必要性。③ 治理主体从单一的行政机关到公众参与的纳入再到合作治理模式，以线性递进的方式，借助公众参与具备的制度推力，促进治理权的下放，改变传统的以政府为单一中心的社会治理结构，重塑政府与企业和非营利性社会组织之间的关系。④ 公民获取的信息越多，参与政府事务的可能性就越大。利用信息是公民了解政府做什么的第一步，同时也为公民参与公共事务奠定了基础。这种开放超过了简单的利用信息的需求，通过技术的开放性和法律的开放性向公民提供更大的自由和潜力参与公共事务。

在风险规制中，通过建立公开透明的信息互动与沟通平台，打破治理者与公众的信息不对称的局面，实现上传下达，确保城市风险信息的一致性、准确性、及时性，便于更好地分享风险信息，令城市风险治理及时、

---

① ［德］尼克拉斯·卢曼：《风险社会学》，孙一洲译，广西人民出版社 2020 年版，第 17 页。
② 王周明、高红：《基于政府数据开放的我国行政法治刍议》，《行政与法》2016 年第 3 期。
③ 姜明安：《行政法》，北京大学出版社 2017 年版，第 16 页。
④ 王本刚、马海群：《开放政府理论分析框架：概念、政策与治理》，《情报资料工作》2015 年第 6 期。

精准。畅通信息交流渠道有助于多元主体协同共治以及达成共识，[①] 形成去中心化的紧密风险治理阵线。并且，公众及时获取风险信息，成为风险规制的独立主体，能够缓解政府的规制压力。公众及时获知信息后，相应的规制义务也部分转移给相关人，此时决定者和受波及者实现了统一，缓解了传统风险规制中的主体不对称局面。2012 年，在应对"艾琳"台风时，纽约市的许多非政府救援组织正是通过使用政府公布的"飓风疏散区域数据"来制作地图，帮助政府部门迅速地引导市民疏散应急。相对于政府作为单一的风险治理主体的传统格局，数据开放为企业和公众参与到自身风险规制提供了技术渠道，形成社会共治的风险规制格局。

(二) 提升风险规制能力

首先，就规制工具层面，数据开放为风险规制手段提供技术支持。数据开放使用大数据、人工智能、云端处理系统等顶尖信息科学技术，能够智能预测风险发展趋势，识别高风险对象，评估风险等级，标识风险轨迹，存储海量风险信息，远远优于传统的物理规制手段。2009 年，谷歌公司通过搜索关键词及比较流感传播历史数据，提前预测了流感传播时间与空间。宾夕法尼亚州政府融合社交媒体数据与公共卫生数据，通过对感冒药销量、历史数据、儿童就诊率及 Twitter 文本分析，成功预测了大面积流感爆发、传播及分布情况。[②]

其次，数据开放通过整合治理者的资源，加速治理者们之间的数据流通，提升了风险治理效率。城市风险呈现密集性、流动性、叠加性、圈域性、多样性等特征，当面对复杂风险的时候，需要及时、高效地找到资源用以应对这种风险的威胁，从而消除由风险给城市运行与发展所带来的不利影响。通过建立风险数据管理系统，实现数据在各职能部门、各相关行业之间的集成与共享，及时储存各类风险源，满足整体和跨职能部门、业务单位的风险管理综合要求，掌控风险源的动态变化情况。[③]

最后，通过构建跨学科知识交融平台，在协商过程中提高风险决策的科学性。风险治理涉及法学、社会学、心理学、管理学等学科，同时专业

---

① 杨冬梅：《"互联网＋"时代公众参与城市风险治理探析》，《行政论坛》2016 年第 6 期。

② 周利敏：《迈向大数据时代的城市风险治理——基于多案例的研究》，《西南民族大学学报（人文社科版）》2016 年第 9 期。

③ 杨冬梅：《"互联网＋"时代公众参与城市风险治理探析》，《行政论坛》2016 年第 6 期。

技术类的风险规制还依赖精细化的学科知识，在数据开放过程中，不同利益者的价值诉求和知识带进风险决策过程之中，在数据开放平台上及时发布实时动态信息、治理对策及应对各类城市风险的常识，政府也能够及时获悉风险事件的真实情况以及社会公众的心理状态，扩大智囊团范围，充分利用"外脑"的优势，保证行政决策科学性，[①] 从而使决策者有可能比独自决断作出更加全面、科学，也有更好理据支撑的决策。

三、风险规制之维下数据开放制度的建构——基于新冠疫情防控的实证观察

2020 年爆发的新冠肺炎疫情对公众健康造成了重大影响，对社会各个方面造成了重大的损失，由于新冠病毒潜伏期长、传染性强、救治难度大，新冠肺炎较普通传染病更具威胁，更凸显出现代城市风险的复杂性特征。笔者在此部分遵循风险规制的三段论框架，通过对数据开放的应用前后的对照，从实证角度论证数据开放的制度功能，从风险规制之维建构数据开放制度。

（一）设立重点领域的数据强制开放制度

自 2019 年 12 月 1 日医学期刊《THE LANCET》披露首例新冠病例起，至 12 月 26 日武汉中西结合医院上报四例病例这二十余日，肺炎疫情处于疫情初期，从风险规制角度，此时处于风险识别阶段，从疫情增长曲线图来看，此段时间疫情的特征为小规模、小范围传播，首要防控工作应对新冠病毒的传播属性、传播能力作出基本判断，从而预估可能会造成的社会侵害，最后通过成本效益学根据风险规模作出相应的规制手段。

《中华人民共和国传染病防治法》第 30 条第 1 款规定："疾病预防控制机构、医疗机构和采供血机构及其执行职务的人员发现本法规定的传染病疫情或者发现其他传染病暴发、流行以及突发原因不明的传染病时，应当遵循疫情报告属地管理原则，按照国务院规定的或者国务院卫生行政部门规定的内容、程序、方式和时限报告。"法律规定，医疗在发现"突发原因不明的传染病"时，应当上报相关机构。而面对不明疾病，从确诊病

---

① 杨冬梅：《"互联网＋"时代公众参与城市风险治理探析》，《行政论坛》2016 年第 6 期。

例到确定其具备传染性则存在着较长的空窗期,[①] 而这段时间对于公众健康安全则存在着较大的隐患,同时也是规制手段上的一个漏洞。在发现疑似传染病毒时,由于缺乏严格的披露程序,在未确定为传染病的情况下,不上报疑似病例,须等待确定为传染病再通报才是合法的。数据开放制度的缺失使得疫情信息存在信息不对称现象,早期医护人员感染或者疑似感染的信息未能完整、畅通地传输到卫健委调查人员手上,真实信息与医疗单位、卫健委信息不畅通。然而,就科学防控层面,这段时间是疫情防控的"黄金期",此时疫情规模小,防控成本低,存在将病毒扼杀于摇篮的可能性。

数据开放,作为综合性的行政治理制度,风险规制是其功能面向之一。风险自身的紧迫性导致数据开放在风险规制之维,应当采取较其他领域不同的启动条件。"欧盟 No. 1082/2013 号决定"的第八条在欧盟范围内建立了"早期预警和响应系统(EWRS)"。EWRS 系统由欧洲疾病预防和控制中心统一管理和协调,旨在欧盟委员会与各成员国主管当局之间建立一个持续畅通的沟通渠道。"欧盟 No. 1082/2013 号决定"要求当符合一定条件后,在"警报告知"中,应当包含"任何已经掌握的有助于协调应对的信息"。[②] 因此,通过对一般信息与特殊风险信息区分,在涉及如疫情、自然灾害、环境污染等现代城市风险时,应明确启动条件的判断标准,制定强制开放规定,充分发挥数据开放制度的灵活性、及时性、透明化特征,保障风险规制功能实现。

(二) 搭建跨部门、跨领域的数据开放平台

由于新冠肺炎具有极强的传染性,靠传统治疗手段无法确保病患的健康,因此,疫苗与特效药的开发成为研究人员的首要工作,而在短时间内研究出有效的药物这需要集中科研力量共同发挥作用,病毒信息与最新研究成果共享就显得格外重要。在发现新冠病毒后的几天之内,中国科研人员迅速将该病毒的基因序列分享到公共平台上。基于此基因序列,用于检测病毒的聚合酶链式反应(PCR)工具才能被迅速开发出来,其他国家才能够做好准备,具备能力检测本国可能发生的感染病例。艾伦人工智能

---

① 从现有报道和数据来看,此次疫情的空窗期为 51 天 (2019. 12. 1—2020. 1. 20)。

② 《疫情防控与个人信息保护初探之三:"接触追踪"的数据共享安全规范》,载《21 世纪经济报道》2020 年 1 月 30 日。

（AI）研究所、陈扎克伯格基金会（CZI）、乔治敦大学安全与新兴技术中心（CSET）、微软、美国国立卫生研究院国家医学图书馆（NLM），以及OSTP今日联合发布了"新冠肺炎开放研究数据集"，[①] 推动针对风险内容的研究进程。因此，有必要建立国家统一层面的跨体系的数据开放平台，在不同领域的专业机构间对特定的风险信息实现信息流通，收集具有高度风险的信息并且通过云端方式存储并在数据开放系统内公开，通过资源整合促进风险预防的系统性治理，统筹风险治理相关理念，加强政策管道建设，打破资源的条块分割，形成条块资源"一体化"配置与运用加强风险规制资源的整合，使资源能够在体制内互通共享，[②] 保障风险决策的科学性。

（三）建立包容联动的数据开放制度

2020年3月25日，在工信部发布新一代信息技术助力疫情防控、复工复产和中小企业发展情况答记者问上，工业和信息化部新闻发言人、信息技术发展司长谢少锋表示："这次应对新冠肺炎疫情以及复工复产工作中，我们之所以取得令世人瞩目的成效，其中一个重要的原因就是我们采用了科学的方法，成功地应用了新技术，其中互联网、大数据、人工智能、区块链等新一代信息技术，在此次疫情防控和复工复产中发挥了重要的作用。"[③] 在具体的治理路径中，防控者充分发挥数据开放的合作治理与公众参与功能，利用企业的技术优势将疫情信息整合并向公众免费开放，从而在某种程度上担任城市治理辅助角色，而公众也不再是被管理者的身份，在知悉疫情信息后形成点状式的独立自治者，发挥个体的防控力量，在疫情防控的最危难之际形成社会共治。例如，百度通过政府授权的方式将收集到的病患信息以电子地图的形式排列出来，公众获知高风险的区域后合理安排日常活动从而避免感染。百度地图通过数据集技术统计并预测城市的风险程度，为城市治理者提供风险预测，同时还能起到警醒公众的效果。天行数据从2020年1月22日开始陆续免费开放了与疫情相关的

---

① 《美国发布新冠肺炎开放数据集，应对疫情各种AI工具纷纷登场》，贤集网，https：//www.xianjichina.com/news/details_191781.html，最后访问时间：2020年4月4日。

② 李颖《基于资源整合的城市风险治理研究》，《理论与改革》2016年第5期。

③ 《国务院联防联控机制就新一代信息技术助力疫情防控、复工复产和中小企业发展有关情况举行发布会》，中国经济网，http：//www.ce.cn/ztpd/xwzt/xzbzt/xxjs/，最后访问时间：2020年5月4日。

API 接口，分别覆盖疫情动态、感染情况、防护知识、疫情谣言等内容。通过后台对 API 端的监测统计，截至 3 月 1 日 12 时，以上 API 接口总请求数已经超过了 1 亿次。① 因此，数据开放应当保障社会各个主体的参与地位，在风险规制中充分发挥不同主体的能动作用，建立个人向数据库上传风险信息和申诉纠错的互动渠道，规范企业和政府之间的数据联动机制，通过包容联动的数据开放构建全社会风险共治格局。

四、数据开放的法治之道

风险规制作为一种人为建构的社会规制手段，同样会带来额外的社会风险，并且，数据具有随时产生、多点存储、多次开发、跨场景应用、多人经手、跨国界传输、收集与处理分离、生命周期短、孤立数据本身并不产生价值、需要技术解决方案等特点，② 每一次简单的数据流通都可能造成巨大的隐私影响。因此，在对城市风险进行规制时，数据开放也需要对自身规制行为进行审视，通过对风险规制本身的二阶观察，把技术风险问题转变为法治问题，保障数据开放在法治框架中发挥风险规制功能。③

（一）数据开放制度衍生的隐私风险

在数据开放的过程中难免会出现错误，当信息被错误地公开后，对于数据主体的侵害可能是巨大的。个人信息"裸奔"之后，不少人受到了不同程度的骚扰，随着个人信息的进一步扩散，被不法分子利用的可能性急速攀升。④ 2017 年，澎湃新闻集中报道了政府部门泄露公民隐私的事件，这些涉及的公共信息主体中很大一部分是弱势群体，包括生理有缺陷、贫困户等，若将这些公开后对于数据主体而言将造成隐私权以及人格尊严的侵犯。

美国经济学家科斯曾言，权利是交叉重叠的，在两个权利之间无法找

---

① 《疫情来临之时，开发者们在做什么》，https：//wenda. tianapi. com/article/127，最后访问时间：2020 年 3 月 20 日。

② See Martin Hilbert, Big Data for Development：A Review of Promises and Challenges, 34 Dev. Policy Rev. 139（2016）.

③ ［德］尼克拉斯·卢曼：《风险社会学》，孙一洲译，广西人民出版社 2020 年版，第 302 页。

④ 《武汉人是否还应该有隐私？》，载微信公众号"钛媒体"，最后访问时间：2020 年 4 月 1 日。

到一个互不侵犯的界限,①欲保障甲权利,通常会损耗乙权利。在特殊的疫情风险治理期间,为保障公共健康利益,治理者否定了传统的"告知—同意"原则,牺牲个人信息自决权,个人信息也承受了被泄露的风险。个人信息自决权与公共卫生安全正是科斯理论模型下的一对此消彼长的紧张关系。从疫情信息到一般信息风险,侵害的数据主体的法益从个人信息自决权扩大至人格尊严权,将具有强烈个人识别特征的信息公开,可以视为对特定人群的法律权利的侵害。正如有学者所言,紧急不避法治——紧急状态不产生新的权力,而是公权力行使的时点发生了变化。"政府如果处置得当、措施得力,就可以从中获取很多合法性资源;反之,政府的合法性资源就可能减损。"②在利用数据开放制度带来的行政效率的推动力之余,应警惕突发情况下的非常规手段的"负外部性",将疫情防控纳入法治之道,构建法律系统和规制系统的长远良性伴生关系。

(二)确立数据采集的"同意+法定"双重原则

对于一般性风险信息的采集,应当遵循个人信息保护相关法律的规范,采用"告知—同意"原则。2017年《信息安全技术 个人信息安全规范》明确规定,"向个人信息主体明示个人信息处理目的、方式、范围、规则等,征求其授权同意",③对于首次采集的信息,原则上应当征得数据主体的同意。2020年5月通过的民法典第1035条第1款第1项也规定处理个人信息需要征得该自然人的同意。由此可见,在收集、使用个人信息时应当遵循告知同意原则,"同意"是收集、使用个人信息的合法性基础。但值得注意的是,在民法典中新增兜底条款,即法律、行政法规另有规定的除外。

对于例外情形,例如紧急状态下疫情信息的收集,则应当采用"法定"原则。2020年3月16日,欧洲数据保护委员会(EDPB)在《关于在COVID-19爆发的背景下处理个人资料的声明》中明确指出,"雇主和公共卫生部门在流行病背景下处理个人数据,无须获得数据主体的同意"。《中华人民共和国传染病防治法》第12条第1款规定,"在中华人民共和国领

---

① 张志华:《基本权利冲突及其协调方法》,《法律方法》2002年第1期。
② 张亮:《应急征用权限及其运行的法律控制——基于我国〈突发事件应对法〉第12条的法释义学分析》,《政治与法律》2020年第11期。
③ 《信息安全技术 个人信息安全规范》(GB/T 35273—2017)。

域内的一切单位和个人，必须接受疾病预防控制机构、医疗机构有关传染病的调查、检验、采集样本、隔离治疗等预防、控制措施，如实提供有关情况。疾病预防控制机构、医疗机构不得泄露涉及个人隐私的有关信息、资料"。可以看出，我国乃至全球层面涉及疫情的个人信息收集不适用"通知—同意"原则，不以个人同意作为信息收集的合法性前提。在紧急状态下设定法定采集原则旨在保障公共健康安全，并非为了商用或长期使用，在这类情形中，收集个人信息的公共利益具有优先性。[①]在数据开放领域，防控机关享有法定采集权力，并不必然限制或损减公民权利，相反，正是考虑到数据开放的风险规制功能，在面对突发事件时，为避免制度落空，从而赋予防疫机关享有临时性的采集权力，通过强制性法律规范保障数据来源的畅通。

（三）遵循事中合理使用原则

风险自检以数据开放的生命周期为路径展开，在数据采集阶段建立法定原则，在开放过程中遵循合理使用原则，未合规的开放行为应当受到行政监管部门的处罚，通过"事前合规 + 监管"的规制模式缓解数据开放处理过程中的数据风险，避免相关信息的泄露进而侵害到数据主体的信息自决权和人格尊严权。

合理使用原则源发于合理行政原则，是比例原则的延伸。在数据开放的具体过程中，关于个人信息的使用应当遵循合目的性原则，数据的使用不超出该次防疫活动的范围。同时，应当对数据进行匿名化处理，消除信息对数据主体的影响，做到损害最小。通知中明确："在新冠疫情相关信息的收集行为的规制中，为疫情防控、疾病防治收集的个人信息，不得用于其他用途。任何单位和个人未经被收集者同意，不得公开姓名、年龄、身份证号码、电话号码、家庭住址等个人信息，因联防联控工作需要，且经过脱敏处理的除外。"[②]

在数据的具体流通过程中，由于经手程序复杂、主体繁多，难免出现泄露数据主体信息的情况发生。针对此，笔者建议形成数据流通的行业归

---

① 丁晓东：《疫情之下的个人信息：如何既利用又保护？》，载微信公众号"腾云"，最后访问时间：2020 年 4 月 1 日。

② 《关于做好个人信息保护利用大数据支撑联防联控工作的通知》，中央网络安全和信息化委员会办公室。

责闭环和责任追查制度，对每一个数据流通步骤采取严格的程序限制，规定相应的责任主体，防止流通环节衔接之间以及步骤疏漏之处的数据泄露情形发生。

（四） 建立全过程的数据保护影响评估制度

数据保护影响评估是个人信息控制者实施风险管理的重要工作程序，旨在发现、处置和持续监控个人信息处理过程中对个人信息主体合法权益造成不利影响的风险。数据影响评估讲究一案一判，对具体个案的数据风险进行评判。我国《个人信息安全影响评估指南》规定："数据影响评估的根本目的，在于避免个人信息收集、使用等处理行为，对个人信息主体的合法权益造成损害。个人信息安全影响评估旨在发现、处置和持续监控个人信息处理过程中对个人信息主体合法权益造成不利影响的风险。"[1]

在数据开放的过程中，在数据开放启动之前可以采取数据影响评估制度，从而评估此次开放行为的风险程度，如果此次数据开放行为的数据风险行为过高，则应当暂缓数据开放行为，通过信息匿名化以及识别消除敏感信息等措施缓解风险。高风险的判定可参考以下场景以及文末表格综合考虑：[2]

1. 数据开放中包含了用户画像相关信息，包括评估、分析和预测，特别是对有关数据当事人的工作表现、经济状况、健康、个人喜好或兴趣、可靠性或行为、地点或动作等方面进行评价。

2. 数据开放中具有法律或类似重大影响的自动化决策，例如决策处理可能导致个人的被排斥或被歧视。

3. 数据开放的信息曾来源于系统监控，例如通过网络收集的数据或对公共[3]可达地区的系统监测。

4. 数据开放处理中设计敏感数据或具备个人特征的数据，包括有关个人政治意见的数据、与刑事定罪或罪行有关的个人数据、医院或医保单位

---

① 《信息安全技术　个人信息安全规范》（GB/T 35273—2017）。

② 参见 Guidelines on Data Protection Impact Assessment（DPIA）and determining whether processing is "likely to result in a high risk" for the purposes of Regulation，笔者结合数据开放将评估关键要素汇总呈现给读者。

③ WP29 小组把"公众地方"解释为任何对公众开放的地方，例如广场、购物中心、街道、街市、火车站或公共图书馆。

保存病人的医疗数据，等等。

5. 大规模处理的数据，对于大规模的界定可考虑以下四个方面：有关数据主体的数目和以特定数目或有关人口的比例；处理的数据量或不同数据项的范围；数据处理活动的持续时间或持久性；处理活动的地理范围。

6. 数据开放的信息主体是弱势人群。因为数据处理对象和数据控制者之间的权力不平衡，个人可能无法轻易同意或反对他们的处理数据或行使权利，类似于民法可撤销合同中的显失公平情形，数据主体的同意效力存在瑕疵，数据控制者可能在采取一系列违规的操作。

弱势的数据主体可能包括未成年人（通常没有完全民事行为能力，无法理性思考和辨别），企业的员工，需要特殊保护弱势群体（精神病患者、老人、病人等）。

7. 数据开放中涉及创新或应用新技术解决方案，例如使用指纹和人脸识别改进的物理访问控制等。事实上，部署新技术的个人和社会后果可能是未知的，例如，某些应用可能会对个人的日常生活和隐私产生重大影响。

风险程度	造成伤害可能性		
	小	中	大
影响程度 小	低风险	低风险	低风险
中	低风险	中等风险	高风险
大	低风险	高风险	高风险

五、结语

新冠疫情，作为现代城市风险的典型样貌，其具备的高度的不确定性和技术性特征，不仅要求风险治理者提升规制能力，还需要重整既有规制格局，促成风险的社会共治。而数据开放，通过其独有的治理优势，促进公众参与、提升规制能力、提高风险决策的科学性，可以有效应对现代城市风险。作为一种风险治理手段，数据开放的风险自检也同样是一个成熟理性规制手段必不可少的一部分，我们应通过对风险规制手段的二阶观察，将纯技术问题转变为法律问题，从而保障数据开放制度在法治轨道上长远发展。

科技与知识产权

论著作权的"独（原）创性"
与赛事直播的问题

孙远钊*

一、引言

依据著作权法第 2 条第 1 款规定，著作权所要保护的客体是"作品"。著作权法实施条例第 2 条进一步规定："著作权法所称作品，是指文学、艺术和科学领域内具有独创性并能以某种有形形式复制的智力成果。"究竟何谓"独创性"？其中是否应有如何更为具体的标准？本文试图从国际公约与比较法的角度来探讨此一根本性的问题，并由此检视体育赛事本身核对其直播的著作权保护等相关问题。

二、国际公约的规范与启示

从全球立法政策的视角来看，1886 年制定的《保护文学和艺术作品伯尔尼公约》（Berne Convention for the Protection of Literary and Artistic Works，以下简称《伯尔尼公约》）依然是当前国际著作权保护最重要的法律规范体系之一。即便在世界贸易组织辖下的《与贸易有关的知识产权协定》（Agreement on Trade-Related Aspects of Intellectual Property Rights，以下简称

* 孙远钊：美国亚太法学研究院执行长，并于北京大学、西南交通大学、暨南大学等高校任教。作者特别感谢国家版权局版权管理司前副司长许超和上海市新闻出版局对外交流与合作处处长武幼章两位先生在百忙中拨冗指正，让作者得以修改文稿中的错误疏漏之处。唯本文文责概由作者自负，不代表作者服务单位与点评者的立场。本文于 2017 年 9 月 2 日在陕西省西安市举行的第九届两岸四地著作权法制发展研讨会上首次发表，之后进一步增补修改。电子版由公号"知产库"于 2018 年 4 月 4 日首先发表，谨一并致谢。

《TRIPs 协定》)之中，第 9 条更明文规定，包括著作权的构成要件与定义等都必须完全适用《伯尔尼公约》的相关规定 [例外是关于人格（身）权的部分]。

（一）国际公约规定

《伯尔尼公约》第 2 条第 1 款对于可以受到著作权保护的作品给出了范围极为广泛的规定："文学和艺术作品"一词包括文学、科学和艺术领域内的一切成果，不论其表现形式或方式如何，诸如书籍、小册子和其他文字作品；讲课、演讲、讲道和其他同类性质作品；戏剧或音乐戏剧作品；舞蹈艺术作品和哑剧；配词或未配词的乐曲；电影作品和以类似摄制电影的方法表现的作品；图画、油画、建筑、雕塑、雕刻和版画作品；摄影作品和以类似摄影的方法表现的作品；实用艺术作品；与地理、地形、建筑或科学有关的插图、地图、设计图、草图和立体作品。《伯尔尼公约》同条进一步规定，对于各类文艺作品的翻译、改编、乐曲改编以及其他变动等衍生性的作品应得到与原作同等的保护，并且不得损害原作品的著作权。《TRIPs 协定》第 10 条更进一步把计算机软件程序以及数据与其他材料的编辑等都纳入了可受著作权保护的作品范畴。

此外，《伯尔尼公约》第 5 条第 2 款规定，"享有和行使这些权利不需要履行任何手续，也不论作品起源国是否存在保护"。同样以此作为整个保护体系的基本精神，著作权采取了独立保护的法则，不需要经过任何形式或实质性审查，与专利权和商标权的保护标准截然不同（独创性与专利体系下的新颖性是截然不同的概念和标准，完全不在同一个档次）。

因此，从《伯尔尼公约》第 2 条规定所使用的开放式文句和第 5 条第 2 款的规定可以明确看到，公约对于可受著作权保护的作品范围只设定了所谓的"地板"（floor，意指最低标准或保护底线）而非"天花板"（ceiling，意指保护上限）。各个成员国自然可以依其主权，透过本身的国内立法对更多的作品类型提供更多的保护。这就意味着国际公约对于可受著作权保护的作品是采取了低门槛标准而不是高门槛。①

必须指出，由于《伯尔尼公约》在第 1 条便开宗明义地指出是"为保护作者对其文学和艺术作品……"而制定，通说认为这就已经明确了著作

---

① World Intellectual Property Organization (WIPO), Guide to the Berne Convention for the Protection of Literary and Artistic Works (Paris Act, 1971), 2.4-2.6, at 13.

权的保护制度是为了保护自然人（作者）的创意作品而设。[1]

此外，依照 19 世纪的一般英语用法，"science"应当译为"知识"（knowledge）而非"科学"方才更为精准，因为有证据显示这应该正是《伯尔尼公约》的起草者们在使用这个字时的"心中所想"，是在 1886 年公约制定时直接借鉴了当时既有的一些双边国际条约的文句而来，其中对这个文字的用法就有进一步的说明。[2]

（二）可受保护的标准

虽然《伯尔尼公约》并未明确规定，但无论是大陆法系或英美（普通）法系国家，在判定是否要给予著作权的保护时所一致要探究的根本性或关键问题是：一个作品是否显然由其作者自身的智力创作所产生，而不是从某个或某些其他既有的作品复制而成？在英美（普通）法系国家，传统上是以"独（原）创性"（originality 或 original authorship）来表述特定的作品是源自作者的创意而非抄袭或复制他人的既有作品。[3] 美国联邦最高法院早在 19 世纪的一个经典判例中已经表明："只要不是抄袭自其他的作品，一本书的著作权即为有效，无须顾虑其中的主题是否具有或需要具

---

[1] Adolf Dietz, The Concept of Author Under the Berne Convention, 155 Revue Internationale Du Droit D'auteur (R. I. D. A.) 2, 10-12 (1993). 例如，美国版权局特别在其最新（第三）版的《美国版权局实践指南》中表明了此点，并针对猿猴自拍照所产生的问题例示不受著作权的保护。参见 U. S. Copyright Office, Compendium of the U. S. Copyright Office Practices (3rd Ed.), § 313. 2 (2014); Burrow-Giles Lithographic Co. v. Sarony, 111 U. S. 53, 58 (1884). 然而，关于这个由一个几内亚的黑冠弥猴（Crested Macaque）拿了摄影师大卫·斯雷特（David Slater）的器材所拍出的一系列"自拍照"（selfies）是否具有任何的著作权的问题并未就此停歇。美国的"人道对待动物协会"（People for the Ethical Treatment of Animals, PETA）已经出面代表该自拍的黑冠弥猴（并替其取名为"纳汝投"Naruto）起诉，试图改变既有的司法判例。但联邦地区法院北加州分院并未接受，判决原告方并不具有任何的著作权。参见 Naruto v. Slater, Case No. 3：15-cv-04324, 2016 WL 362231 (N. D. Cal. 2016). 原告继而上诉，但双方在 2017 年 9 月达成和解。但是联邦第九巡回上诉法院（U. S. Court of Appeals for the Ninth Circuit）依然对于本案的诉讼资格问题进行了审理，并于 2018 年 4 月 23 日宣布原告不具有代表涉案动物的诉讼资格，因此不能以"善意代理人"（next-of-friend）的身份或名义代位起诉。参见 Naruto v. Slater, Case No. 16-15469, ＿ ＿ F. 3d ＿ ＿ ＿ (9th Cir. 2018).

[2] Sam Ricketson, Berne Convention for the Protection of Literary and Artistic Works：1886-1986 (1987), at 232.

[3] 例如，英国《1988 年著作权、设计暨专利法》（Copyright, Designs and Patents Act 1988）第 1 条、加拿大《著作权法》（Copyright Act）第 4 条第 1 款、澳大利亚《1991 年著作权修改法》（1991 Copyright Amendment Act）第 32 条以及美国《1976 年著作权法》（Copyright Act of 1976）第 102 条等规定。

备新颖性。"①

虽然如此，在司法实践上一些法院曾经适用具有相当创作高度要求的所谓"额头流汗"或"勤勉"法则（sweat of the brow，也称为"勤劳汇集"industrious collection）来作为检测是否具有"独（原）创性"的标准，但却产生了很大的问题。最大的争议之一是，既然凡是透过一定智力劳动所获得的成果就当然享有权利，那么就产生了当事人何以竟然对特定的"事实"（如一个数据库内的数据的本身）也能享有著作权的荒谬现象。②

这个情况一直到1991年才获得厘清。美国联邦最高法院对于究竟何谓"独创性"给出了定义和诠释，而这个见解也对后来全球著作权保护体系的发展产生了极为深远的影响。③ 法院明确扬弃了"额头流汗"法则，并表示："虽然独（原）创性传统上是指特定的作品必须是作者所独力自为的创作（相对于复制他人的作品）……该作品还须同时具有某种最低程度的创意。"法院进一步表明："所要具备的创意程度极低；即便只是稍许的含量仍已足够。"④ 除了解决"额头流汗"所造成的问题外，法院采取低度创意的观点也正符合了国际公约和国内立法以著作权的开放授权来作为激励创意和促进文化传承的基本政策。

在大陆法系国家，立法或法院基本上也在探求一个作品是否具有作者的个性或人格性（individualitaet，personality）。例如，德国《著作权暨相关权利法》 [Gesetz über Urheberrecht und verwandte Schutzrechte（Urheberrechtsgesetz），UrhG] 第2条第2款便明文要求只要能构成"个人智力（慧）创作"的作品（Werke im Sinne dieses Gesetzes sind nur persönliche geistige Schöpfungen）便可获得著作权的保护。又如意大利《著作权法》第1条第1款也要求必须是"作者具有创意特征的智力创作"（creazione

---

① Baker v. Selden, 101 U. S. 99, 102 (1879) （"The copyright of the book, if not pirated from other works, would be valid without regard to the novelty, or want of novelty, of its subject matter"）.

② "额头流汗"或"汗流满面"源自《圣经》（创世纪3：19）："你必汗流满面才得糊口，直到你归了土；因为你是从土而出的。你本是尘土，仍要归于尘土。" （By the sweat of your brow you will eat your food until you return to the ground, since from it you were taken; for dust you are and to dust you will return.）美国联邦第二巡回上诉法院在1922年的一个判决将此概念转化适用到了著作权。参见 Jeweler's Circular Publishing Co. v. Keystone Publishing Co., 281 F. 83, 88 (2ᵈ Cir. 1922).

③ Feist Publications, Inc. v. Rural Telephone Service Co., 499 U. S. 340 (1991).

④ Ibid., at 345.

intellettuale dell'autore）才能受到著作权的保护。① 这都与《伯尔尼公约》所采取的开放式授权与低度创意门槛的要求相互一致。

必须特别强调，大陆法系立法对于作者智力贡献的要求不可被曲解或误认为是对于一个作品可否受到保护所必须达到特定的"创作高度"（Schöpfungshöhe，height of creation）。例如，德国著作权法对于文艺作品的门槛要求是只要有"轻度改变"（kleine Münze，small changes）便可获得著作权的保护。德国联邦最高法院判决其中包括了操作指令、为司法判决所准备的注释笔记等。② 德国法只是对"设计"才要求必须具有更高的"创作高度"以便受到保护。又如荷兰法对于极为平常甚至琐细的撰述（even the most banal or trivial writings）都给予保护。③ 在法国，其著作权法（或作者权法 Le droit d'auteur，并无独立的单行法，而是规制于《知识产权法典》第一卷）第 L111-1 条规定："智力作品的作者，仅仅基于其创作的事实，就该作品享有排他及可对抗一切他人的无形财产权。"④ 因此只要是属于各自的独立创作，依照法国法就可能有两个内容完全一致的表达都可分别获得各自的著作权，互不侵犯。⑤ 至于日本《著作权法》则规定，"著作物"（作品）是指"用创作来表现思想或情感并属于文艺、学术、美术或音乐领域的原作"⑥。

欧洲联盟法院（European Court of Justice，ECJ，简称欧盟法院）在2012 年的《足球联盟赛程表》案判决确立了欧盟对于"独（原）创性"的标准，与美国的观点已经非常接近。⑦ 法院表示，作为能获得著作权保护的要件，"智力创作"是构成"独（原）创性"的唯一要求。因此当作

---

① Legge 22 Aprile 1941，N. 633-Protezione del Diritto D'autore e di Altri Diritti Connessi al suo Esercizio（2010）．

② Bedienungsanweisung（"Operating Instructions"），Case No. I ZR 147/89，Bundesgerichtshof（German Federal Supreme Court）（October 10，1991），23 I. I. C. 846（1992）；Leitsätze（"Headnotes"），Case No. I ZR 190/89，Bundesgerichtshof（November 21，1991），24 I. I. C. 668（1993）．

③ P. Bernt Hugenholtz，Dutch Copyright Law，1990-1995，169 R. I. D. A. 129，135（1996）．

④ Code de la propriété intellectuelle（version consolidée au 17 mars 2017），Article L111-1："L'auteur d'une oeuvre de l'esprit jouit sur cette oeuvre，du seul fait de sa création，d'un droit de propriété incorporelle exclusif et opposable à tous."本条文的中文内容参酌了黄晖博士的翻译文本。

⑤ Jane C. Ginsburg，French Copyright Law：A Comparative Overview，36 J. Copyright Society 269，274（1989）．

⑥ 参见第 2 条第 1 款第 1 项规定。其原文为："著作物思想又は感情を創作的に表現したものであつて、文芸、学術、美術又は音楽の範囲に属するものをいう。"（昭和 45（1970）年 5 月 6 日法律第 48 号修订）。

⑦ Case C-604/10，Football Dataco Ltd. and Others v. Yahoo! UK Ltd. and Others，Judgment of the Court（Third Chamber），1 March 2012.

者依其自由和创意的选择以原创方式来表达其创作能力时，就已具有"独（原）创性"。反之，如果对于诸如数据的安排等是依据技术考量、规则或限制所做成，其中并无任何的自由创作空间时，其结果便没有"独（原）创性"可言。

由此可见，固然采取不同法系的国家在表面上所使用的文句或许不尽相同，大陆法系因为承认人格（身）权，所以注重作者与其作品之间的关系（作者的"个性"）；英美（普通）法系则着眼于特定作品与先前其他作品的比较（作品的"创造性"），但详细检视便不难发现这两者无非是一体的两面，必须相互为用。否则如果没有作者自身的"个性"，又何来"创造性"？反之亦然。① 换句话说，所谓"横看成岭侧成峰"，两大法系的论述并无任何实质上的不同，法院根本不会也不应去探究特定作品的美学价值、创作目的或是社会反应，而是单纯、直接地去检视作者对作品确是独力自为并有创作（或贡献）即可，完全无须顾及最终的结果或目的为何，更与其创作是否产生了如何的正面或负面价值等完全无关。②

三、体育赛事与电子游戏直播节目的"独（原）创性"

一项体育赛事的本身是否具有"独（原）创性"始终有相当的争议。③ 但是对于一场比赛从事直播应受到保护在国际间则早有共识，并至少应适用 1961 年《保护表演者、音像制品制作者和广播组织罗马公约》（以下简称《罗马公约》）（Rome Convention for the Protection of Performers, Producers of Phonograms and Broadcasting Organisations）甚至《世界知识产权组织表演和录音制品条约》（WIPO Performances and Phonograms Treaty, WPPT）的相关规定。④

---

① 任自力、曹文泽编著：《著作权法——原理·规则·案例》，清华大学出版社 2006 年版，第 5 页。

② WIPO, Guide to the Berne Convention for the Protection of Literary and Artistic Works（Paris Act, 1971）(1978), at 13（"［The work］may be produced for purely educational purposes or with a merely utilitarian or commercial aim, without this making any difference to the protection it enjoys"）.

③ 凌宗亮：《体育赛事转播权法律保护的类型化及其路径——兼谈〈民法典·民法总则专家建议稿〉第 114 条的修改》，《法治研究》2016 年第 3 期，第 27—35 页，转载于中国法学网，http：//www.iolaw.org.cn/showNews.aspx? id=52157。

④ WIPO, Broadcasting & Media Rights in Sport, http：//www.wipo.int/ip-sport/en/broadcasting.html.

（一） 欧盟的实践与发展

欧盟法院的最近判决已明确表示，运动赛事的本身并不具有"独（原）创性"，因此无法获得著作权或邻接权。① 由于邻接权的存在必须以对于曾经或仍有著作权的作品从事表演为前提，参与体育赛事的运动员从而也无法主张享有表演者权。② 不过法院也指出："体育赛事本身有其独特与原创的特质，或可转化为可受到与作品相类的保护。而此种保护可在适当的情况下由各国依其国内规制给予授权。"③ 美国的司法判决一向认为体育赛事的本身不足以构成具有"独（原）创性"的表达，因此也无法获得著作权。④ 不过当被告想假借新闻报道之名对原告的体育赛事行广播之实，从而达到免费搭便车的目的时，原告仍可以"热点新闻例外"（hot-news）主张被告的行为构成了对利益的"窃取"（misappropriation）。⑤

虽然一项赛事的本身未必能够获得任何著作权或邻接权，但欧、美、日等地对于电视台或经许可对赛事从事拍摄、转（直）播的制作单位都给予著作权或邻接权的保护则没有如何争议（虽然具体的内涵或有不同）。例如，欧盟鉴于影片的制作（包括体育赛事）往往涉及相当大的资本投入与风险，而对其投资的可能回收必须依赖适当的法律保护，因此在《信息社会指令》（Information Society Directive，简称 InfoSoc Directive）⑥ 和《出租指令》（Rental Directive）之中关于邻接权的部分还分别制定了一个特殊的"首次固定权"（right of first fixation），给予自首次合法发行（或是在尚未发行的情形，自首次固定）起 50 年的保护期间，而且不以具有"独

---

① Joined Cases C-403/08 and C-429/08, Football Association Premier League Ltd. and others v. QC Leisure and others and Murphy v. Media Protection Services Ltd., [2011] ECR I-9083.

② Asser Institute, Study on Sports Organisers' Rights in the European Union (February 2014), at 19.

③ [S] porting events, as such, have a unique and, to that extent, original character which can transform them into subject matter that is worthy of protection comparable to the protection of works, and that protection can be granted, where appropriate, by the various domestic legal orders.

④ NBA v. Motorola, Inc., 105 F. 3d 841 (2^d Cir. 1997); see also Thomas Margoni, The Protection of Sports Events in the EU: Property, Intellectual Property, Unfair Competition and Special Forms of Protection, 47 IIC-Int'l Rev. of Intellectual Property and Competition Law 386 (2016).

⑤ International News Service v. Associated Press, 248 U. S. 215 (1918).

⑥ WIPO, *Broadcasting & Media Rights in Sport*, http://www.wipo.int/ip-sport/en/broadcasting.html.。另参见 Joined Cases C-403/08 and C-429/08, Football Association Premier League Ltd. and others v. QC Leisure and others and Murphy v. Media Protection Services Ltd., [2011] ECR I-9083.

（原）创性"为前提［不过由于英国仅承认著作权，因此必须符合构成戏剧作品（dramatic work）的要件］。①

同理，广播组织对于向公众传播其信号享有邻接权保护，其中包括排除他人对其体育赛事节目（包括直播）信号以有线或无线等方式从事未经许可的固定、再转播与"向公众传播"（communication to the public）等行为。② 欧盟法院明确表示，在透过诸如互联网等技术方法从事再转播的情形（有别于原始的电视通信），纵使原始的转播（或直播）已经被使用者收看或接收，并不影响也更不能免除透过网络向公众传播的第三方仍必须个别向作者取得许可以从事对节目信号或数据信息的再转播。③ 也就是说，纵使特定节目的内容欠缺受著作权保护的要件，涵盖该节目内容的信号邻接权依然独立存在，完全不受影响。④

一个值得关注的发展是欧盟法院在 2015 年的判决以及瑞典最高法院随后的续判。⑤ 本案被告利用网络超链接（hyperlink）的方式让其使用者得以免费观赏由原告现场直播的冰上曲棍球（ice hokey）比赛。瑞典的上诉法院已经在先前的判决中认为原告并不具有著作权，但拥有对直播节目的邻接权（或相关权）。等上诉到瑞典最高法院后，该院移请欧盟法院释疑的问题是：欧盟成员国是否可以对权利人向公众传播的行为提供涵盖范围较《信息社会指令》第 3 条第 2 款更为广泛的保护？⑥ 以本案的情形，究竟对冰上曲棍球比赛的现场直播从事未经许可的链接［在技术上并非交互式传播，因此不构成"向公众提供"（making available to the public）］是否仍然可以构成"向公众传播"？此外，对于体育赛事的现场直播是否符合著作权的保护要件？

---

① Directive 2006/115/EC on rental right and lending right and on certain rights related to copyright in the field of intellectual property, Art. 3. 1 (d), ［2006］O. J. L 376, at 28 (hereinafter Rental Directive).

② EU Rental Directive (Arts. 7-9), Satellite Directive, and the InfoSoc Directive (Directive 2001/29/EC, Arts. 2 (e) and 3 (2)). *See also* TRIPs Agreement, Article 14 (3); Rome Convention, Article 13. *See also* the Convention Relating to the Distribution of Programme-Carrying Signals Transmitted by Satellite, done at Brussels on May 21, 1974.

③ Case C-607/11, *ITV Broadcasting Ltd v. TVCatchup Ltd.* of 7 March 2013.

④ 如果依照传统的法理逻辑，邻接权的存在是以著作权的存在为依归或是作为前提。因此现在改称为"相关权"，正是可以避开传统名义所意涵的局限性。

⑤ Case C-279/13, *C More Entertainment AB v Linus Sandberg* of 26 March 2015；Högsta domstolen, Mål B 3510-11, 29/12/2015 (Supreme Court in Stockholm, Mål B 3510-11, 29 December 2015).

⑥ Directive 2001/29/EC, Article 3 (2), *supra* note 32.

欧盟法院首先表示，《信息社会指令》第 3 条第 2 款规定的本身并没有试图要求对于还未赋予其中所定权利的成员国要求整合的意思，毕竟欧盟各国的国内法在著作权和邻接权的领域迄今也只形成了部分的整合而已。虽然如此，《信息社会指令》同时承认并容纳其他涉及知识产权的指令，其中的一个便是《出租指令》。根据后者，各成员国在广播和"向公众传播"方面可以提供给权利人远较该《出租指令》更为广泛的保护。此外，《出租指令》第 8 条也表明，各成员国必须给予广播组织许可或禁止（第三人）以无线方式对其广播从事再转播以及向公众传播的排他权，尤其该传播是作为公众原本必须支付费用的免费替代时。

欧盟法院最终认为，其成员国可以赋予广播组织在要件方面有别于《信息社会指令》第 3 条第 2 款规定的，禁止从事未经许可向公众从事传播的行为。而这也正是瑞典的实践。因此瑞典的国内立法并未违反欧盟的相关指令。①

案件在发回瑞典最高法院后，该法院的续判只是聚焦在赛事的转播是否构成向公众传播的著作权保护问题之上，并未触及广播组织邻接权的问题。最高法院的多数意见（三票）认为，本案的赛事转播已经构成了向公众的传播，但是依据瑞典《著作权法》，原告直播当中的评论、摄像、图片制作等，即使再加上一些周边的因素都还不足以达到具有足够独（原）创性的智力创作，包括在制作过程中所必须做的一些选择以及对一些图片设计的运用等，都只是随着赛事的发展被牵引产生，因此广播组织对其直播节目并不享有著作权。但另外则有两位大法官对此持不同意见，显见法院对这个问题的态度是相当的分歧。无论如何，纵使实况直播被认为构成向公众传播，但法院针对著作权的部分最终判决不构成侵权。②

作为对应，运动赛事的制作单位已在转播过程中尽可能地加上各种可能被视为具有独（原）创性的元素，希望让其直播能达到受著作权保护的程度。③

---

① Case C-279/13, *C More Entertainment AB v Linus Sandberg* of 26 March 2015；Högsta domstolen, Mål B 3510-11, 29/12/2015（Supreme Court in Stockholm, Mål B 3510-11, 29 December 2015）.

② Ibid..

③ Henrik Wistam and Annie Kabala, No Copyright Protection for Sport Broadcasters, International Law Office Newsletter, October 3, 2016, http://www.internationallawoffice.com/Newsletters/Intellectual-Property/Sweden/Advokatfirman-Lindahl/No-copyright-protection-for-sport-broadcasts.

（二）美国的实践与发展

相对于欧盟成员国的分歧，美国国会在制定 1976 年《著作权法》时，便已经在立法理由中表明：只要录像与信号的传播是同时进行，现场直播就是属于视听（音像）作品（audiovisual works），应该完全受著作权的保护："当一场美式足球比赛是由四组摄像机来转播，并由一位导播来指导四位摄影师和选择其中何者所拍摄的电子形象要以如何方式向公众呈现时，摄影师与导播的作为几乎毫无疑问地已构成了'创作'（authorship）。进一步需要考虑的是，其中是否已经完成了固定（fixation）。如果要转播的形象和声音是先被录存（在录像带、影片等之上）而后再予以转播，该录存的作品应被视为'电影作品'并受到法定排除未经许可的复制或再转播的保护。如果节目内容是以直播方式向公众传播而同时也一并录制，其案件将受到一样的对待；著作权利人在起诉直播的侵权使用者时将不会被迫诉诸于普通法而非法定权利。因此，假设可以获得著作权保护——例如作为'电影作品'或'录音作品'——现场直播的内容……只要是随着信号的传播同实在录制，应被视为已经固定并获得法定的保护。"①

美国联邦第七巡回上诉法院之后进一步表明，一场球赛（在本案为职业棒球比赛）如果还未录像，那就意味着球员们的"表演"还未被固定，此时球员或许还有可能主张依据州法规定属于其个人的权利，然而只要比赛一被录像，就发生了依《著作权法》（联邦法）所定义的"固定"，形成了著作权，而球员原本或许享有的个别姓名、身份识别等权益（即"公开权"right of publicity）与球赛中的"表演"也都因此而被完全融入职业棒球大联盟所享有的著作权之中。②

美国联邦第二巡回上诉法院之后在另一个具有代表性的判决中再次表示，体育赛事的本身无法获得著作权，但是对于赛事的转播则可。③ 这是因为从字面的常识性意义而言，一场体育赛事的本身并没有任何的"作者"可言。固然对于一场赛事需要许多专业上的准备，但那些准备至多只是希望或信念的一种表达，想让特定事物发生的一种决心。这种先天具有

---

① H. R. Report No. 94-1476（1976），at 52-53.

② Baltimore Orioles, Inc. v. Major League Baseball Players Association, 805 F. 2d 663（7ᵗʰ Cir. 1986），cert. denied, 480 U. S. 941（1987）.

③ National Basketball Association v. Motorola, Inc. , 105 F. 3d 841（2ᵈ Cir. 1997）.

竞争性的活动因此与电影、话剧、电视节目、歌剧等以特定的剧本为基础所从事的表演完全不同。① 目前，既有的有限判例对于类似体育赛事或团体参与的电子游戏等组织性活动的本身几乎是一致地认为无法获得著作权。②

对于体育赛事现场直播以流媒体从事未经许可的再转播，基本上不外乎两种技术方案：所谓的"单播流媒体"（unicast streaming）方式，亦即由某个中央服务器特定对终端使用者从事"单点对单点"的信号传播，以及"对等网络流媒体"（streaming over peer-to-peer networks）方式，亦即不透过任何中央服务器，而是由互联网的不特定使用者相互利用彼此的装置资源同时成为对节目信号的传播分享者（"多点对多点"的信号传播）。"对等网络流媒体"在极短的时间当中便成了当前最为普遍的分享方式，其过程与网络的音乐、电影等分享非常近似，但其便利性与执法的困难也对侵权行为产生了相当大的鼓舞作用。③

鉴于信号的网络传播经常是跨境性质，美国的司法判决进一步表明，在"单播流媒体"的情形，只要有一部分侵权行为是发生在美国境内，无论其最终的收信或收播位在何处，也就是一旦未经许可所传播的信号是源自美国境内，就可以适用美国的著作权与商标权法规。④ 至于在"对等网络流媒体"的情形，美国联邦最高法院指出："凡是基于推广其侵害著作权的使用为目的而明白表示或采取其他积极的行为来推广其侵权装置的扩散，对于由此所导致的第三方侵权行为应负损害赔偿责任。"⑤ 这里所指的是间接侵权，包括帮助（或辅助）侵权责任（contributory liability）、代理侵权责任（vicarious liability）与诱使责任（inducement）三种可能的情形。⑥

在是否构成直接侵权的认定上，国会在通过 1976 年《著作权法》时，

---

① Melville B. Nimmer & David Nimmer, 1 Nimmer on Copyright § 2.09 ［F］(1996), at 2-170.1. 纵使假定体育赛事的本身是某种"作品"，从而可以享有著作权，实际上这就意味着对于一场赛事有所贡献的两个球队、所有的球员、教练、经理、裁判、球场工作人员、媒体人员乃至所有的球迷等都是"共同作者"，而这也形同相互抵销，让"权利"的运用完全不可能。

② Product Contractors, Inc. v. WGN Continental Broad. Co., 622 F. Supp. 1500 (N. D. Ill. 1985).

③ Michael J. Mellis, Internet Piracy of Live Sports Telecasts, 18 Marquette Sps. L. Rev. 259 (2008).

④ National Football League v. PrimeTime 24 Joint Venture, 211 F. 3d 10 (2nd Cir. 2000).

⑤ Metro-Golden-Mayer Studios, Inc. v. Grokster, Ltd., 545 U. S. 913 (2005).

⑥ Copyright Office's Views on Music Licensing Reform: Hearing Before the Subcommittee on Courts, the Internet, and Intellectual Property, Committee on the Judiciary, U. S. House of Representatives, 109th Cong., 1st Sess. (June 21, 2005) (Statement of Marybeth Peters, then Register of Copyrights).

就是为了推翻法院过去区别"广播者"与"观赏者"的做法（以往的判决是认为只有"广播者"才会涉及表演权①），以三个法律条文确立了一点：只要是关于对节目画面与音效的传播就构成了对于节目内容的"表演"，从而把有线电视的各项信号传播或再转播等行为都纳入著作权的范围之内。② 所以联邦最高法院在另一个案件进一步判认，无论被告是否从事连续不断的节目信号，或是透过如何的途径（包括网络、卫星等）来传播或转播，实际上都已构成了"表演"行为。无论是"单点对单点"抑或"多点对多点"，应该直接从被告对信号的传播所产生的客观或实际效应来研判是否其行为与有线电视的转播在本质上有任何的差异？如果答案是否定的（没有如何差异），那么就构成了"公开"。③

四、建议与分析

（一）独创性的认定应趋向从宽

从上述的引介与分析可见，在当前国际整合与国际公约的整体框架下，作为保护和开展一个社会文化创意资产最重要的激励工具，并考虑其本身先天的局限性，著作权的赋予是采取尽量从宽而非从严的基本方针。欧、美等地对如何可以构成"独（原）创性"从而受到著作权保护的基本思维与适用标准已是愈来愈接近。除了瑞典、英国等少数国家仍然对"独（原）创性"采取"额头出汗"或"创作高度"的较高标准要求外，绝大多数国家已经采取了类似美国的标准。

欧盟因为还未能完成对著作权实体法的全面性整合，在现实中便退而求其次，对于"独（原）创性"采取较高要求的成员国就只能认可以"邻接权"（或"相关权"）来给予保护，其所能涵盖的范围与其间自然较一般的著作权要相对限缩许多（不过欧盟则是规制了一个特殊的"首次固定权"）。而在美国，原则上只要符合作品是自行筛选、安排与协调以及最低程度的创造性等两个要件，而且不是诸如思想、程序、系统、操作方

---

① Fortnightly Corporation v. United Artists Television, Inc., 392 U. S. 390 (1968)；Teleprompter Corporation v. Columbia Broadcasting System, Inc., 415 U. S. 394 (1974).

② 这三个条文分别是第101条对于"表演"与"公开"的定义（即所谓的"传输条款"）以及第111条关于节目信号再转播的强制（法定）许可规定。

③ American Broadcasting Companies, Inc. v. Aereo, Inc., 134 S. Ct. 2498 (2014).

法、概念、原理、发现等或纯粹功能性的运用或运作,就可以受到著作权(而非邻接权)的保护。

(二)邻接权的范围不应任意扩张

在另一方面,依然是在现行的国际公约框架下,"邻接权"(或"相关权")是相对于作者对其文艺作品著作权之外的、范围相对也相当有限的独立排他权利。其所保护的客体并非作品的本身,而是对特定作品(例如电视节目或录音录像制品,无论该作品是否受到或仍受著作权保护)的表演(有别于著作权人的表演权,后者包括对节目信号的传播等)、广播或首次录制(或发行)等三种类型,其所保护的主体则是表演者、制作人或广播组织,别无其他。[①]

换句话说,一旦不符合著作权保护的"独(原)创性"要件或要求,邻接权从来就不是也更不应该成为退而求其次,作为帮衬兜底的某种事实上的"次著作权"或拟制的"准著作权"。"独(原)创性"的认定固然有灰色地带,需要依照个别案情的具体事实来详细分析审定,然而一旦被认定,是否享有著作权就是黑白分明,与邻接权绝不可以混为一谈。

(三)赛事直播应有著作权

对于体育或电子游戏赛事的直播与再转播,无论是欧盟抑或美国,目前透过司法实践都已经完全确认是可以受到保护。这与体育赛事的本身是否可以受到著作权或邻接权的保护并不需要有任何直接对应的关系。因此凡是对节目信号从事未经许可的传播,原则上就构成了对该节目向公众从事信息网络传播(或公开传播)的侵权行为,个中的差异只是在究竟应该

---

① 依据《罗马公约》和 WPPT,"邻接权"(或"相关权")是相对于作者对其文艺作品著作权之外的独立权利,而且其所保护的客体并非作品,而是对特定作品(节目或录音制品)的表演(有别于著作权人的表演权)、广播或首次录制(或发行)等三种类型,其所保护的主体则是表演者、制作人或广播组织。至于"邻接权"(或"相关权")的具体内涵为何,是否必须具有"独(原)创性",则依其成员国的国内立法来定义。这是因为各国对此一问题的处理仍有分歧。参见 WIPO, Guide to the Copyright and Related Rights Treaties Administered by WIPO and Glossary of Copyright and Related Rights (2003), at 133. 如欧盟便规定了第四种类型:制作人对其影片的首次固定权(right of first fixation)。Directive 2001/29/EC on the harmonization of certain aspects of copyright and related rights in the information society, Art. 2 (d), [2001] O. J. L 167, at 10. 目前国内的通说是对于不具"独(原)创性"但仍具有某些价值的非物质劳动成果纳入"邻接权"的保护范畴,也称为"广义"的著作权保护。

以著作权或邻接权的方式来给予保护，从而影响的是权利人所能主张的排他权的具体内涵和范围。

首先，凡是符合著作权产生的定义并且在不受保护的例外之列的（如思想、程序、系统、概念、功能性的操作方法、唯一或有限表达、共同情境等），当然就应该获得著作权，至于究竟符合哪种作品类型则是下一步。除非法律对于特定的作品类型又有任何特别的规定，一个特定的独创表达有可能同时兼具两种或以上的作品性质，彼此之间并不当然相互排斥；反之，如果未必完全符合对于特定作品类型的描述或定义，不会也更不能因此反而导致失去著作权的保护。

其次，《伯尔尼公约》（无论是 1967 年的斯德哥尔摩会议或 1971 年的巴黎会议文本）与世界贸易组织的《与贸易有关的知识产权协定》在制定当时还没有出现真正商用性的互联网，其中许多的规定显然无法对应各种网络新型科技与商业模式所引发的行为或问题。虽然如此，公约的制定者显然早有认知，所以对于各类作品的定义采取了开放、包容与广义的原则。① 即使按照二审判决的思路来推导，《伯尔尼公约》第 2 条第 1 款关于"类电影作品"的规定，其制定的原意是指"透过制作的程序呈现出类似电影视觉效果的作品，并透过某种有形物质的支撑被视为电影作品"。② 也就是说，其重点在于对作品最终的视听效果呈现（独创表达）是否与电影类似，而不是制作的过程要与电影相似。③

最后，如果依然根据二审判决的逻辑和步骤来分析赛事直播是否具有或是符合"固定"的要件，参酌世界知识产权组织的解释和说明，电影或

---

① World Intellectual Property Organization (WIPO), Guide to the Berne Convention for the Protection of Literary and Artistic Works (Paris Act, 1971).

② 其原文为："The provisions concerning the protection of works 'produced by a process analogous to cinematography' would be the subject of a special provision to the effect that, for the purpose of the Convention, works expressed by a process producing visual effects analogous to those of cinematography." 参见 WIPO, Records of the Intellectual Property Conference of Stockholm: June 11 to July 14, 1967 (1971), Vol. 1, at 80 (Documents S/1, at 10 and S/190, at 173); Report on the Work of Main Committee I (Substantive Provisions of Berne Convention: Article 1 to 20), Vol. 2, at 1131.

③ World Intellectual Property Organization (WIPO), Guide to the Berne Convention for the Protection of Literary and Artistic Works (Paris Act, 1971), at 15. ["In the end, after it was decided to leave the whole question of fixation to national laws (paragraph (2) of Article 2), the [Berne] Convention was able to … provid [e] that it was simply a matter of 'works expressed by a process analogous to cinematography'. It is not so much the process employed which is analogous as the effects, sound and visual, of such process."].

类电影作品的成立与否未必需要以"固定"于某种物理的介质为前提。①
例如，即使是传统的电视节目转播，无论在同个新闻节目当中是播出一则
经过事先以录像带预录的报道或是一则现场的实时报道，除非事先告知，
对于观赏者的感知而言几乎是难以区别的。在网络环境下，流媒体已经成
为当前各种音乐和动态图像信息（节目视频、短视频、电影、微电影等）
的主要传输工具。在技术上为了避免未经许可的下载、复制并节省使用装
置的空间和资源运用，反而刻意不将其内容予以固定到任何载体之上（否
则可能需要占用大量的储存空间，更长的等待时间，在相当程度上自然会
冲击整体的观赏体验）。②

对于实时直播的任何节目而言（包括体育赛事），既然是"即时性"
的直播，自然就意味着"时间"是其主要的经济价值所在，而且永远有个
过程，无法一蹴而就。纯粹从技术而言，每一个透过网络传输的压缩数字
化信息包就是一个有形的载体，在概念上与传统的类比式（analogue）或
有线数字（digital）电视信号透过有线、无线或卫星的传输并无任何本质
上的不同，而其最终呈现与以往透过计算机的随机内存（random access
memory，RAM）的暂时性复制（transitory duplication）也相当类似。这就
意味着至少在传输和呈现两个环节上都已经产生了"固定"，否则视频画
面便根本无法呈现。因此，鉴于赛事的直播本身就是个动态性的过程，只
要符合"独（原）创性"的要求，恐怕实在没有理由基于在某个特定的或
静态的技术节点上以还未"固定"为由去否定获得著作权的可能。

（四）涉及再转播的侵权责任应予厘清

视个别案件的具体情形，第三人对体育赛事、电子游戏团体竞技的直
播从事未经许可的再转播可能要负直接侵权责任，也可能涉及间接侵权责
任，并潜在地涉及对数种权利的侵害。但在现行法的规制下却也有可能得
以完全规避其责任，关键是再转播的主体为谁以及具体的转播是否为交互
（互动）方式。但这样的结果显然是因为立法上的缺失所导致。

交互（互动）式的传播是指公众可以在其个人选定的时间和地点获得

① Ibid. .
② 所谓的"流媒体"或"流式媒体"技术就是把连续的影像和声音信息经过压缩处理后放
置于网站服务器，再由视频服务器向用户计算机按顺序或实时地传送各个压缩包，让用户一边下
载一边观看、收听，而不需要等整个压缩文件下载到自己的计算机上才可以观看的网络传输技术。

作品。而透过网络的再转播，其对节目信号的传播可能属于交互式也可能不是［传统的转播为非交互（非互动）式，而点播则显然属于交互（互动）式］；从事再转播的主体可能是电视台也可能是任何网站。[①] 依据现行法的规定，只有电视台从事未经许可的交互式再转播才可能会构成对信息网络传播权的侵害。如果是属于"非交互（互动）式"的网络传播（或"网络定时传播"）或从事再转播的地方在技术上不构成"电视台"时，该第三人就无须承担任何侵权责任。这个人为规制上的疏漏自然让潜在的侵权者有机可乘，也只能通过立法修改来弥补。

五、结语

著作权所要保护的，是具有"独（原）创性"的表达。设定这个要件是要在制度上求取一个相对适当的平衡：作者所汲取的来源或素材是什么并不重要，关键是特定的作品是否经过某种转化再由作者自行表达或呈现，从而不是复制品或抄袭之作。换句话说，可受著作权保护的转化是指作者通过自行的筛选与安排来呈现对其作品的表达方式；也就是指作品的表达方式或呈现至少包含了一些最起码的个别创意。欧盟法院在《足球联盟赛程表》案的判决后，已然确立了欧盟对于"独（原）创性"的标准与美国已经相当的接近，只要特定作品是由作者所独力自为的创作，而且同时具有某种最低程度的创意便已足够。

至于以往对于"创作高度"的要求或是只要有"智力劳动成果"就可以获得权利的论述其实都是悖论与误区，会导致原本根本就不应受到保护的事物却都可以获得著作权，产生很大的混乱。

固然不同法系的国家在表面上所使用的文句或许不尽相同，大陆法系因为承认人格（身）权，所以注重作者与其作品之间的关系（作者的"个

---

① 目前世界知识产权组织的版权及相关权常设委员会（WIPO Standing Committee on Copyright and Related Rights）正拟议一个《世界知识产权组织保护广播电视组织条约》（WIPO Treaty to Protect Broadcasting Organizations）。其中对于"广播"的定义提出了两个备选方案，其中的差异在是否要另外独立定义一个"有线广播"。无论如何，在计算机网络上从事的播送不构成"广播"。草案也加入了对于"转播""近同时播送""延时播送"等名称的定义，试图把包括网络传播（webcast）等在内的各种行为都全面覆盖。参见 WIPO Standing Committee on Copyright and Related Rights, Revised Consolidated Text on Definitions, Object of Protection, Rights to be Granted and Other Issues, SCCR/34/3 Corr. , 34th Session, March 13, 2017, http：//www. wipo. int/meetings/en/details. jsp? meeting_ id = 42296&la = EN.

性"）；英美（普通）法系则着眼于特定作品与先前其他作品的比较（作品的"创造性"），但详细检视便不难发现这两者无非是一体的两面，必须相互为用。"横看成岭侧成峰"，两大法系的论述其实并无任何实质上的不同，至于特定作品的美学价值、创作目的或社会反应如何皆与是否符合著作权保护的认定完全无关。同理，从立法政策上对于不同的作品要求必须具备不同的创作高度才能获得著作权，甚至据此给予程度不同的权利保护，不但与著作权的本质相悖，更注定会制造出各种难以解决的困难问题，在实践上只会让当事人与法院都无所适从。

"邻接权"（或"相关权"）是相对于作者对其文艺作品著作权之外的、范围相对也相当有限的独立排他权利。其所保护的客体并非作品的本身，而是对特定作品（例如电视节目或录音录像制品，无论该作品是否受到或仍受著作权保护）的表演（有别于著作权人的表演权，后者包括对节目信号的传播等）、广播或首次录制（或发行）等类型，其所保护的主体则是表演者、制作人或广播组织，别无其他。因此在实践上对邻接权的范围与解释不宜任意扩张。

在具体的实践中，视个别案件的案情，第三人对体育赛事、电子游戏团体竞技的直播从事未经许可地再转播可能要负直接侵权责任，也可能涉及间接侵权责任，并潜在地涉及对数种权利的侵害。但在现行法律的规制下却也有可能得以完全规避其责任，关键是再转播的主体为谁以及具体的转播是否为交互方式。

"结果"与"过程"孰轻孰重?

——著作权"独（原）创性"的再巡礼

孙远钊 *

一、"独（原）创性"绪论

笔者依据《伯尔尼公约》与《TRIPs 协定》等国际规制并参酌欧美等地最近的司法实践，对于著作权的"独（原）创性"予以梳理和分析，得到以下结论。

在当前国际整合与国际公约的整体框架下，作为保护和开展一个社会文化创意资产最重要的激励工具，并考虑其本身先天上的局限性，著作权的赋予是采取了尽量从宽而非从严的基本方针。欧美等地对如何可以构成"独（原）创性"从而受到著作权保护的基本思维与适用标准已是越来越接近。除了瑞典、英国等少数国家仍然对"独（原）创性"采取"额头出汗"或"创作高度"的较高标准要求外，绝大多数国家或地区都已经采取了类似美国的"低门槛标准"，从而可以避免造成只要一有某种"智力劳动成果"就必须予以赋权所产生的悖论，也避免让法官涉足"苹果比香蕉"，根本无法定出任何的标准来评断各行各业的"创作高度"究竟要如何界定。

按照此一标准，作者所汲取的来源或素材是什么并不重要，关键是特定的作品是否经过某种转化再由作者自行表达或呈现，从而不是复制品或抄袭之作。换句话说，可受著作权保护的转化是指作者通过自行的筛选与安排来呈现对其作品的表达方式；也就是指作品的表达方式或呈现至少包

* 孙远钊：美国亚太法学研究院执行长，并于北京大学、西南交通大学、暨南大学等高校任教。本文不代表作者工作单位立场。本文首次发表于 2018 年 7 月 25 日的公号"知产力"。

含了一些最起码的个别创意。欧盟法院在 2012 年的《足球联盟赛程表》案判决之后，已然确立了欧盟对于"独（原）创性"的标准与美国已经相当的接近，只要特定作品是由作者所独力自为的创作，而且同时具有某种最低程度的创意便已足够。①

至于"邻接权"（或"相关权"）则是相对于作者对其文艺作品著作权之外的、范围相对也相当有限的独立排他权利。其所保护的客体并非作品的本身，而是对特定作品（例如电视节目或录音录像制品，无论该作品是否受到或仍受著作权保护）的表演（有别于著作权人的表演权，后者包括对节目信号的传播等）、广播或首次录制（或发行）等三种类型，其所保护的主体则是表演者、制作人或广播组织，别无其他，尤其不能当作一种"次著作权"或拟制的"准著作权"来看待。因此，透过立法规制在表面上刻意以"作品"与"制品"来区分两者，事实上恐怕只会徒增混淆，产生更多的问题，也不符合国际公约或规则的要求。②

整个著作权的体系是在权利（或赋权与否）与社会公益之间寻求并维系一个精致微妙的动态性平衡。因此在法院判断是否构成应受保护的作品或者是否构成侵权时，必须依据个别案件的具体事实和举证来逐一研判，最忌概括论断。法院首先必须检视特定的"创作"是否合乎著作权法应受保护的一般要件（"独创表达"）？如果答案为肯定，再看要以如何的作品类型受到保护，而且不同类型的作品之间并不必然相互排斥，可以产生共存与竞合的现象（例如，"说书"便可能兼具文字、口述、音乐、戏剧和曲艺等各类的作品特性，如果有录像的话，也可能兼有电影或类电影的性质）。

纵使如此，一些涉及判断是否具有"独（原）创性"的"疑难杂症"

---

① Case C-604/10, Football Dataco Ltd. and Others v. Yahoo! UK Ltd. and Others, Judgment of the Court (Third Chamber), 1 March 2012；另参见 Case C-5/08, Infopaq International A/S v. Danske Dagblades Forening, [2009] ECDR 16.

② 现行《中华人民共和国著作权法实施条例》第 4 条第 11 项规定："电影作品和以类似摄制电影的方法创作的作品，是指摄制在一定介质上，由一系列有伴音或者无伴音的画面组成，并且借助适当装置放映或者以其他方式传播的作品；"同条例第 5 条第 3 项则规定："录像制品，是指电影作品和以类似摄制电影的方法创作的作品以外的任何有伴音或者无伴音的连续相关形象、图像的录制品。"这是借鉴了德国著作权法，再加上妥协当时学界不同的意见而来。但是德国法律有其特殊的背景与配套，与中国的国情不同。参见张伟君：《从德国著作权法看网络直播体育赛事节目的著作权保护》，2018 年 4 月 2 日发于"君策"，载于 http://mp.weixin.qq.com/s/v3nXQ7cHUvT2XjMGi0D0Ag.

案例依然发生，也不断地在挑战和检验上述的理（立）论基础。本文将以对古卷的解译、对他人既有作品的"临摹"（或复制，包括按照比例放大或缩小的模型）等案例进一步梳理分析，以期抛砖引玉。

二、古卷解译："创意" ＝"独创性"？

（一）死海卷轴案

2000 年 8 月 30 日，以色列最高法院对于当时受到全球著作权界高度关注的死海卷轴著作侵权案（Dead Sea Scrolls Case）作出了判决。① 原告以利沙·齐慕容（Elisha Qimron）教授用了多年时间试图把《死海卷轴》的残片复原。这个过程无可避免地会产生是否需要以及如何来"填补空缺"的问题。鉴于以色列的主管机构（古物管理局）要求必须这么做，原告便在尽量求真的情况下不但将卷轴中的古希伯来文解读（或翻译）为现代的文字，并试图还原、补上缺漏的部分。

原告与一位哈佛大学的约翰·斯卓内尔（John Strugnell）教授自 1981 年开始合作，并从后者所提供的 60—70 个《死海卷轴》的残片经过 11 年的研究组合成了约 120 行文句（法院称为"解译文本"deciphered text）。原告在 1990 年与英国的牛津出版社达成协议，准备将这个解译文本连同《死海卷轴》的残片摄影和相关解读、注释等一并出版。但就在该书即将问世之际，被告却抢先一步在美国出版了关于《死海卷轴》残片的"传真版"（Facsimile Edition），其中包括了原告重组的 120 行文句和将近 1800 帧关于《死海卷轴》从未公开过的残片照片。② 被告的"传真版"提及了把《死海卷轴》的内容予以重建和破译的成果应归功于斯卓内尔教授和一

① Eisenman v. Qimron, C. A. 2790/93, 2811/93, 54（3）P. D.（Supreme Court Reports）817（本案判决的英文译本参见［2001］European Copyright and Design Reports（ECDR）73）.

② 必须指出，这宗案件有两个较为特殊的背景：一是长期以来外界一直有所指摘，认为本案的原告与斯卓内尔教授多年来控制甚至扼杀了外界接触《死海卷轴》的渠道，最终是在各界大声疾呼［不仅是学术界，甚至包括了诸如《纽约时报》（The New York Times）等主要新闻媒体的社论呼吁］必须开放、共同被告之一以各种迂回的方式公开了其中内容后所形成的巨大压力下才放手，而"压断骆驼脊梁的最后一根稻草"正是本案被指控侵权期刊的出版。另一点是基于被指控的侵权行为几乎完全是在美国发生，因此基于国际私法或冲突法则的要求，全案所适用的实体法规与法理是完全依据美国的著作权法。关于本案的详细介绍与分析，参见 David Nimmer, Copyright in the Dead Sea Scrolls: Authorship and Originality, 38 Houston L. R. 1（2001）.

位共同参与的"同事"(但从未具名)。而那位未被列名的"同事"正是本案的原告齐慕容教授(当时还只是个初出茅庐的学者)。原告在以色列起诉,主张著作侵权,包括对其署名权的侵害。法院所面对和必须处理的关键问题是,这个古卷解译的成果是否可以获得著作权的保护?如果答案为肯定,其可受保护的范围为何?其标准又应当是什么?

以色列最高法院最终维持了地方法院的见解,判决原告胜诉。法院首先判定原告复原或重建工程的成果具有"独(原)创性"从而可以受到著作权的保护。对此法院认为必须把原告在各个阶段的工作加总以观,而不是分别审视。法院列举了诸如包括把《死海卷轴》的残片按照它们在形体上的兼容性从事排列组合与匹配,以崭新的方式将残片摆放和排列到适当的位置(从残片的宽面而非长面来从事对接),以及对于残片之间的空隙从事了必要的填补等因素,认为已经预备了足够的"独(原)创性",亦即原告对于残片所倾注的"额外灵魂"("additional soul" poured into the fragments)已将那些残片转化成了鲜活的文本从而应该获得著作权的保护。由于被告未经许可将《死海卷轴》的残片摄影与原告的"解译文本"等予以出版,因此被判构成侵权。

(二) 问题与分析

这个判决在学界引发了非常大的争议和讨论。以大卫·尼莫(David Nimmer)教授为代表的一派完全不赞同法院的判决。他们采取了功能或实效判定的立场,认为原告对于《死海卷轴》残片的重建工作最重要的就是必须尽可能地精准呈现其原貌,因此至少就被还原的卷轴文本而言,原告所从事的工作就是恢复一个作品既有的原貌,并没有任何的"独(原)创性"可言,也自然无法再对《死海卷轴》残片主张享有任何的著作权。[①]而以珍·金斯伯格(Jane Ginsburg)教授为代表的一派则赞同法院的判决。他们对于"独(原)创性"的认定采取了多元切入(multifaceted approach)的立场,认为原告的解读工作需要极大的智能投入、概念化以及指向性的界定与内容的筛选,形同构成了对《死海卷轴》残片的翻译,而

---

① 参见 David Nimmer, Copyright in the Dead Sea Scrolls: Authorship and Originality, 38 Houston L. R. 1 (2001).

著作权法一向对于翻译给予保护。①

虽然双方争执不下，但从后一派的观点却可以导引出一个值得后续思考的问题：纵使原告的劳动成果无法获得著作权的保护，原告是否依然应该享有某种排他性的署名权益，即使其工作成果的来源还有所争议？由于以色列最高法院已经判决原告享有著作权，自然不需要去面对这个问题（因为署名权自然会附随而来）。但是如果在没有著作权的前提下答案仍为肯定，那么这个权益的基础究竟是什么？反过来说，如果答案为否定，那么这样的结果是否公平？是否会成为一个"反诱因"，让人们逐渐失去或是根本丧失了从事这类工作的意愿或积极性？目前学界对此还没有产生任何共识。但如果从功利性的立法政策思维出发，或许确实考虑是否以特别立法的方式来创设某种署名权益，但此一特别赋权的基础并非著作权，而只是单纯地为了防止他人从事不正当的竞争行为而设，因此其范围也应相对局限，最多只能类似于欧盟对于数据库所提供的有限保护（准物权）或美国的"公开权"（right of publicity）抗辩。

有学者认为，以色列最高法院聚焦于作品的创作过程而不是作品本身，于是导致错误地认为原告的解译文本具有"独（原）创性"，也因此作出了可获得著作权保护的判决。② 由此所产生的两个相关问题：一是法院在判断特定的表达是否具有"独（原）创性"时，是否需要置焦于一个创作的过程抑或结果还是必须两者兼顾？二是"创意"是否等于"独（原）创性"？换句话说，如果关键在于过程，是否在一个研发的过程中只要有某种"创意"产生（虽然没有明确的定义，但应该至少包括了前所未有的新思维或路径），就自然满足了著作权法对于"独（原）创性"的要求？

还是必须回归到著作权法的本源。关于第一个问题，任何作品都必须借鉴之前既有的其他作品（或经验、体会），如同所有的人原则上都得有四肢五官和各种必要的生理系统。如果直接从事比对而没有先把不应被纳入的因素事先去除的话［也就是诸如唯一、有限表达或是共同（必要）场景］，自然就注定了人人都构成了对他人的"实质近似"和"侵权"，纵

---

① 参见 Jane Ginsburg, The Concept of Authorship in Comparative Copyright Law, 52 DePaul L. Rev. 123 (2002)。［按，金斯伯格教授是联邦最高法院鲁斯·巴德·金斯伯格大法官（Justice Ruth Bader Ginsburg）的女儿，本身为全球知名的著作权与商标和反不正当竞争法学者］。

② 王太平、李长皓：《著作权保护的双重限制——以死海古卷案引之为鉴》，《知识产权》2007 年第 4 期，第 58 页，网络版本载于 http: //law. xtu. edu. cn/infoshow-69-1000-0. html。

使事实上显然并非如此。这正是为何要透过"独（原）创性"的要求在制度上求取一个相对适当的平衡：作者所汲取的来源或素材是什么并不重要，关键是特定的作品是否经过某种转化再由作者自行表达或呈现，从而不仅只是复制品或"抄袭"。如果借用欧盟的语境和表述，此种可受著作权保护的转化是指作者通过自行的筛选与安排（selection and arrangement）来呈现对其作品的表达方式；如果借用美国的语境和表述，就是指作品的表达方式或呈现至少包含了一些最起码的个别创意。

归根结底，法院所应探究，并要求原告举证的问题是：究竟其所主张的客体"有没有"独（原）创性？而不是要求原告必须巨细靡遗地点出其"独（原）创性"究竟在哪里，甚至进一步要求举证其"创作高度"。[①]

关于第二个问题，推理或思维上的"创意"并不当然等于著作权法意义上的"独（原）创性"，而要达到著作权法意义上的"独（原）创性"要求也未必需要具备如何独到的见解或"创意"。例如，爱因斯坦以前无古人的创意思维推导出《相对论》，彻底改变了人类对宇宙和时空的认识，但是《相对论》的本身，包括著名的物理公式 $E = mc^2$ 和相关的各种数学导入与计算方法，则属于物理概念无法获得著作权的保护（但以特定文字来表述其理论的论文则有著作权），因为一个特定理论的发现者并未"创作"出一个事实，只是寻找并记录了所发现的事实而已。[②③] 换句话说，著作权法意义下对于"独（原）创性"的要求与专利法对于"新颖性"（novelty）的要求可以说是南辕北辙，概念迥异，不能混为一谈。

由上述分析可见，齐慕容教授对于《死海卷轴》原始内容的推测与复原，固然在表面上对于古文的解译确有若干貌似翻译之处，实则与爱因斯

---

① 关于这一部分的详细讨论与分析，参见孙远钊：《论著作权的"独（原）创性"与赛事直播的问题》，公号"知产库"2018 年 4 月 4 日。另参见陈锦川：《著作权审判：原理解读与实务指导》，法律出版社 2014 年版，第 3 页。

② 爱因斯坦《一般相对论》的论文全文，参见 Albert Einstein, The Foundation of the General Theory of Relativity, as Document No. 30 collected in A. J. Kox, Martin J. Klein, and Robert Schulmann, Ed., The Collected Papers of Albert Einstein, Vol. 6, The Berlin Years: Writings, 1914-1917 (Princeton University Press 1997), at 146-200 (in translation volume).

③ 例如，在 Ho v. Taflove, 648 F. 3d 489 (7th Cir. 2011) 案，联邦第七巡回上诉法院维持了地区法院的判决，认为方程式固然可以通过数学原理得到不同的安排，但其中的实质内涵则是一样的。因此由原告通过电脑模拟等方式以全新的计算方法所开发出来，对于量子力学中泡利不相容原理（Pauli Exclusion Principle）在一个质子装置中的动态反应模型，也就是显示两个全同的费米子不能处于相同的量子状态，仍然是处于"思想"的范畴，无法享有著作权。另参见 Gates Rubber Co. v. Bando Chemical Industries, Ltd., 9 F. 3d 823 (10th Cir. 1993).

坦对其理论的推导更为接近。毕竟从立法政策而言，纵使理论的推导过程再有与众不同或"新颖"之处，终究没有任何人可以对任何的学术理论或事实享有任何的排他权利。

三、"临摹"既有作品："高仿"≠"独创"？

另一个经常被提出的问题是：对于他人既有的作品（最常见于艺术作品）从事"临摹"究竟应该如何看待？现行的著作权法并没有对这个名称给予任何的定义，但顾名思义，其中必然涉及对于原作品的高度复制。因此，如果原作品的著作权保护期间尚未到期，而未经过许可从事"临摹"的行为人完成了与原作品几无二致的成品时，在著作财产权方面就至少可能牵涉到是否构成了对于原作者复制权、展览权、放映权（如果属于电影或类电影作品）、改编权与信息网络传播权等的侵权抑或符合特定的限制或抗辩条件构成合理使用。①

（一）美国的司法演进

如果"临摹"之作寓含了作者自身的独立判断与表现，而且不是以原作品作者的名义予以发表或公开时，该复制件即有可能被视为具有自身的"独（原）创性"，从而构成了另一个全新的、可受著作权保护的作品。不过可以想见，这当中的具体内含与判定注定会有一定的争议性。例如，美国早期的案件对此采取了所谓的"卡托尔达最低标准"（Catalda's de minimis standard）。② 法院在该案认为原告以所谓"美柔汀"的铜板凹蚀法（mezzotint engraving）巨细靡遗地复制已进入公共领域的画作具有"独（原）创性"，构成了对原画作的衍生性作品（derivative work，类似"改编作品"），成为一个可受著作权保护的独立客体。法院显然认为只要稍微具有一些"独（原）创性"，或者不是实质上完全的复制就已足够。

不过后来的司法实践对于几近完全复制他人既有作品的"临摹"行为已经改采较其他类型作品更为严格的态度（尤其是联邦第二与第七巡回上诉法院），认为纵使当事人付出了大量的劳动（包括所需受过的培训与专业技能等），如果其成果与原作品仅有细微的差异（trivial variation），包括

---

① 参见著作权法第10条。

② Alfred Bell & Co. v. Catalda Fine Arts, Inc., 191 F. 2d 99 (2^d Cir. 1951).

只是从一种特定的载体转换为另一种载体，就还不符合"独（原）创性"的要求，否则无异于让法律成为对载体的本身在给予保护。① 必须特别强调，总体而言，"独（原）创性"的要求依然是低标准（门槛），但只要涉及衍生性作品时就不能与原作品之间仅仅具有细微的差异。② 但在另一方面，"独（原）创"并不是指前无古人的"首创"或是"独一无二"，而是指源自创作者本人的智力劳动，包括以他人既有作品为基础所从事的再创作。③

（二）飞机模型案

参酌同一个法理，诸如只是完全依据特定的实物（如飞机、船舰或车辆等载具）比例缩小而制作的模型等，也是一种复制，无论在其制作过程的背后需要多大的技巧或劳动付出，基本上至少应被推定不具有"独（原）创性"。④ 此时受不利推定的一方自然可以提出反证来推翻此一推定，但必须达到极高度盖然性的位阶。

不过北京高级人民法院在 2015 年对"歼十"模型机侵权案的判决则刚好是反向处理，从类似实用艺术作品的视角来审视，认为即使排除了实

---

① L. Batlin & Son, Inc. v. Snyder, 536 F. 2d 486 (2ᵈ Cir. 1976)（以塑料几乎完全复制前人以铸铁做成的"山姆大叔"形象没有任何"独（原）创性"）；Durham Industries v. Tomy Corporation, 630 F. 2d 905 (2ᵈ Cir. 1980) [仅对于迪士尼的之名卡通人物，如米老鼠、唐老鸭等，从事三维（立体）的转化复制没有"独（原）创性"可言]。这两宗案件皆是联邦第二巡回上诉法院的判决。作为对照参考，在早期的 Alva Studios v. Winninger, 177 F. Supp. 265 (S. D. N. Y. 1959) 案，位于纽约南区的联邦地区法院则认为原告小比例仿制奥古斯特·罗丹（Auguste Rodin, 1840-1917）的大理石雕塑《上帝之手》（The Hand of God）具有"独（原）创性"，因为其中寓含了高度复杂的表现与精准要求。

② Schrock v. Learning Curve International, Inc. , 586 F. 3d 513 (7ᵗʰ Cir. 2009) .

③ 参见王迁：《知识产权法教程》（第三版），中国人民大学出版社 2011 年版，第 25—26 页。依王教授的见解，对于在他人作品基础之上进行的劳动，只要由此产生的结果与原作品之间存在着可以被客观识别的、并非太过细腻的差异，该差异部分仍然符合独创性中对于"独"的要求。

④ 参见美国版权局：《美国版权局著作权实践指针》（2017 年修正第三版）[U. S. Copyright Office, Compendium of U. S. Copyright Office Practices, § 919. 1 (3ʳᵈ ed. , 2017 update)]。其原文为："Copyrightable Authorship in Models…The copyright law does not protect models that are exact copies of the source work, regardless of how much skill or labor was involved in creating the replica. Merely reducing or enlarging the size of the source work or producing the source work in a new medium is not sufficient to warrant copyright protection"。按此一《指针》并没有法律效力，在性质上只是作为美国版权局决定是否给予著作权登记的参考而已（参见《指针》卷首的总说明）。不过其中的特定内容一旦经法院援引作为判决的基础，则在该类型的案件即具有事实上的法定拘束力了。即使如此，此一文件依然具有高度的参考与指标价值。

用功能决定的造型成分外，"歼十"战斗机（单座）的模型也依然具有独创性的艺术表达，可以作为美术作品受到保护。① 法院最终一方面认为原告未能尽到举证证明或合理说明的义务，导致无法认定飞机模型的造型中有哪些成分是可以独立于飞机性能之外的纯粹艺术表达，所以判决不构成美术作品，但在另一方面则认为原告的模型构成著作权法实施条例所规定的"模型作品"，而且"模型与原物的近似程度越高或者越满足实际需要，其独创性越高"。②

四、结语

从上述涉及著作权"独（原）创性"判断的"突出"案例可以看到，其中的主要争议就是在"见树"与"见林"的差异性。换句话说，在过程与结果、元素与成品之间究竟应该如何取舍？

各国的司法实践显然已经有了一个共识：在目前以"思想—表达"二分方式作为基础的著作权保护体系下，必须依据个别案件的具体事证来分别考量，不能一概而论，其最终的目的是在当事人的私权与社会的公益之间寻求一个微妙的、动态性的平衡。这也就意味着在理论上和体系的规制上至多只能提供一些基本性的原则，不能仓促论断。

从死海卷轴案到"歼十"模型机案，表面上各有各的背景与案情举证，貌似很难联系到一起；然而在研判是否具有"独（原）创性"的问题上，这些案件却至少可以对研判是否具有"独（原）创性"提供下列归纳，尤其可以提供一些思路协助法院判案，避免踏入误区。

第一，智力劳动的程度（或是所谓的"高度"），无论是任何的质或量，不但根本难以论断，更与是否具有著作权法意义上的"独（原）创性"并无任何必然的关联或比例关系。因此，只要符合"独创表达"的一般保护要件，而且不在不受保护的客体之列（如思想、程序、系统、功能性的操作方法、概念、原理、发现、唯一（或有限）表达，以及共同（必要）场景等），无论作者的创作过程是灵光乍现还是推敲了三年，都在所

---

① 《北京中航智成科技有限公司诉深圳市飞鹏达精品制造有限公司著作侵权案》，北京市高级人民法院（2014）高民知终字第3451号民事判决（2015年2月5日）。

② 《北京中航智成科技有限公司诉深圳市飞鹏达精品制造有限公司著作侵权案》，北京市高级人民法院（2014）高民知终字第3451号民事判决（2015年2月5日）。

不问,都应该给予著作权的保护。这样才能与国际的公约精神与当前的实践趋势接轨(有别于专利制度,以"低标准"来保育文化创意与科技发展),而且符合整个著作权的保护体系是为了"鼓励有益于社会主义精神文明、物质文明建设的作品的创作和传播,促进社会主义文化和科学事业的发展与繁荣"的立法目的。

第二,即使创作的元素受到多种主、客观条件的限制并不当然等同于"唯一"或"有限表达"。"唯一表达""有限表达""共同(必要)场景"与"思想—表达"的合并等都是作为平衡著作赋权的对应例外。既然是例外,在适用时就必须异常慎重,避免在无心之间反把例外转化成了原则,反而对整个制度的平衡关系造成冲击。因此,相关的举证责任应由被告来承担,显示原告的表达是对于特定事物的唯一方案,无从避免。

第三,推理或思维上的"创意"并不当然等于著作权法意义上的"独(原)创性",而要达到著作权法意义上的"独(原)创性"要求也未必需要具备如何独到的见解或"创意"。这是因为一个特定理论的发现者并未"创作"出一个事实,只是寻找并记录了所发现到的事实而已。这也正是为何训诂、考古的结论本身与各种物理定律、概念一样无法享有著作权,但是对其研究成果的论文、论述表达则有。

第四,在判断是否具有著作权法意义下的"独(原)创性"时,法院应该检视的只是成品,与创作过程需要如何的技能、创新、劳动投入等都完全无关。① 一切作品必然是基于某些既有的素材而来,也必须依附于人类既有的知识和经验来被消化、吸收,然后再由作者予以转化并以自己的方式来呈现。因此,在审度是否具有"独(原)创性"时,来源或素材究竟为何也根本无须加以考虑。

第五,只要在客观上有所区别,亦即不仅是些微的差异,所谓的"临摹"或"高仿"之作一旦合乎法定的保护要件仍可获得独立的著作权。在

---

① 参见 Joshua Ets-Hokin v. Skyy Spirits Inc., 225 F. 3d 1068 (9th Cir. 2000) (法院在判决被告对于原告的摄影作品不构成侵权时表示,"我们没有任何一刻想去淡化〔原告摄影师〕在制作其作品时所投注的大量时间、努力和技能。但是,在审度一个寻求著作权保护的作品的独(原)创性时,我们只看最终的成品,不是过程,即使在过程中投注了密集、高技艺甚至具有创意性的劳动,并不保证就可以获得著作权。"其原文为:"[W]e do not for a moment seek to downplay the considerable amount of time, effort, and skill that went into [plaintiff's work]. But, in assessing the originality of a work for which copyright protection is sought, we look only at the final product, not the process, and the fact that intensive, skillful, and even creative labor is invested in the process of creating a product does not guarantee its copyrightability").

等比缩小的战机模型案例，由于模型与原作几乎毫无差异，纵使制作的过程需要相当高的难度，如前所述，那与著作权"独（原）创性"的认定并无任何的关系。鉴于原战机的造型设计几乎完全是基于流体动力学或实用功能的考量而成，无法享有著作权，其相对应的"高仿"比例模型也就没有著作权可言。

第六，法院首先必须检视特定的"创作"是否合乎著作权法应受保护的一般要件（"独创表达"）？如果答案为肯定，才需要再看应以如何的作品类型受到保护，而且不同类型的作品之间并不存在互斥的关系，可以同时并存。不能因为法律的滞后，列举的作品类型无法跟上市场与时代的演进，就先径行否定了应受保护的客体，形成本末倒置。但是著作权法第3条第（9）项的兜底条款（"法律、行政法规规定的其他作品"）必须由立法来界定，不能由法院通过司法上的自由裁量去创设。

第七，"独（原）创性"是看有或无，不是高与低。有学者认为固然对"独（原）创性"的要求应是有，而非无，但为了折中，又表示认定标准是高还是低，则不能一概而论。如果独创性的认定标准过高，将打击创作热情，不利于创造源泉的充分涌流；如认定标准过低则会扰乱文化市场的正常秩序，与推动文化大发展大繁荣的终极目标亦相违背。①

第八，作者在创作过程中的主观意思为何并非法院在审度是否具有"独（原）创性"时需要探究的。除了商业秘密，知识产权的核心基础是公示公知。基于鼓励文化传承与促进科技发展的基本立法政策考量，著作权的产生固然是创作发生，并不需要以注册登记等形式，也不以是否已经出版作为受到保护的先决要件，但也是基于同一原则，只要是以通常方式出现在作品上的姓名，就被推定或视为作者。② 而关于著作权的转让与许可使用等都强制性地必须订立书面合同，也是这个精神的体现，同时可以避免欺诈。

---

① 叶丹：《著作权之审判视野中的独创性认定问题》，公号"知产力"2018年6月20日，载于http：//news. zhichanli. cn/article/6462. html.
② 《伯尔尼公约》第15条；《最高人民法院关于审理著作权民事纠纷案件适用法律若干问题的解释》第7条。

科技理论探究

17 世纪科学革命与自然法观念的嬗变

汪　雄*

如果新科技没有引起科学范式的革命，那么，对科技的法律调控可以在既有框架下进行。但是，如果新科技已经颠覆了旧有的科学范式和科学理念，那么法律的观念与框架就得变革。例如，如果人工智能产生意识，那么就需要变革现有法律观念以应对新科技的挑战，法律的调整对象就需要从人拓展到人与机器，这在未来是极有可能的。本文重点就是探讨科学革命与法律观念的关系，是通过检讨历史上曾经发生过的事件，来展望未来。

大陆法系的法律深受罗马法影响，中国也不例外。《学说汇纂》开篇即言："自然法是大自然教育一切动物的法（Ius naturale est, quod natura omnia animalia docuit）。"什么是"大自然"？大自然何以能教育动物？我们可能无法回答这些问题，这是因为从古罗马距今的一千多年时间里，已经发生了一场翻天覆地的科技革命，现代人与罗马人对自然的理解已经截然不同。在罗马人看来，"大自然"是拟人化的，这种把自然拟人化的宇宙观来自古希腊。如果我们把自然拟人化，我们就能明白《法律篇》一开篇柏拉图认为"法律起源于神（θεóς）"是什么意思，这个神还不是后来基督教中的 God，指的是宇宙神，即宇宙中有一个拟人化的神主导着这个自然。如果我们知道"大自然"后面有一个神，我们就能回答"大自然"何以能够教育生灵（animalia）。

现代人不能回答这个问题，是因为我们的科学知识是近两百年来的现代知识，是经历了科学革命洗礼之后形成的，科学革命驱逐了古希腊的

---

　　* 汪雄：首都师范大学政法学院副教授，法学博士。本文系作者主持的教育部人文社科青年基金项目《多重身份背景下义务的冲突及其解决》（项目编号：16YJC820032）和北京市社会科学青年基金项目《清代"祥刑"文献的点校、笺注与思想研究》（项目编号：17FXC029）的阶段性成果。

神，也杀死了古希伯来的 God。科学革命彻底颠覆了人类的知识体系，当然，也改变了人们对法律的基本看法，自然法也难以幸免。本文致力于探讨与此相关的两个问题：第一，17 世纪的科学革命对自然法的观念产生了什么样的影响？第二，如何看待这些影响？是好的影响还是坏的影响？

一、自然观的变化对法律的挑战

为什么新的科学观念会对法律造成巨大冲击？其实，新科技的出现不构成对法律的挑战，法律完全可以在自身的框架内应对新事物的挑战。但是科技背后的自然观的变化会彻底改变人们对法律的看法。例如，从科技的角度，人们对男人、女人的定义和检测一直在发生变化，从早期的外形观察，到现在雌激素的检测等，无论新科技怎么变化，都不构成对婚姻法的挑战。但是，如果变化的不是男人或女人的检测技术，而是对人种的繁殖技术，婚姻法就面临巨大的变革。因为，无性繁殖会突破男女阴阳的观念，彻底改变人们对家庭的看法。而传统的婚姻法是建立在男女阴阳的基础之上的，如果人们的自然观不再以阴阳为基础，那么，婚姻法将需要重新书写。

那么，问题是，为什么具体科技的变化并不挑战法律的基础，而科技革命引发的自然观的变化会导致法律理念的巨变呢？

法律的目的是形成秩序，而秩序早在法律之前就已经存在了，法律之前的秩序就是"自然秩序"，它先于人而存在，不以人的意志为转移。政治秩序、法律秩序等都是对"自然秩序"的模仿，"自然秩序"直接决定了自然法观念。而科技是描述这个"自然秩序"的，尽管哲人们对人类能够认识到这个自然秩序存在可知论与不可知论的争议，但是，人类从来就没有停止过窥探世界的步伐。但是，每一次对"自然秩序"的描述必定有差异，有些差异不会引发革命，例如一种新射线、新元素的发现。但是，有些差异可能是颠覆性的，例如日心说与地心说的差异，会颠覆人们对自然的看法；再例如人工智能、人机合体的出现，会颠覆"人"的概念，间接引发法律观念的变革。

当新的描述取代旧的描述时，当新的自然观取代旧的自然观时，会有阵痛，会爆发科学革命，欧洲 17 世纪就爆发过这样的革命。新的自然观取代了旧的自然观，建立在新自然观基础之上的自然法取代了旧的自然法。

本文旨在描述科学革命与这场新旧自然法的更替。科学革命通过自然观的变迁影响自然法的变化，我们先考察一下古典自然观的基础。

二、古典自然观与自然法

（一）古典自然法的形成

提起"自然"这个词，我们首先想到的是"自然界"；其次想到的是某种自然之理，例如，人自然会死，死是人自然具有的属性。可见，在日常用语中，自然有两层意思：一层指自然之物；另一层指自然之理。① 前者指现象的世界，后者指本质的世界。在古希腊，"自然"指第二层意思。例如，德摩斯梯尼（Demosthenes，公元前 384—前 322 年）说："如果我们信任眼睛看到的东西，那么整个世界、神圣的事物还有我们所谓的四季，似乎都受到了法和秩序的控制。"② 德摩斯梯尼的法和秩序指的是自然背后的道理，或者说是 law（自然规律）。这种自然规律还不是后来意义上的"自然法"，因为自然法一定有是非对错的指示，但是这种自然规律仅仅是一个客观描述，没有是非对错的倾向。这种自然规律在柏拉图的《蒂迈欧篇》中也有描述。

柏拉图的《蒂迈欧篇》是研究宇宙论的一部奇书，它剖析了人的生理结构，从血液、头颅到骨骼，并分析了身体的组成和运行原理，身体的内部组织按这个原理运行是健康的，否则就会生病，而这个运行原理就是"自然法"，但这个自然法又不是物理意义上的自然法，指自然树立的惯例和习俗，就像人类树立法规一样，它们都可以被违反。它们都不是现代意义上的法律。所以，"Cornford"反对翻译成"laws of nature"，认为这里的 nomos 仅仅指血液健康运行的惯例和标准流程。③ 所以，在柏拉图那里很难

---

① 所以密尔在其遗稿《三篇关于宗教的文章》中说："the word 'nature' has two principal meanings: in one it refers to the entire system of things, with the aggregate of all their properties; in the other it refers to things as they would be if it were not for human intervention." "自然有两个主要意思：一个意指万物的全部系统，包括万物的全部属性；另一个意指在没有人类干涉的情况下万物所当然的样子。"（参阅 J. S. Mill, "nature", in J. S. Mill, *Three Essays on Religion*, New York, 1874, p. 64.）

② ［英］李约瑟：《文明的滴定》，张卜天译，商务印书馆 2020 年版，第 283 页。

③ Cornford, *Plato's Cosmology*, Hackett Publishing Company, 1997, p. 339.

说出现了古典意义上的自然法，最多只有哲人立法。哲人立法是在向自然法靠近，它虽然没有到达最高的智慧而完全符合自然法，但这不影响它的功能，它依然可以满足城邦中的普通政治德性，依然可以规范我们的财产或婚姻生活。[①]

在亚里士多德的《修辞学》中，他将"依据自然的法"称为普遍适用于所有人的不可变更的法。[②]亚里士多德没有提及自然法，但是提到了自然正确（natural just）。"政治正确（politically just）被分为自然的（natural）和法定的（legal），自然正确无论在何种情况下都有相同效力，不依赖于接受与否。而法定正确在开始时是否公布是没有区别的，但是一旦公布就有区别了。……一些人认为，所有的法定规约（legal enactments）都是如此，通过自然的规定是不可改变的，无论什么情形都具有相同效力，就像火无论是在希腊还是在波斯都燃烧。然而，他们看到的正确的事情处在变动之中。"[③] 可见，在亚里士多德那里，自然正确与法定正确是对立的概念，法定正确是人为的，是约定的，所以，在被确定下来之前处在变动之中，而自然正确在一开始就是确定的，它的正确与否不因时事变化而变化"。所以，施特劳斯总结道："自然正确是那种在任何地方都具有同样权能（power）的正确，且自然正确的有效性并不归因于人类的制定（human enactment）。"[④]

在廊下派看来，人和神共享正确理性，正确理性教导我们依自然而行动，由此可以过上具有美德的生活，而自然法具有一种引导力，能引导人类朝向美德。[⑤] 西塞罗赞同廊下派的观点，在《论诸神的本性》第 1 卷 40 节中提道："主神朱庇特拥有制定永恒法（eternal law）的权能，永恒法是生活的指南也是我们的责任的导师。朱庇特认为永恒法是命运的必然也是

---

① 汪雄：《柏拉图思想中"自然"的呈现与"法"的二重张力》，《首都师范大学学报（社会科学版）》2016 年第 5 期，第 70 页。

② ［美］列奥·施特劳斯：《柏拉图式政治哲学研究》，张缨等译，华夏出版社 2012 年版，第 186 页。

③ Aristotle, *Nicomachean Ethics*, tr. And noted by Broadle and Rowe, Oxford University Press, 2002, p. 169.

④ ［美］列奥·施特劳斯：《柏拉图式政治哲学研究》，张缨等译，华夏出版社 2012 年版，第 186 页。

⑤ Elizabeth Asmis, "Cicero on Natural Law and the Laws of the State", *Classical Antiquity*, Vol. 27, No. 1, April 2008, p. 12.

未来事件的永恒真理。"① 西塞罗关于"自然法"的著名表达是在《法律篇》第一卷第 6 节，在他的表述中，"自然"和"法"还是分离的，没有直接修饰关系，没有出现后来罗马法中的 ius naturalis（自然法），但是"自然"和"法"以理性为媒介。他说："法律乃植根于自然的最高理性（lex est ratio summa insita in natura），……当这种理性在人的灵魂（hominis mente）中得到确立和实现，便是法律。"② 也就是说，法律先和理性相关，而这种理性是生长于自然中的最高理性，"理性"连接了自然与法律。这里就有两个问题：第一个问题是：自然中怎么蕴含着理性？第二，自然中蕴含的理性如何被人认识到？

自然中怎么蕴含着理性？依赖现代知识可能无法回答此问题，但是如果我们抛开现代知识，回到古代，问题就迎刃而解，因为自然的后面有一个神，自然中蕴含的理性就是神的理性。这个理性一定是最高理性（ratio summa）。所以，西塞罗在《论法律》第二卷会接着说"法律不是由人的智慧（hominum ingeniis）设计出来的，也不是任何平民的任何决议（scitum aliquod），而是某种凭借允许禁止之智慧管理整个世界的永恒之物（aeternum quiddam）。"③ 西塞罗虽然没有直接提到神，但是管理整个世界的永恒之物是什么呢？只有神才是永恒的。

但是，我们人怎么能认识到神的理性呢？这个问题其实西塞罗一开始就回答了，他认为人与动物的与众不同之处在于，自然赋予人思维的能力，这是与动物的区别，赋予人敏捷的心智，同时把一种自然的善的目的赋予给人类。所以，人有能力认识到植根于自然中的理性，一旦你认识到，就是在你的灵魂（mens）中得到确立和实现，这便是自然法。而所有的人——只要你是人，不是猪狗，就具有这个灵魂，就能认识到自然中的理性，就能适用于所有人。这就是《论共和国》中的经典定义："真正的法律（vera lex）是与自然相符合的（naturae congruens）正确的理性（recta ratio），适用于所有的人（diffusa in omnes）。④"

针对这两个问题，后来的阿奎那走得更远，他直接把自然的最高理性叫作永恒法，是上帝创造这个世界时的蓝图。但是他认为在上帝面前，人

---

① Cicero, *The Nature of the Gods*, tr. By P. G. Walsh, Oxford University Press, 1997, p. 17.
② ［古罗马］西塞罗：《西塞罗文集》，王焕生译，中央编译出版社 2010 年版，第 158 页。
③ ［古罗马］西塞罗：《西塞罗文集》，王焕生译，中央编译出版社 2010 年版，第 183 页。
④ ［古罗马］西塞罗：《西塞罗文集》，王焕生译，中央编译出版社 2010 年版，第 105 页。

是卑微的，所以，人永远都不可能完全认识到神的蓝图，最多只能分有一点点神的意图，人所分有的这点点东西在阿奎那那里就叫"自然法"。可见，经历了柏拉图、亚里士多德、廊下派到西塞罗，自然法的概念才逐渐呈现出来。它不是一开始就具有清晰的样态。

（二）古典自然法的基础——"善 ἀρετή"

古希腊虽然没有西塞罗那种意义上的自然法，但是有哲人立法，柏拉图的《法律篇》就是哲人立法的产物。《法律篇》开篇讨论法律的起源和目的实际上就是讨论法律基础的问题，法律起源于神，这是第一卷中三位老人一致同意的，第十卷中雅典异方人成功论证了神就是完整德性（πᾶσαν ἀρετήν），所以，无论是出类拔萃的立法者米诺斯，还是其他立法者都应该是为了最大的德性而制定法律。那么，法律的基础就是 ἀρετή（"善"或者"德性"）。

而这种德性观和希腊人的神学宇宙观密切相关。著名科学史学家怀特海甚至认为，希腊人认为自然是一场戏，每件东西都在扮演自己的角色，每件东西都有他的归宿和目的（τέλος）。① 这个目的并不是指外界的和你不相关的目的，而是一个属于你的目的，或者你的归宿，任何事物都要不断向目的靠拢，目的实际上就是指任何事物的理想状态。所以，亚里士多德在《形而上学》中说："所谓'善'亦即'终极'，本为诸因之一。②"在亚里士多德看来，无论是自然的事物还是实践的事务都有这个目的，所以《尼各马可伦理学》开篇即言："一切技术，一切研究以及一切实践和选择，都以某种善为目标。"③ 而法律是一种实践的事务，当然也应该把善当作它的目的。

在廊下派那里，遵从德性和遵从自然法很大程度上是重叠的："为自身的缘故而值得选择的有德性的生活，被理解为遵从自然法。"④ 自然法是实现德性的一条路径而已，德性乃自然法的引导。这直接影响了后来的罗马法："罗马立法是哲学的产物，它是根据哲学的模式制定的，因为它并不光是适应社会实际需要的经验系统，而是首先确定了许多关于权利的抽

---

① ［英］A. N. 怀特海：《科学与近代世界》，何钦译，商务印书馆 1989 年版，第 8 页。

② ［古希腊］亚里士多德：《形而上学》，吴寿彭译，商务印书馆 1997 年版，第 5 页。

③ 苗力田编：《亚里士多德选集（伦理学卷）》，中国人民大学出版社 1999 年版，第 3 页。

④ ［美］列奥·施特劳斯：《柏拉图式政治哲学研究》，张缨等译，华夏出版社 2012 年版，第 187 页。

象原则，然后再力求符合于这些原则。这些原则直接搬自廊下派哲学。"①

阿奎那也认为"善"是人生活的最高目的，"推动人趋向善的外在原则是上帝，上帝用律法教导人并且用他的恩典协助人"②。在阿奎那这里，上帝的意图取代了自然目的成为自然法的基础，只不过上帝统治世间的全部法则叫作永恒法，这是自然法的基础。因为上帝是全善的，上帝的意图自然是善的，所以，阿奎那认为法律的目的总是共同善（bonum commune），并且，法律一定首要地承载着至福的安排。③

三、科学革命与古典自然观的瓦解

但是，这种古典自然法和其所赖以存在的古典自然观，在 17 世纪被颠覆了。"到 1700 年的时候，牛顿完成了巨著《自然哲学的数学原理》，整个世界进入了崭新的现代。"④ 在这个崭新的时代，人们不再认为宇宙是无限的，不再相信世界背后有善的意图。自然观发生了翻天覆地的变化，具体表现在以下三个方面。

（一）世界图景的机械化

17 世纪之后，人们对宇宙的认识发生了极大的改变，从地心说到日心说仅仅是其中很小的一个改变，更大的改变是有限的、有序的宇宙变成了无限的、机械的。古代认为，宇宙是一个有限的球体，分为天地两层，地球位于宇宙中心，所以日月围绕地球运行，物体总是落向地面。托勒密继承了这一学说，提出了更为精致的均轮和本轮理论。

但是 17 世纪的科学家对宇宙作出了新的解释。第一，他们认为这个虚空是无限的。库萨的尼拉古（Nicholas Cusanus，1401—1464）首先反对亚里士多德的观点，反对宇宙是有限的，反对世界由天球包裹。但是他并没有断言世界是无限的，因为无限要留给上帝。首次提出宇宙无限的是帕林吉尼乌斯（Pier Angelo Manzoli）在 1543 年所写的《生命的天宫》（Zodiacus vitae）。第二，宇宙的机械化，库萨的尼古拉并不是一开始就反对宇宙

---

① ［英］A. N. 怀特海：《科学与近代世界》，何钦译，商务印书馆 1989 年版，第 12 页。
② ［美］列奥·施特劳斯：《柏拉图式政治哲学研究》，张缨等译，华夏出版社 2012 年版，第 189 页。
③ ［意］托马斯·阿奎那：《论法律》，杨天江译，商务印书馆 2018 年版，第 7 页。
④ ［英］A. N. 怀特海：《科学与近代世界》，何钦译，商务印书馆 1989 年版，第 6 页。

自身和谐论，他甚至肯定了宇宙有自身的本性，例如他说："每个星体的运动和闪烁仅仅是为了以更完美的方式存在。"① 所以，库萨的尼古拉并没有彻底反对古代的和谐宇宙论，但是，他也没有提出现代宇宙观。

如果宇宙是无限的话，有一个问题困扰了那时的科学家：星体的运动何以这么井然有序，而不是混沌一片。所以，有一部分人认为宇宙的有序结构是上帝的结果。例如 Richard Bentley（1662—1742）认为：上帝不仅推动着物体相互趋近，而且还阻止它们离得太近。② 牛顿虽然提出了万有引力定律，但却没有完全抛弃上帝，所以，遭到了莱布尼茨的嘲笑。莱布尼茨说："牛顿爵士认为，空间是上帝用来知觉事物的器官。但是如果上帝需要某种器官来知觉事物的话，那么这就意味着，事物并不完全依赖于上帝，也不是上帝的产物了。"③ 照牛顿爵士的看法，上帝必须经常为他的"钟表"上紧发条，否则它就会停下来。牛顿的这个上帝似乎很蹩脚，他造出来的机器如此不完美以至于要时时上发条。牛顿后继续发展出的理论发现世界不需要上发条了，这位上发条的人在这个世界上越来越无事可干了，因为世界不需要这个服务了。所以，牛顿之后一百年，拉普拉斯把新宇宙论发展成了最完美的形式，当拿破仑问他，上帝在他所著的《宇宙体系论》（System of the World）中扮演何种角色时，拉普拉斯说，"陛下，我所描述的世界不需要上帝的服务"。

所以，新宇宙论诞生了，上帝被杀死了，自然目的论也被抛弃了。在这个宇宙中，永恒的无知根据必然定律在永恒的空间永不停息、漫无目的地机械运动着。

宇宙不再是神圣的，花鸟鱼虫等自然的美好、太阳东升西落等都不再显得崇高，都只是微观的化学反应或者宏观的机械运动的结果。

（二）自然目的论的终结

科学革命时期，英格兰是怀疑主义的大本营，培根、贝克莱、休谟等，他们怀疑人的理性能力，认为理性容易出错，所以，必须进行试验观

---

① ［法］亚历山大·科瓦雷：《从封闭世界到无限宇宙》，张卜天译，北京大学出版社 2016 年版，第17页。

② ［法］亚历山大·科瓦雷：《从封闭世界到无限宇宙》，张卜天译，北京大学出版社 2016 年版，第166页。

③ ［法］亚历山大·科瓦雷：《从封闭世界到无限宇宙》，张卜天译，北京大学出版社 2016 年版，第215页。

察。培根认为，我们对于自然的目的一无所知，目的因败坏了科学，而不是推进了科学。① 英国皇家学会第一任实验馆长罗伯特·胡克（Robert Hooke，1635—1703）断言："这些都是人的推理过程中的危险，只有从实际的、机械的实验哲学出发，才能补救所有这一切。"② 培根主张动力因，抛弃了目的因。③ 亚里士多德的多层次原因理论被压平为单一的动力因。亚里士多德原因理论的衰落不仅发生在无生命的自然界，而且波及人的德性领域。

对亚里士多德目的论的批评不仅来自科学界，也来自宗教。按照新教思想家马丁路德的立场，善是上帝的恩典，因信而称义，人做再多的努力也不会使人成为善人，善不是实践得来的。所以，新教必然反对亚里士多德关于人的自然目的论。

自然目的遭到了前所未有的质疑。在《利维坦》（1651）论"品行的差异"一章中，霍布斯 Thomas Hobbes 一上来就否定了亚里士多德的预设和方案，他说："旧道德哲学家所说的那种终极的目的（finis ultimus）和最高的善（summum bonum）根本不存在。"④ 基于这个转变，霍布斯之后的自然法抛弃了善作为基础。

（三）科学与道德的分离

如果我们暂时搁置从小所受到的科学熏陶，就可发现，希腊人思考哲学是为了好生活，希腊名言说"哲学是生活的艺术"（philosophia est ars vitae），对自然世界的科学研究是为了探索好生活。这是现代人所不能理解的，为什么科学研究和幸福生活有关？对于希腊人来说，这毫不奇怪，廊下派的创始人芝诺，公元前 490—前 425 年认为有德性的生活就是与自然相一致的生活。⑤ 就连我们最熟悉的托勒密（Claudius Ptolemy，约 90—168 年）著名的《天文学大成》认为："天文学的最终目标是道德和灵性的发展。"因此，托勒密的道德天文学与柏拉图的《蒂迈欧篇》所

---

① ［澳］彼得·哈里森：《科学与宗教的领地》，张卜天译，商务印书馆 2016 年版，第 139 页。

② ［澳］彼得·哈里森：《科学与宗教的领地》，张卜天译，商务印书馆 2016 年版，第 138 页。

③ ［英］A. N. 怀特海：《科学与近代世界》，何钦译，商务印书馆 1989 年版，第 8 页。

④ ［英］霍布斯：《利维坦》，黎思复、黎廷弼译，杨昌裕校，商务印书馆 2000 年版，第 72 页。

⑤ ［澳］彼得·哈里森：《科学与宗教的领地》，张卜天译，商务印书馆 2016 年版，第 45—46 页。

确立的传统完全一致，哲学生活的目标与研究宇宙密切相关。"① 哈里森（Harrison）在其名著《科学与宗教的领地》中认为希腊科学并不拒斥神话与宗教。

随着公元 476 年西罗马帝国的灭亡，古典思想主要保存在一些百科全书摘要中，中世纪早期继承的是单薄的希腊学问。12—13 世纪的一个伟大事件就是，许多希腊的学问在东罗马帝国和阿拉伯世界被重新发现，中世纪大学开始复兴柏拉图和亚里士多德的学问。阿奎那在讨论《神学大全》中的德性时指出："'科学'是一种心灵习性（a habit of mind）或'理智德性'（intellectual virtue）。"② 科学不仅是一种个人品质，而且还具有道德成分。阿奎那认为科学首先是一种个人品质，而现代我们习惯把科学看作为一套知识和信念的系统，主张价值中立。但是，把科学理解为心灵习性的观点在文艺复兴时期却是一个常识，直到 17 世纪。英格兰医生 John Securis 在 1566 年还认为："科学是一种习性，是通过长期的学习、练习和使用而具有的一种做任何习惯事情的倾向。"③

17 世纪的科学革命之后，现代的、系统性的科学概念逐渐取代了作为德性或心灵习性的科学概念。"用来刻画'科学'这一理性德性的内在品质变成了方法和教理。"④ 1771 年《不列颠百科全书》中的科学词条记载："科学，在哲学语境下指通过合乎规则的证明从自明而确定的原理中导出的学说。"⑤ 也就是说，在 17 世纪之前，科学知识是给心灵灌输科学习性的一种手段，而现在，培养人的心灵的习性主要是为了产生科学知识。美国哲学家和心理学家詹姆士认为科学绝对不牵涉个人感情。不过，把科学和道德彻底撇开的是马克斯·韦伯，在《以科学为志业》中，韦伯否认了科学的道德教化作用，认为那是一种虚构的理想。

所以，17 世纪之后的自然中不再有神，也不再蕴含崇高的道德目的，科学仅仅是追求客观整理的一项技术活动，"自然"不再具有是非善恶的评价，而仅仅只是人之外的物理体系。

---

① ［澳］彼得·哈里森：《科学与宗教的领地》，张卜天译，商务印书馆 2016 年版，第 52—53 页。
② ［澳］彼得·哈里森：《科学与宗教的领地》，张卜天译，商务印书馆 2016 年版，第 17 页。
③ ［澳］彼得·哈里森：《科学与宗教的领地》，张卜天译，商务印书馆 2016 年版，第 19 页。
④ ［澳］彼得·哈里森：《科学与宗教的领地》，张卜天译，商务印书馆 2016 年版，第 23 页。
⑤ ［澳］彼得·哈里森：《科学与宗教的领地》，张卜天译，商务印书馆 2016 年版，第 24 页。

四、近代自然观与自然法的衰变

古希腊的自然观认为世界是有限的、秩序井然的、有一个善的目的的。17 世纪之后的自然观，认为世界是无限的、机械式的。没有 17 世纪自然观的变化，就不可能有霍布斯，也不可能有后来的实证法学。"在霍布斯的先行者当中，没有一个人曾经尝试过，要跟整个传统实行彻底的决裂。"① 但是霍布斯做到了，他不认为"自然"能给"自然"立法，而是人根据"自然本性"来立法，这个自然本性和古代道德哲学家的善的目的没有关系，在这点上，霍布斯又站在了实证主义的立场上，所以，实证主义与近代自然法有同一个基础，就是反对神、反对自然目的论。这里不详细检讨法实证主义，只对比科学革命之后的以霍布斯为代表的近代自然法和古典自然法的差异。科学革命之后，近代自然法发生了如下几个转变。

（一）自然法的起源从神的意志变为人的欲望或理性

在古希腊，自然法来自神的意志，这个神是宇宙神，在亚里士多德的追随者阿奎那那里，自然法来自上帝意志。基督教的上帝取代了古希腊的神成为了立法者。古希腊罗马的目的论与基督教的神意论具有内在关联性。但是，17 世纪的科学革命抛弃了目的论，人变成了宇宙的中心，人成为自己的立法者，自然法不再和神，也不再和"自然"有关，而是立基于人的理性。人的理性取代了上帝和神成为了立法的基础。霍布斯的《利维坦》就是这样的产物。当然，有些哲学家处在犹豫和摇摆中，例如洛克。

霍布斯关于人性的假设有两条：一条是人类贪婪的假设，它使人人都极力要把公共财产据为己有。另一条是自然理性的假设，它使人人都把死于暴力作为自然中的至恶努力予以避免。② 第一条是自然欲望，第二条是自然理性。动物有自然欲望但没有自然理性，人可以通过理性的手段最大程度地满足自己的欲望。这些手段包括契约、结社等。所以，霍布斯自然法的逻辑是，欲求生、避免死是人最大的欲望，为了实现这个欲望，理性

---

① ［美］列奥·施特劳斯：《霍布斯的政治哲学》，申彤译，译林出版社 2020 年版，第 1 页。
② ［英］霍布斯：《论公民》，应星等译，贵州人民出版社 2010 年版，第 4 页。

会设定一些达到和平的条件，这些条件就是自然法。可见，"法律和国家的起源，是源自对死亡的恐惧，也就是出自感情上对死亡不可避免的、因而是必然的和确定无疑的厌恶"。① "由霍布斯创办的现代自然法并没有如传统自然法那样始于人的自然目的的等级秩序，而是始于那些目的的最低处（自我保存 the right of self-preservation）。人依然被断言为理性的动物，但人的自然的社会性遭到否认；人不是天生受命趋向社会，而是为区区算计（calculation）所怂恿而命令自己趋向社会。"② 康德绝对不能承认把对恐惧这一刺激的反应作为自然法的基础，因为康德认为恐惧的情感对于理性人来说是一个病理性刺激，如果这种刺激成为了行动的最终规定根据，那么人将失去尊严，变得和动物一样了，所以，康德要把自然法的基础放在人的理性这里。

但是，无论自然法的基础是理性还是欲望，自然法的基点不再是高高在上的神和伟大的自然，而是人的基本属性，那么自然法的规则就不是从上降下来的，而是从人性里面引申出来的。对人而言，感受到的不再是义务，而是权利。

（二）从强调义务到强调权利

在古典时代，人要么匍匐在神的脚下，要么服从自然。"在宇宙万物之中，人并不是最高贵的。"③ 同时，神和自然都有善的目的，实现这个善的目的也是实现自己，实现自己的善的目的与服从神和自然并不矛盾，从外在上看，似乎有很多义务围绕着你，禁止奸淫、禁止借钱不还等，但是人不会感到这是来自外在的约束，而是对自己的要求，所以从内在来看，这很难说是你的义务。

具体而言，在古希腊，欲望服从理性（《理想国》第四卷），行动意味着德性。德性自然要求人对城邦的义务，甚至人对他人的责任。而这个责任从来不是外在强加的，而是德性对其自身的要求，这本身就是德性的体现。

但是，17世纪以后的自然法与此不同，因为人类成了宇宙的中心。

---

① ［英］霍布斯：《论公民》，应星等译，贵州人民出版社2010年版，第20页。
② ［美］列奥·施特劳斯：《柏拉图式政治哲学研究》，张缨等译，华夏出版社2012年版，第192页。
③ 苗力田编：《亚里士多德选集（伦理学卷）》，中国人民大学出版社1999年版，第137页。

"通过对自然的智力攻克使得人类变成了自然的主人。"① 在《利维坦》引言中，霍布斯不再认为智慧是从上面得来的，而是从了解人得来的，人成为了宇宙的中心。

现代科学导致的思想特征是人类中心主义，人可以改造自然，人的欲望得到解放，激情开始滥觞。人性取代德性。德性被人性取代之后，自由成为了最高的价值，权利成为了第一位，权利成为了追求自由的合法手段。而在古希腊，权利只关涉对错，人追求德性（亚里士多德《伦理学》）。所以，施特劳斯明确说："前现代思想强调义务，就算提到权利，也只是将其视为义务的衍生物，或实现义务的附属品。"② "近代思想从个人权利出发，并将国家的存在视为保障个人发展的条件，而希腊思想，则从国家的权利出发。"③ 这项个人的权利其实是一项权利诉求，一个最低限度的诉求，即保护人的生命和躯体安全的诉求，这项诉求是无条件的，因而在根本上是一个"自然的"诉求，自然权利就这么产生了。自然权利产生自人的本性，而自然法则是在此基础之上演绎出来的。权利在某种程度上是人自我膨胀的结果。

（三）从政治社会到自然状态

"自然状态"是一个很近代的概念，是所谓客观中立、去道德化的一个想象。一个思想家，如果他不认为人和人的组合有善的目的，就会认为人和人的结合出于低级的目的，或者出于既不道德也不邪恶的目的，霍布斯就认为出于低级的目的，卢梭就认为结合的目的没有那么邪恶。但无论如何，他们都不会认为善的目的先于人的结合存在。

古代自然法从来不质疑政治社会，认为人生来就在政治社团中了，并且这个政治社团的目的是实现某些善业，重点是如何让这个政治社会的善实现出来。这是亚里士多德在《伦理学》开篇就点明了的。现代自然法总是质疑政治社会，总是要返回到政治社会之前的状态，回到自然状态，然后再设定一些条件考察人为什么要放弃自然状态进入政治社会，再考察人在自然状态下可以主张什么权利？需要最低限度地放弃什么权利？需要保

---

① Leo Strauss, *The City and Man*, The University of Chicago Press, 1964, pp. 3-4.
② ［美］列奥·施特劳斯著，［美］潘戈编：《古典政治理性主义的重生——施特劳斯思想入门》，郭振华等译，叶然校，华夏出版社 2011 年版，第 316 页。
③ ［美］列奥·施特劳斯：《霍布斯的政治哲学》，申彤译，译林出版社 2020 年版，第 187 页。

留什么权利？进而提出自然权利的主张。这是霍布斯、洛克、卢梭的典型思路，尽管他们关于自然状态的论述会有细微差别，但是无一例外都认为人由自然状态进入政治国家是被迫的。而古典作家早就反对过这一点，在《论共和国》西塞罗借斯基皮奥之口给国家下了一个经典定义："国家是人民的事情，但是，人民不是所有人不受限制地组合，而是许多人的正义的一致和利益的共同的结合。这个聚合的首要原因不是人的软弱无助性，而是人的某种自然聚合性。"① 这个定义有两点要注意，第一，西塞罗认为人与人之间的结合不是机械地、非道德地结合，而是基于正义的一致和利益的共同（iuris consensu et utilitatis communione）的结合；第二，结合的首要原因不是人的软弱无助性（imbecillitas），而是人的自然集合（naturalis congregatio）。近代哲学家们似乎忘记了西塞罗的教诲，要么认为人在自然状态中无法对抗敌人，要么认为存在生活的不便（inconvenience）而被迫结合起来，无论是怎样的说辞，都认为结合的首要原因是人的软弱无助性，而不认为人会出于高尚的目的而结合。

（四）从保守到革命

古典自然法是"保守"的，用来指导人世立法。自然法不是人为的，人不能通过自己的决议来改变它，它普遍有效，并且适用于所有人。自然法是指导我们生活的永恒法则，我们只能一点点地发现和认识它，我们生活在它之下。在古典时期，先有"法"，法来自神意，然后再有 right（自然正确）。科学革命之后，是先有自然权利（作为自然倾向的诉求），再在此基础上演绎出自然法。"近代政治哲学与古典政治哲学的根本区别在于，近代政治哲学将'权利'视为它的出发点，而古典政治哲学则尊崇'法'。"②这种"法"，首先是一种客观的"法则和尺度"，一种先于人类意志并独立于人类意志的、有约束力的秩序。

但是，科学革命之后，自然法是从人的欲望或理性里推导出来的。自然法首先主要是一系列的"权利"，或倾向于是一系列的"权利"，一系列的主观诉求，它们启始于人类意志。③ 如果古希腊自然法立基于客观法则的话，那么近代自然法则立基于主观诉求。所以，近代自然法很容易沦为

---

① ［古罗马］西塞罗：《西塞罗文集》，王焕生译，中央编译出版社 2010 年版，第 29 页。
② ［美］列奥·施特劳斯：《霍布斯的政治哲学》，申彤译，译林出版社 2020 年版，第 188 页。
③ ［美］列奥·施特劳斯：《霍布斯的政治哲学》，申彤译，译林出版社 2020 年版，第 2 页。

人主张自己权利的一个工具，如果你对任何现存秩序不满，都可以依据自然法去推翻这个秩序，每次革命之后，人们都会制定"权利法案"就是这个道理，例如 1789 年《法国人权宣言》（Déclaration des Droits de l'Homme et du Citoyen）还有《弗吉尼亚权利法案》（Virginia Declaration of Rights），这个 Rights 或 Droits 绝对不是法律规定的 Rights，而是规定法律的 Rights，Rights 在法律之前，这个 Rights 就是自然权利。

古典时代，这个 Rights 有正当目的，受神和自然的约束，科学革命驱逐了神和自然，Rights 从囚笼里挣脱，变成了人可以任意主张的一个工具，在近代的每次革命中都发挥了其摧枯拉朽的能力。

（五）同意优先于智慧

在社会交往中，发生争端时，把争端交给谁来裁定是最恰当的？柏拉图在《政治家》中提道："法律从来不能签署一条对所有人都具有约束力的命令，这条命令能使每个人处于最佳状态，也不能精确地规定社会每一成员在任何时刻都知道什么是好的，怎样做是正确的。"① 他还说："要精确地针对每个个人作出规定是不太可能的。"② 这个时候只能诉诸有智慧的人来解决争端。

所以，古典哲人认为，天然的裁定者是具有实践智慧的人。在《普罗塔戈拉》中普洛狄科认为应该给更有智慧的人多分配点权利，给更无学识的少分配点权利。③ 普洛狄科实际上否定了平等分配的原则，给有智慧的人多一些权利，包括裁定纠纷的权利。但是，在霍布斯看来，依据自然，每个人都是其自我保全的正当手段的裁定者。④ 所以只有傻瓜自己才是自己的最佳裁定者，没有人愿意放弃自己的权利让他人来裁定，当不能作出何者为自我保全的最佳手段时，就会通过协议确立一个主权者来作出裁决，而不是让最有智慧的人作出裁决。就这样，协议或同意就优先于智慧了。

---

① ［古希腊］柏拉图：《柏拉图全集》（第三卷），王晓朝译，人民出版社 2003 年版，第 145—146 页。
② ［古希腊］柏拉图：《柏拉图全集》（第三卷），王晓朝译，人民出版社 2003 年版，第 147 页。
③ ［古希腊］刘小枫编：《柏拉图四书》，生活·读书·新知三联书店 2015 年版，第 105 页。
④ ［美］列奥·施特劳斯：《自然权利与历史》，彭刚译，生活·读书·新知三联书店 2016 年版，第 189 页。

五、结语：自然观是进步的吗？自然法在进步吗？

19 世纪，乐观的孔德在他的六卷本《实证哲学教程》中认为，人类的研究经历了神学阶段，形而上学阶段到实证阶段，并认为后者比前者高。人类的研究可能经历了孔德所谓的三个阶段，但并不能完全说后者比前者高。按照古典自然观，德性是人的内在目的，建立在德性之上的法律也嵌在人的内心，道德律与法律的戒律都是内在的。但是 17 世纪以来的新的实验科学通过研究物体所服从的定律来理解物体，物体的属性是受外在定律支配的。他们不再通过研究物体的内在德性和倾向来研究物体的属性。他们认为内在德性或者内在目的是一个可以被证伪的内在假定，是古人的一个任意发明。所以，在洛克看来，关于德性和行为对错的观念必须通过外在立法来重新表述，而这个外在立法来自高高在上的立法者的意志。[①] 立法者的意志取代德性成为了法律的基础，这很难说是进步。

自然科学的进步只能增加人类的力量，不能增加人类对智慧和正确的认识。"我们都知道，新科学及其所衍生的技术取得了种种巨大成就，我们也都能看到，人的力量得到了巨大增长。与前人相比，现代人是个巨人。但是，我们同样得注意到，智慧和善好没有取得相应的增进。现代人是个瞎了眼的巨人。"[②] 霍布斯颠覆了古典自然法的德性传统，古典自然法的基础是"善"，霍布斯认为这是梦幻，只有对死亡的恐惧才是推演一切自然法的根本起点。自然法的起点从最高的善降到了最低的生理需求，这是一种理论的堕落。在这个意义上，与古典自然法强调德性相比，以霍布斯为代表的近代自然法是一种退步，一种衰变。

---

① ［澳］彼得·哈里森：《科学与宗教的领地》，张卜天译，商务印书馆 2016 年版，第 142 页。
② ［美］列奥·施特劳斯著，［美］潘戈编：《古典政治理性主义的重生——施特劳斯思想入门》，郭振华等译，叶然校，华夏出版社 2011 年版，第 311 页。

核损害赔偿责任限额之辩
及我国的立法选择

胡　静* 刘　亮**

引　论

纵观各国核损害赔偿立法，其立法目的大体相同，主要有两点：一是保护受害人的权益；二是促进核能发展。责任限额集中体现了两个目的的冲突，是核损害责任的争议焦点[①]，也是核损害赔偿立法难以避开的议题。责任限额，是指"对于核事故造成的损失如超出该最高限额，超出的部分营运者可免于进行赔偿，即法律规定的营运者对于核事故的最高赔偿金额。这被称为核损害赔偿的有限责任原则"[②]。由此，责任限额一方面能消除核能营运者无法承担核损害赔偿责任的担忧，吸引投资者投资核能产业，实现促进目的；但另一方面未能给予受害者完全的赔偿，被认为有违保护目的。学者们就责任限额是否应当设立，存在着不少分歧。本文首先梳理了国际公约、各国立法及我国现行法律中关于核损害责任限额的规定，然后从责任分散、行业保护两个方面对赞同责任限额和反对责任限额的理由进行分析，最后提出我国的立法选择建议。

---

　* 胡静，中国政法大学民商经济法学院副教授，法学博士。
　** 刘亮，中国政法大学环境与资源保护法学 2017 级硕士研究生。
　① 赵威主编：《原子能法论文集》，中国政法大学出版社 2017 年 9 月第 1 版，第 188 页。
　② 赵威：《核损害民事责任制度研究》，《法学杂志》2017 年第 11 期。

一、责任限额的立法例

（一）国际公约的规定①

目前，国际上关于核损害赔偿的公约主要有 7 个，分别属于两个体系，即经济合作与发展组织 OECD 主导下的《巴黎公约》体系，以及国际原子能机构 IAEA 主导下的《维也纳公约》体系。

《1960 年巴黎公约》规定，营运者对核事件造成的损害最高责任限额为 1500 万欧洲货币协定计算单位，各国可根据实际情况调整。此后 1982 年责任限额修订为 1500 万元特别提款权（下文称 "SDR"），1990 年欧洲核能机构指导委员会建议将责任限额修改为 1.5 亿 SDR，2004 年责任限额修订为 7 亿欧元。《1963 年布鲁塞尔补充公约》将责任限额提高至 1.2 亿欧洲货币单位，并建立起缔约国分摊的基金统筹机制，即三级赔偿机制。此后 1982 年责任限额修订为 15 亿欧元，各级赔偿机制也水涨船高。

不同于《巴黎公约》规定各缔约国立法中最高赔偿上限，《维也纳公约》仅规定各缔约国立法中核损害赔偿的责任限额不能低于 500 万美元，上限可以由缔约国自行规定，也可以不设置上限。《1997 年维也纳公约议定书》将责任限额提高至不少于 1.5 亿—3 亿元 SDR，以使潜在的受害者得到更为充分和合理的赔偿。

《核损害补充赔偿公约》是一个独立的条约，旨在建立一个全球性的核损害补充赔偿制度，其责任限额为不少于 1.5 亿—3 亿元 SDR，补充赔偿范围涵盖根据《巴黎公约》和《维也纳公约》规定的赔偿，以及符合公约附录的各国法律所规定的赔偿。

（二）各国立法的规定

美国《普莱斯—安德森法》是世界上第一部有关核损害赔偿的法律。1957 年的《普莱斯—安德森法》规定，责任限额为 5.6 万美元，其中

---

① 陈刚：《国际原子能法》，中国原子能出版社 2012 年 8 月第 1 版，第 261—268 页；另见陈刚：《国际原子能法汇编》，中国原子能出版社 2012 年 8 月第 1 版，第 421—482 页。

6000 万美元由企业购买强制保险来覆盖，另外 5 亿美元由政府提供担保。①
现在美国形成三层的核损害赔偿保障机制，第一层为核电营运者为每个厂
址购买 3 亿美元的责任保险；第二层为美国所有的核电营运者提供的"保
险池"，每台机组每年缴纳 1500 万美元，但最多缴纳 9600 万美元的追溯性
保险金，该保险池目前累计已经超过 100 亿美元；第三层为能源部提供的
100 亿美元的资金，如果事故所需赔偿金超过前两级保险的总和，则由国
会决定如何提供赔偿。②

德国 1985 年修改原子能法，原则上废除了责任限额，即核电营运者承
担无限责任，仅在武装冲突、敌对行动、内战和起义等行为或异常严重的
自然灾害直接引起核事故的情况下，营运者方才适用责任限额，目前该等
限额为 25 亿欧元（约 27.98 亿美元）。③

日本规定核电营运者承担无限责任。具体而言，一般核事故在 1200 亿
日元（约 10.78 亿美元）范围内由责任保险承担，超出部分由营运者承
担，政府可以视情况提供补偿；就因地震、海啸等自然灾害导致的核事
故，在 1200 亿日元范围内由政府补偿，超出部分由营运者承担；对于异常
重大自然灾害和社会动乱导致的核事故，由政府全部承担责任。④ 日本虽
规定营运者承担无限责任，但是营运者的保证金数额在 1961 年、1971 年、
1979 年、1989 年、1999 年分别修订为 50 亿、60 亿、100 亿、300 亿、600
亿日元。⑤

另外，欧洲各国的情况概述如下：英国的责任限额为 1.736 亿欧元，
较低风险的核设施为 0.124 亿欧元；法国的责任限额为 0.915 亿欧元，
较低风险的核设施为 0.22 亿欧元；瑞典的责任限额为 3.502 亿欧元，
较低风险的核设施为 0.117 亿欧元；奥地利、葡萄牙、卢森堡均无责任

---

① 胡帮达：《安全和发展之间：核能法律规制的美国经验及其启示》，《中外法学》2018 年
第 1 期；李雅云：《核损害责任法律制度研究》，《环球法律评论》2002 年第 3 期。

② 徐原：《世界原子能法律解析与编译》，法律出版社 2011 年 2 月第 1 版，第 14 页。

③ 徐原：《世界原子能法律解析与编译》，法律出版社 2011 年 2 月第 1 版，第 109、424、
427 页。

④ 杨尊毅、王国军：《建立我国核损害赔偿制度探讨——福岛核事故损害赔偿的启示》，《保
险研究》2013 年第 9 期；卢微微：《核损害赔偿国际立法对我国的启示》，《海南大学学报（人文
社会科学版）》2017 年第 3 期。

⑤ 李雅云：《核损害责任法律制度研究》，《环球法律评论》2002 年第 3 期。

限额。①

根据公约和各国立法的发展进程，我们可以得知：责任限额不断提高，甚至有些国家取消了责任限额，但是大部分国家依旧设定责任限额②，国际公约也设定了责任限额。

（三）我国的相关规定

1. 法律

《中华人民共和国核安全法》第90条规定："因核事故造成他人人身伤亡、财产损失或者环境损害的，核设施营运单位应当按照国家核损害责任制度承担赔偿责任，但能够证明损害是因战争、武装冲突、暴乱等情形造成的除外。为核设施营运单位提供设备、工程以及服务等的单位不承担核损害赔偿责任。核设施营运单位与其有约定的，在承担赔偿责任后，可以按照约定追偿。核设施营运单位应当通过投保责任保险、参加互助机制等方式，作出适当的财务保证安排，确保能够及时、有效履行核损害赔偿责任。"该规定涉及严格责任原则、责任集中原则、财务保证原则，尚未对责任限额进行规定。《中华人民共和国放射性污染防治法》第59条规定："因放射性污染造成他人损害的，应当依法承担民事责任。"《中华人民共和国产品质量法》第73条第2款规定："因核设施、核产品造成损害的赔偿责任，法律、行政法规另有规定的，依照其规定。"其他法律中也部分涉及核损害赔偿，但也尚未对责任限额进行规定。在我国，责任限额主要规定在国务院的两个批复中。

2. 行政批复

1986年发布的《国务院关于处理第三方核责任问题给核工业部、国家核安全局、国务院核电领导小组的批复》规定对于一次核事故所造成的核损害，营运人责任限额为人民币1800万元。应赔数额超过前述限额的，政府提供最高限额为人民币3亿元的财政补偿。2007年发布的《国务院关于核事故损害赔偿责任问题的批复》规定对一次核事故所造成的核损害，核电站的营运者和乏燃料贮存、运输、后处理的营运者的责任限额为3亿元

① See Jakub Handrlica, *European Nuclear Liability Law: Reflecting the Most Recent Developments*, 12 Common L. Rev. 37, 44-46 (2012).

② 李雅云：《核损害责任法律制度研究》，《环球法律评论》2002年第3期。See Jakub Handrlica, European Nuclear Liability Law: Reflecting the Most Recent Developments, 12 Common L. Rev. 37, 44-46 (2012).

人民币；其他营运者为 1 亿元人民币。应赔数额超过前述限额的，政府提供最高限额为人民币 8 亿元的财政补偿，非常规核事故造成损害的，经国务院评估后决定可以突破 8 亿元的限额。

同其他核电大国的立法或国际公约相比，目前我国的责任限额较低，难以对受害人权益提供充足的保障。但关于是否设立责任限额，学者们争论不休，支持的理由和反对的理由主要是集中在责任分散和行业保护两个方面。

二、责任分散之辩

从责任分散的角度，责任限额有其合理性，但也有弊端。

（一）责任限额的合理性

当企业经营核电的行为不具有道德非难性时，依据严格责任要求企业承担所有责任与损失并不合理。根据污染者付费、受益者负担原则："从事高危险、高新技术行业的投资者不仅自己获取高额利润，而且对社会进步有利。社会上的任何人都能够从社会进步中获得利益，相应的，社会就要有所付出，要付出相应的代价，而不能让投资者把一切赔偿责任都自己承担。"[1] "对人类尚无能为力防止的灾难性风险不应由高度危险作业人单独承担。"[2] 因此，"对侵权责任加以限制并使责任风险由社会分担的构想就顺理成章地提出来了。"[3]

根据上述理由，高度危险作业人的责任应受到限制，责任限额就是重要的责任限制方式。超出责任限额的部分，就需要由国家或受害人承担。在责任分散过程中，个人、企业和国家的能力应该作为责任大小的考量因素。

王泽鉴先生指出："对于损害，传统侵权行为法系采取移转方式，而

---

① 李雅云：《核损害责任法律制度研究》，《环球法律评论》2002 年第 3 期；朱志权、曾杨欢：《我国核损害赔偿制度之完善》，《新余学院学报》2018 年第 3 期。

② 胡艳香：《高度危险责任限额赔偿制度研究》，《湖南师范大学社会科学学报》2012 年第 1 期。

③ 李雅云：《核损害责任法律制度研究》，《环球法律评论》2002 年第 3 期；胡艳香：《高度危险责任限额赔偿制度研究》，《湖南师范大学社会科学学报》2012 年第 1 期；徐凯桥：《社会本位视野下的高度危险责任限额赔偿制度》，《行政与法》2010 年第 7 期。

现代侵权法系采取分散方式，其所关心的基本问题，不是加害人之行为在道德上应否非难，而是加害人是否具有较佳之能力分散风险。"① "这样的损害赔偿制度不再仅仅专注于加害人和受害人之间，而是在社会大众中寻找一个能够分散损害的'深口袋'（deeper pocket）。"② 损害分担的可能性越大，将损害分配给该主体承担的合理性越大。由于该等主体处于损害分担的节点上，能够更好地将风险传导出去，并将风险降至最低，变得可以接受。即从风险分配的角度来看，法律要求由更有能力承担风险、分散风险的主体承担责任。

在核损害领域，行为主体主要为个人、企业、国家，这三者承担风险、分散风险的能力逐渐加强。具体而言，在核损害领域中，除保险之外，个人并没有其他方式转移风险；更何况每个人购买保险的能力也不同，并非每个人都有能力或有意愿购买保险，这更加限制了个人分散风险的能力。相比之下，核电企业可以通过以下方式分散风险：一是将损害赔偿风险附加在产品价格上，通过价格机制分散至社会大众；二是通过投保第三人责任保险来转移风险；三是通过同国家签订补偿协议来转移风险③；四是还有学者建议，企业可以通过资本市场来转移风险，并筛选出安全性更高的企业。④ 此外，各个企业组成的共同体比单个企业更加有能力分担风险和损失，当发生核事故时，一国要求国内所有的核电营运者分摊损失已经成为制度⑤。国家则可以通过征税、国债等方式转移该等风险。主体的规模越大、面向的主体越多、关系越复杂，越能够通过社会途径分散风险，也越是侵权法所期待的"深口袋"。

个人、企业、国家承担风险、分散风险的能力逐渐加强，自风险分散角度来看，分散风险能力更强的主体应该被施加更多的责任。由此，公约

---

① 王泽鉴：《民法学说与判例研究（第二册）》，中国政法大学出版社 2005 年版，第 165 页。

② 张耕、邓宏光：《限制性损害赔偿制度初探》，《现代法学》2002 年第 2 期。

③ 使用该种方式的国家如日本，见曲云欢、李光辉、李小丁等：《核损害赔偿制度的问题与对策研究》，《环境保护》2018 年第 12 期；刘风景、郑建保：《核损害赔偿的基本原则》，《科技与法律》2014 年第 2 期。

④ See Michael Faure, Economic Models of Compensation for Damage Caused by Nuclear Accidents: Some Lessons for the Revision of the Paris and Vienna Conventions, 2 European Journal of Law and Economics 21, 36 (1995).

⑤ 李雅云：《核损害责任法律制度研究》，《环球法律评论》2002 年第 3 期；蔡先凤：《论核损害民事责任中的责任限制原则》，《法商研究》2006 年第 1 期；落志筠：《中国大陆核损害赔偿法律制度的完善》，《重庆大学学报（社会科学版）》2012 年第 2 期。

及各国大多均限制企业责任并建立了多层次核损害赔偿机制，成功实现了风险的分散。

（二）责任限额之弊端

持反对观点的学者主要批评责任限额不能对行为人产生有效激励，未能实现侵权法的预防损害功能，使得核损害的风险加大。[①] 根据事故法（即侵权法）的经济分析，作为单边事故[②]的核损害，适用严格责任方能实现预防的最理想水平。但是该等最佳预防水平是基于所有损失均由加害人承担的假设。所有损失均由加害人承担，此时社会成本最小，并且对加害人形成最佳威慑，提高其注意义务。在此种状况下，加害人的注意义务和活动水平都处于最为理想的状态。[③]

相反，如果给加害人的责任设定限额，其将承担不完全损失，此种情况未能将损害完全内部化，加害人则会将这个固定的限额作为其注意义务和活动水平的衡量标准，在原有无限责任下形成的平衡将会被分割成两个部分，原有平衡被改变。一是高于责任限额外的原来应承担的责任，加害人无须承担，在这个区间内，严格责任无法提供任何威慑，加害人在该等情况下缺乏约束，受害人被暴露在严重风险中，无法得到保护。责任限额的设置使得严格责任在责任限额以上丧失预防损害的功能。二是在小于等于责任限额的范围内，相较于无限责任，行为人在同等赔偿数额的情况下注意义务下降，其投入预防风险的成本降低。因注意义务下降，损害发生的概率也随之增大。

据此，责任限额促使限额以下的风险加大，并使得受害人暴露在限额之上的风险中，潜在受害人将会因此而增加防止风险及分散风险的成本。

---

① See Michael Faure, Economic Models of Compensation for Damage Caused by Nuclear Accidents：Some Lessons for the Revision of the Paris and Vienna Conventions, 2 European Journal of Law and Economics 21, 21-43（1995）. 胡艳香：《高度危险责任限额赔偿制度研究》，《湖南师范大学社会科学学报》2012 年第 1 期；竺效：《生态损害填补责任归责原则的两分法及其配套措施》，《政治与法律》2007 年第 3 期。

② 仅一方能控制风险而避免的事故。See Michael Faure, Economic Models of Compensation for Damage Caused by Nuclear Accidents：Some Lessons for the Revision of the Paris and Vienna Conventions, 2 European Journal of Law and Economics 21, 23&27（1995）.

③ See Michael Faure, Economic Models of Compensation for Damage Caused by Nuclear Accidents：*Some* Lessons for the Revision of the Paris and Vienna Conventions, 2 European Journal of Law and Economics 21, 23（1995）.

但是核损害作为单边事故，该等风险并非受害人能够有效防止与控制，责任限额无端增加受害人投保、搬迁等防止风险及分散风险的成本。并且，相对于作为企业的加害人，潜在受害者更加分散、无组织化、非持续性，因而难以形成有效的议价能力，其在防止风险及分散风险过程中的交易成本远远高于加害人，最终导致社会成本增加。

总之，责任限额违反事故法经济分析下想要达成的目的——通过最小的社会成本实现最佳阻止事故发生的理想水平，其让加害人放松警惕，扩大了风险，降低了侵权法的预防功能。

（三）小结

责任限额平衡了核电中受益获利与损害分担的权利义务，通过风险分散实现责任的分担；但责任限额也存在激励不足，未能充分预防风险的问题。不过，并非所有的严格责任均设置责任限额，两者并非体系化的存在[1]，仅从侵权法角度并不能得出适用严格责任即应该设置责任限额。责任限额是否设置，还需进一步从行业发展的角度考虑。

三、行业保护之辩

（一）行业保护之支持理由

在核损害领域，"行业保护论"是设置责任限额最为常见的理由。最为集中的表述即"企业责任忧虑"，过重的责任会导致企业破产，也无法找到保险人承保，进而无人愿意投资核能等高科技领域，以至于危及整个行业的发展。[2] 美国核损害的立法过程即体现了这一原因。在美国核电行业最初发展时，布鲁克海文国家实验室发布了一项研究报告。报告指出，一次核事故会造成 1500 万美元至 70 亿美元的财产损失。由此，保险公司拒绝承保，这导致了核电企业的不安。"美国爱迪生公司

---

① 蔡先凤：《论核损害民事责任中的责任限制原则》，《法商研究》2006 年第 1 期；胡艳香：《高度危险责任限额赔偿制度研究》，《湖南师范大学社会科学学报》2012 年第 1 期；雷涛：《限额赔偿的正当性基础及适用规制》，《甘肃政法学院学报》2015 年第 5 期。

② 李雅云：《核损害责任法律制度研究》，《环球法律评论》2002 年第 3 期；蔡先凤：《论核损害民事责任中的责任限制原则》，《法商研究》2006 年第 1 期；汤敏，张玲：《论医疗损害责任不适用限额赔偿》，《医学与法学》2017 年第 1 期。

声称，他们会继续推进建设纽约附近的核电站，但若保险问题没有得到解决，他们也不会装料和运行核电站；通用电气公司则指出，没有政府的保险方案，民用原子能市场会崩溃，私人投资者也会将资金撤出该领域。"① 为解决该等难题，美国国会通过了《普莱斯—安德森法》，通过设置责任限额及政府在企业赔偿不足的范围内提供担保的方式解决了企业责任忧虑。

其他国家的立法判例或司法判例也支持通过责任限额来保护行业。一般而言，实行赔偿限额的领域，通常是风险高、投入大、利润低的行业。以下表述，德国最初设计责任限额的立法理由可见一斑："鉴于德国货币贬值及德国铁路财务状态入不敷出，负担沉重，难以胜任完全赔偿责任，设赔偿限额，至属迫切。"② 1951 年，在巴西的一个案例中，法官将责任限额作出如下解释："责任限制原则是作为一种航空业的激励机制（incentive for air navigation）而被接受的，以避免全部财富将因赔偿请求而消失殆尽的风险，否则将导致人们对于致力并投资于交通运输服务失去信心，而这一点对于社会而言显然具有不可否认的作用。"③

从各国的立法以及判例中我们已经得知：责任限额可以解决企业责任忧虑。相关论文在论证各行业责任限额的正当性时，推理大体如下：

现代社会，法律价值取向从个人本位向社会本位转变。立法者应该在发展与保护之间寻求利益平衡，需要衡量个人利益和社会公共利益，保护受害者的同时还需要考虑社会需求和加害者的承受力。社会本位视角下，立法者会根据社会利益而在一定程度上限制个人的权利，④ "对某些关系国计民生的行业，通过立法政策的倾斜进行保护和扶持，本无不妥，由受害人自担部分损失，属合理牺牲"⑤。"在运输、邮件包裹运输赔偿和国家赔偿等方面，一方是国家或行业公共利益，另一方是个人利益"，⑥ 当个人利益与社会公共利益相冲突时，社会公共利益优先，"应当合理地牺牲部分

---

① 胡帮达：《安全和发展之间：核能法律规制的美国经验及其启示》，《中外法学》2018 年第 1 期。

② 胡艳香：《高度危险责任限额赔偿制度研究》，《湖南师范大学社会科学学报》2012 年第 1 期。

③ 王冉：《论航空承运人赔偿责任限额制度之变革》，《科技视界》2015 年第 15 期。

④ 徐凯桥：《社会本位视野下的高度危险责任限额赔偿制度》，《行政与法》2010 年第 7 期。

⑤ 雷涛：《限额赔偿的正当性基础及适用规制》，《甘肃政法学院学报》2015 年第 5 期。

⑥ 张耕、邓宏光：《限制性损害赔偿制度初探》，《现代法学》2002 年第 2 期。

受害人的个人利益以保护公共利益，即铁路运输企业一方的利益"①，因此法律限制了加害人的责任。"适用限额赔偿，以利于医疗卫生事业发展、医疗技术进步，最终惠及整个社会。"②

（二）行业保护之反对理由

支持责任限额的理由更多的是强调"危险活动"为社会带来的巨大好处，并认为其属于公共利益。与此同时，将受害人的利益认定为私人利益，两者冲突时，即适用"私人利益应该让位于公共利益"的原则。

但是"公共利益"的内涵及外延均未清晰界定，不能简单将有助于社会进步的企业之权益等同于"公共利益"。③ 不仅仅是从事高度危险、高新技术行业对社会进步有利，在社会分工情况下，每个行业都让社会受益，但并非所有行业均设置责任限额。④ 此外，受害者的生命健康权、财产权的集合，甚至于核损害造成的环境损害，一定程度上也可以解释为"公共利益"。若企业利益和私人利益均可以解释为公共利益，那两种公共利益属于同一位阶，法律上应该得到同等保护，而不应适用"私人利益应该让位于公共利益"的原则。支持责任限额的论文在法律推理时错误地定义了推理的前提，其论证并不能严密地解释行业保护。

更进一步，即使企业属于公共利益，且受害者的利益属于私人利益，当私人利益为公共利益让位时，也应该得到相应的补偿。在我国宪法中，为国家利益、社会公共利益而作出征收征用的，应该予以补偿。责任限额抹除了该等补偿，让行业保护的"公共利益说"缺乏正当性。美国最高法院也持相同观点，即认为设置责任限额一般是违宪的，仅在特殊情况下，即《普莱斯—安德森法》规定国会有权采取任何行动以保护公众实现补偿，才并不违宪。⑤ 我国也存在国家补偿的规定，但是其数额远远不能补偿公众被"征收"的权益，用行业保护的"公共利益说"很难证明我国责任限额的合理性。更重要的一点是，我国在2013年取消了铁路事故人身损

---

① 侯晨晓：《关于重建我国铁路交通事故人身损害限额赔偿制度的研究》，北京交通大学2017年硕士学位论文。

② 汤敏、张玲：《论医疗损害责任不适用限额赔偿》，《医学与法学》2017年第1期。

③ 汤敏、张玲：《论医疗损害责任不适用限额赔偿》，《医学与法学》2017年第1期。

④ 雷涛：《限额赔偿的正当性基础及适用规制》，《甘肃政法学院学报》2015年第5期。

⑤ See John H. Dickerson, Limited Liability for Nuclear Accident: Duke Power Co. v. Carolina Environmental Study Group, Inc., 8 Ecology L. Q. 163, 167 (1979).

害赔偿限额,铁路行业作为公共基础设施建设的性质没变,能够为社会带来福利依旧没变,依旧可以被认定为公共利益,但行业保护的"公共利益说"难以解释铁路行业责任限额的取消。由此,行业保护的"公共利益说"作为责任限额的正当性理由,存在明显缺陷。笔者认为行业保护的理由应当是幼稚产业保护,其可以消除"公共利益说"面临的各种难题,更加融洽地解释行业保护现象。

(三) 行业保护新论——幼稚产业保护理论

从美国核能行业的发展历史以及德国的立法历史和理由来看,设置责任限额是为保护幼稚行业。我国全国人大常委会设置责任限额的立法理由是考虑行业发展。对此,本文借助"幼稚产业保护理论"作为支持我国现阶段核损害赔偿应当设置责任限额的理由。

幼稚产业保护理论最早由美国政治家亚历山大·汉密尔顿于1971年提出,此后经德国经济学家李斯特系统发展,其基本内容是某个国家的一个新兴产业,当其还处于最适度发展规模的初创时期,可能经不起外国的竞争。如果通过对该产业采取适当的保护政策,提高其竞争力,将来可以具有比较优势,参与国际竞争,能够对外出口并对国民经济发展作出贡献,因而对其应采取过渡性的保护、扶植政策。[1] 根据该等定义和描述,幼稚产业存在三个特征:一是经济的关键性;二是刚刚起步且没有保护不能竞争;三是保护后可以形成竞争力。

由于幼稚产业在不完全竞争市场中属于弱势方,不加以保护则会导致其竞争失败,继而退出市场。但因为其具有经济的关键性,且日后能够带来重大贡献。国家通常会采取过渡性的保护,确保其发展。责任限额正是该种过渡性保护。

我国的人口数量以及经济快速增长决定了我国能源需求量巨大。我国电力供应中七成是火力发电,但是火力发电的不可持续性以及其带来的污染让我们不得不寻求其他更加清洁和持续的、更有效率的发电方式。作为传统能源的替代——新能源(不仅仅指可再生能源,还包括核电和小型水电)是未来支撑经济发展的重要动力,但是就目前可再生能源行业的发展状况来看,可再生能源商业化并成为经济发展的主要推动力存在较多问

---

[1] 曹新、陈剑、刘永生:《可再生能源补贴问题研究》,中国社会科学出版社2016年版,第22—23页。

题。因此，目前发展核电对我国经济和环境均十分重要。① 可见，核电同火电等传统电力相比属于幼稚产业。"就福岛核泄漏事故赔偿，日本政府估算，预计总赔偿金额将高达 4 万亿日元（约合人民币 3220 亿元）。"② 核事故赔偿的巨大规模几乎让东电公司破产，不得不由政府接管。从与国外竞争的角度考量，我国的核电行业依旧处于起步阶段，难以同美国、日本等国家竞争。如我国发生堪比福岛核泄漏的事故，若不设置责任限额，让企业完全赔偿核损害，同样会导致企业破产，引起企业忧虑，进而影响我国的能源战略布局。经过保护后的核电行业是可以有效形成竞争力并向外国输出，美国的核电技术就已经出口至我国、印度等国家③，进而实现盈利。

综上，我国的核电行业属于幼稚行业，需要获得过渡性保护以实现发展，这是设置责任限额以保护行业的根本理由。当核电行业不符合幼稚行业的特征时，立法即应该取消对其保护，让其在市场中充分竞争。这也能够解决"公共利益说"面临责任限额取消等难题。

四、对于我国立法选择的建议

行业保护的"幼稚产业保护理论"是我国设置核损害赔偿限额的最根本理由，其克服了行业保护"公共利益说"的局限性，并与责任分散理论共同构建了责任限额的支持性理由。结合以上分析及我国立法现状、立法部门的意见和我国核能行业现状，为我国核电行业"走出去"做好法律铺垫，笔者建议：我国未来制定核损害赔偿法应当顺应国际立法趋势——设置责任限额，并且考虑行业成长的动态性以及责任限额的弊端，还需要设置责任限额复审机制和责任限额的适用条件。

---

① 中国社会科学院世界经济与政治研究所、《世界能源中国展望》课题组：《世界能源中国展望 2015—2016》，中国社会科学出版社 2016 年版，第 86 页。

② 落志筠：《中国大陆核损害赔偿法律制度的完善》，《重庆大学学报（社会科学版）》2012 年第 2 期；其他数据为 7.1 万亿日元，见曲云欢、李光辉、李小丁等：《核损害赔偿制度的问题与对策研究》，《环境保护》2018 年第 12 期；或者为 8 万亿日元，见刘久：《〈核安全法〉背景下我国核损害赔偿制度立法研究》，《法学杂志》2018 年第 4 期。

③ 曲云欢、李光辉、李小丁等：《核损害赔偿制度的问题与对策研究》，《环境保护》2018 年第 12 期；陈刚：《国际原子能法》，中国原子能出版社 2012 年版，第 261 页；徐原：《世界原子能法律解析与编译》，法律出版社 2011 年版，第 76 页。

（一）责任限额应动态变化

责任限额让营运者承担部分赔偿责任，责任限额以上的部分由其他主体承担，即等同于其他主体"补贴"核电营运者。[①] 原子能机构也支持责任限额实际上是向营运者提供额外补贴的观点。[②]

由于核电营运者获得补贴，核能发电的成本未能完全内部化，其相较于其他发电方式具有价格上的优势，在市场上具有优势地位。市场根据补贴后价格信号配置资源，会吸引更多的资源投入核电行业中，核电行业会逐渐壮大起来。但与此同时，核电设施的增多，核损害发生的概率更大，风险更高，通过市场将风险远远放大。在完全竞争市场中，补贴被认为会导致市场的扭曲——核电的实际数量超过社会需要的理想水平。[③]

为避免责任限额带来的扭曲，我们需要根据核能行业的成熟状况、社会发展水平等因素，考虑逐步减少补贴，实现实际建设规模和社会需求最佳水平的统一。为此，我们需要不断调整责任限额，在法律中规定相应的调整机制。

德国《原子能法》[④] 规定，管理部门在审批过程中规定财务保证的种类、期限和金额，且每隔两年及在情况发生重大变化时重新确定前述细节。财务保证金最高限额为25亿欧元，每五年应当对财务保证金的上限及其数额进行重新评价以维持财务保证的真实性。英国《1983年能源法》规定，如果《巴黎公约》的责任限额增加，责任限额可以经下议院表决批准后通过命令相应增加。[⑤]《统一国际航空运输某些规则的公约》（即《1999年蒙特利尔公约》）第24条规定，应当对责任限额每隔五年进行一次复审，复审时应当参考与上一次修订以来累积的通货膨胀率相应的通货膨胀因素。通货膨胀率，应当是消费品价格指数年涨跌比率的加权平均数。当

[①] Michael G. Faure; Karine Fiore, *An Economic Analysis of the Nuclear Liability Subsidy*, 26 Pace Envtl. L. Rev. 419, 422&436（2009）.

[②] IAEA. 2010. Statement by Chapika Ranawaka, the Minster of Power and Energy of SriLanka, 54th Regular Session of the IAEA General Council transcript, September 20. Accessed February 22, 2013. 转引自牛一岚、谢青霞：《简析印度核责任法——以责任范围、追索权和跨界适用性为视角》，《长春理工大学学报（社会科学版）》2017年第4期。

[③] Michael G. Faure; Karine Fiore, *An Economic Analysis of the Nuclear Liability Subsidy*, 26 Pace Envtl. L. Rev. 419, 445-446（2009）.

[④] 徐原总译审：《世界原子能法律解析与编译》，法律出版社2011年版，第414页。

[⑤] 徐原总译审：《世界原子能法律解析与编译》，法律出版社2011年版，第30页。

通货膨胀因素已经超过 10% 时，启动修改通知程序。但当通货膨胀因素超过 30% 且 1/3 的当事国希望修改时，应当启动修改通知程序，且不受五年的限制。

综上，我国可以借鉴国际航空法及德国法上的责任限额复审机制，实现行业培育并避免市场扭曲。具体而言，我国核损害赔偿责任限额修订除了考虑通货膨胀率外，还须考虑核能行业自身或具有可替代性的可再生能源行业的发展状况等因素。

（二）责任限额应设置适用条件

严格责任作为归责原则是确立企业责任成立，但不代表过错在严格责任中并无作用。依据严格责任认定企业责任成立时，具有过错的企业较不具有过错的企业应承担更大范围的责任。该种设置更加符合侵权法的预防功能，符合法律对不法行为的谴责和制裁。[①] 如果不作区分，均适用责任限额，则会导致上文分析的结论，即责任限额让加害人放松警惕，扩大了风险，降低了侵权法的预防功能，没有实现社会的最佳预防。

为避免上述弊端，企业仅在没有过错或过错较轻时，方可适用责任限额。我国其他立法已经作了类似规定，可以作为核损害责任限额适用条件的参考。如海商法及其司法解释[②]中规定："引起赔偿请求的损失是由于责任人本人的故意或者明知可能造成损失而轻率地作为或者不作为造成的，人民法院不予支持。"责任限额适用条件也可以参考该条设定的过错标准。

由于核损害后果的广泛性、严重性，我们更需要注重事前预防，贯彻预防原则。国家可以通过立法、标准、行政命令等方式为企业设置注意义务，《中华人民共和国核安全法》《中华人民共和国民用核设施安全监督管理条例》《中华人民共和国核材料管制条例》《核电厂事故应急管理条例》等均作了相关设置。但相比于核事故的严重性，行政处罚规定较低，且核损害赔偿实行责任集中原则，其他主体不能得到有效激励，[③] 不足以确保核电领域的高度安全。为确保核能安全运行，应该将严重违反行政安全法

---

① 杨立新：《规定无过错责任应当着重解决限额赔偿问题》，《绍兴文理学院学报（人文社会科学版）》2009 年第 2 期。

② 《最高人民法院关于审理海事赔偿责任限制相关纠纷案件的若干规定》（2020 年修正）第 19 条。

③ Michael G. Faure；Karine Fiore，*An Economic Analysis of the Nuclear Liability Subsidy*，26 Pace Envtl. L. Rev. 419，441-443（2009）.

律法规的行为认定为存在过错，或直接规定为"因严重违反核能安全法律法规的，无权限制赔偿责任"。通过该种设置，结合核安全法中规定核电营运者在承担赔偿责任后可以依据约定向其他主体追偿的条款，可以增加相关主体的违法成本，有效激励营运者自身遵守法律并监督其他主体遵守法律，确保核能更加安全。

在我国的司法实践中，法院将责任人违反法律法规的规定作为认定丧失赔偿限额权利的重要考量。如最高人民法院认为："陈伟作为船舶所有人所具有的过错主要是：第一，其明知'浙嵊 97506'轮存在超航区航行、配员不足、无证驾驶（船上 11 人仅 2 人持有有效适任证书，船长和大副等当班人员无证驾驶）。"① 在（2009）闽民终字第 655 号案件中，法院依据《船舶最低安全配员规则》作为判断标准，并认为"兴安公司没有履行最低安全配员的法定义务，而碰撞事故的发生又与'兴安'轮船员不适任、配员严重不足有因果关系"②，因此不能享有责任限额的抗辩。参考判例并考虑到核能安全利用的重要性，我国应明确规定"违反核能安全法律法规且构成事故原因的"无权限制赔偿责任。

综上，责任限额应该设置适用条件：核事故损害是由于责任人的故意或者明知可能造成损失而轻率地作为或者不作为造成的，或违反核能安全法律法规且构成事故原因的，无权限制赔偿责任。

五、结论

我国现实的需求呼唤核损害赔偿法出台，制定该法避不开责任限额制度。本文梳理国际公约、各国立法中关于责任限额的规定后发现，大多数国家均在核损害领域设置责任限额，且责任限额不断提高。针对支持责任限额的理由及反对理由进行分析后，笔者认为行业保护的"幼稚产业保护理论"是我国设置核损害赔偿限额的最根本理由，其克服了行业保护"公共利益说"的局限性，并与责任分散理论共同构建了责任限额的支持性理由。结合以上分析及我国立法现状、立法部门的意见和我国核能行业现

---

① 毛雪波与陈伟、嵊泗县江山海运有限公司船舶碰撞损害责任纠纷申诉、申请民事裁定书：（2016）最高法民申 1487 号。该案也被选入最高人民法院公报案例。

② 福建省泉州市丰泽船务有限公司与南京兴安航运有限公司船舶碰撞损害赔偿纠纷上诉案：（2009）闽民终字第 655 号。

状，为我国核电行业"走出去"做好法律铺垫，我国未来制定核损害赔偿法应当顺应国际立法趋势——设置责任限额，并且考虑到行业成长的动态性以及责任限额的弊端，核损害赔偿法中需要进一步借鉴国际航空法及德国法上的责任限额复审机制，建立动态变化机制；此外，还应确立责任限额的适用条件：核事故损害是由于责任人的故意或者明知可能造成损失而轻率地作为或者不作为造成的，或违反核能安全法律法规且构成事故原因的，无权限制赔偿责任。通过以上一系列设置，可确保责任限额保护幼稚产业、培育行业的同时，避免其带来补偿不足、预防不够、市场扭曲的弊端，实现核损害赔偿法促进核能行业发展和保护受害人的双重目的。

欧盟《商业秘密保护指令》初探

回 颖[*]

引 言

作为工业革命的发源地，欧洲国家深刻懂得技术创新和领先的重要性。因此，欧盟一直努力致力于在知识经济、信息经济和全球化经济的今天重塑欧洲技术领先的形象，非常重视科技研发和创新工作。欧洲研究区（Europe Research Area，ERA）被视为"欧洲2020战略"[①]的核心，欧盟委员会也提出了"知识是新经济的货币"的口号。[②]但是，新经济条件下有许多新问题需要用新的法律制度来维护，传统的知识产权保护或者合同保护已经很难涵盖新经济下的全部有价值的信息和技术，而信息技术的发展和全球化却又时刻威胁着这些技术创新与研发活动。因此，更为适合的法律保护已经成为一种社会需求，欧盟的《商业秘密保护指令》即是这种需求下的产物。

一、《商业秘密保护指令》的立法背景

（一）商业秘密的重要性日益凸显

"商业秘密"是一个非常广泛的概念，它可能包含技术信息，也可能包

---

[*] 回颖：首都师范大学政法学院讲师，法学博士。

[①] European Commission（March 2010），有关欧洲2020战略可见 http：//ec. europa. eu/europe2020/index_ en. htm，"Communication from the Commission Europe 2020 A strategy for smart, sustainable and inclusive growth"，最后访问时间：2015 年 2 月 25 日。

[②] "Knowledge is the currency of the new economy"，See "A Reinforced European Research Area Partnership for Excellence and Growth"，European Commission，http：//ec. europa. eu/research/era/pdf/era-communication/era-communication_ en. pdf，p. 2.

含商业信息，还有可能仅仅是一些有商业价值的信息，比如发明或者制造工艺、客户名单、市场战略、产品配方等；它有可能是一些具有长期价值的信息，也有可能只是具有短暂价值的信息，比如董事会决议在未公开前的状态等。① 商业秘密与传统的知识产权有非常明显的区别，它并未授予其所有者一种专有的、独享的权利，因此，它并不受传统知识产权的保护。但是，商业秘密对于其所有者或者合法使用者而言可能会具有非常重大甚至是决定性的作用。尤其是在某项产品、技术或者服务的初期阶段，更是主要依赖于商业秘密的保护。商业秘密也同样会赋予其所有者在竞争中取得优势地位，"在今天的经济社会，信息和技术秘密对于发展和保持竞争力具有关键的作用"。②

首先，商业秘密对于各种经济主体都非常重要。无论是自然人还是法人，无论是大型集团公司还是中小企业，或者是初创企业，商业秘密都可能构成其重要的无形资产。美国情报科学学会（American Society for Information Science，ASIS）在 2007 年做的一份评估报告显示，"高达75%的大多数组织的价值和收入（或财富）创造是通过无形资产、知识产权以及竞争优势实现的"。③ 其中商业秘密所占的比重因其特殊保护方式很难具体评估，但是一项较新的研究报告显示，事实上，只有大约10%左右的重要工业创新成果申请了专利，这也就意味着其余的成果都依赖于商业秘密或者其他形式的竞争优势。④ 随着网络信息的发展，一些初创企业对于商业秘

---

① "商业秘密" 在英语中有不同的表述，例如 "confidential business information"，"（secret）know-how" "proprietary information/technology" "undisclosed information" "business secrets" 等，在欧盟委员会的提案中，使用 "trade secrets" 来涵盖 "undisclosed know-how and business information"。为了行文方便，本文所使用的 "商业秘密" 一词概指以上各种英文内涵。

② Baker & McKenzie（2013），Study on trade secrets and confidential business information in the internal market. Study carried out for the European Commission（MARKT/2011/128/D），具体见 http：//ec. europa. eu/internal_ market/iprenforcement/docs/trade-secrets/130711_ final-study_ en. pdf, p. 2. 最后访问时间：2015 年 2 月 25 日。

③ ASIS（2007），Trends in Proprietary Information Loss，August 2007. 转引自 European Commission Staff（November 2013），Commission Staff Working Document，Impact Assessment，Accompanying the document proposal for a Directive of the European Parliament and of the Council on the Protection of undisclosed know-how and business information（trade secrets）against their unlawful acquisition, use and disclosure，Brussels，28. 11，2013，p. 14. http：//eur-lex. europa. eu/legal-content/EN/TXT/PDF/? uri = CELEX：52013SC0471&from = EN，最后访问时间：2018 年 2 月 26 日。

④ Fontana et al.（2013），Roberto Fontana，Alessandro Nuvolari，Hiroshi Shiizu，Andrea Vezzulli，Reassessing patent propensity：evidence from a data-set of R&D awards 1977-2004，Working Paper WP/09/2013/DE/UECE，School of Economics and Management，Technical University of Lisbon. 这项研究分析了早1977—2004 年间获得 "研发100 奖"（R&D 100 awards，这一奖项颁给该年度前一年中可供销售或者许可的被认为拥有最重要的技术进步的前100 名新产品）的重要工业创新。

密的依赖更为明显。被访者的回应肯定了商业秘密所具有的价值，其中最具价值的商业秘密是"商业投标和合同"（54%），紧随其后的是"客户和供应商名单及相关数据"（49%）以及"金融信息和商业计划"（47%）。

其次，商业秘密对于各种行业都至关重要。商业秘密不仅对那些工艺创新企业非常重要，其对于很多非创新企业同样重要。比如服务行业，特别是商业服务领域的广告、市场、商业咨询、金融服务以及信息社会服务等领域，这些领域很难在传统的知识产权范围内寻求到法律帮助，一般民商法提供的法律支持又不充足，使得它们更多倾向及依赖于商业秘密进行保护。这种重要性也同样表现于零售业和批发行业。欧盟为此目的所做的"2012 年工业调查"① 和"2013 年公众咨询"② 的结果均支持了这一结论。

最后，也是最重要的问题，加强商业秘密保护对于重塑欧盟国际竞争力至关重要。在"欧洲 2020 战略"中，为了一个更智慧、更可持续以及更具包容性的欧洲的发展，欧盟委员会提出将要以知识和创新为基础的经济发展作为首要任务，非常重要的目标就是"研发领域的投资要占到欧盟GDP 的 3%"。③ 但是，和其他世界主要国家相比（例如，美国和日本）欧盟目前还有非常严重的创新缺口，特别是在私人投入领域中更显不足。对于欧盟而言，目前最重要的任务就是要缩小与世界主要经济体在创新方面的差距。欧洲统计显示，相对而言，欧盟在研发方面的投资在 2008 年购买力平价为 201 亿欧元，占欧洲 GDP 的 1.92%，而同期美国为 283 亿欧元，占美国 GDP 的 2.79%。"2011 创新联盟得分榜"（Innovation Union Scoreboard 2011）显示，美国、日本和韩国在表现方面超越了欧盟全部 27 个成员国。2013 年的得分榜维持了同样的结果。④

尽管欧洲在诸如汽车、航空航天、化工和制药等领域依然能够保持世界领先的地位，但是在那些以新兴技术为基础的诸如信息通信技术、生物工程技术、纳米技术以及基因工程等方面都明显落后。这一方面表明欧洲

---

① 该调查以网络问卷的方式考察了欧盟 13 个成员国 537 个受访者对于商业秘密的认识和观点，受访者包括各种类型以及各种行业的公司。有关该调查的具体情况可见 Baker & McKenzie（2013），p.117.

② 该公众咨询以网络问卷方式进行，在 2012 年 12 月 11 日至 2013 年 3 月 8 日之间以欧盟各种官方语言在网络上公开进行有关商业秘密保护的问卷调查。有 386 名受访者最后参与了该调查，几乎涵盖了各成员国，包括自然人和各种领域、各种不同形态的法人以及非政府组织和行业组织等。有关该公众咨询的具体情况可见 European Commission Staff（November 2013），p.80.

③ European Commission（March 2010），p.5.

④ European Commission Staff（November 2013），p.79.

正在失去知识的创造基础，另一方面也表明，其他的世界领先经济体，如美国和日本，在商业活动指标上领先于欧盟各成员国。即使是中国这样的发展中国家也对欧盟的技术创新形成了挑战。在研发的强度水平方面，2007 年中国的数字显示占 GDP 的 1.44%，尽管数字低于欧盟，但是增长的速度非常快。2013 年的研究试验发展经费投入强度为 2.08%，首次超过了 2%。[①] 此外，创新同时也是就业增长的关键因素，增加创新产业的投资被认为是创造就业的最佳方法。在这一方面，中小企业以及初创企业更是承担了非常重要的角色。[②] 各种规模的创新企业在创造就业方面的表现均好于传统企业，并且在经济衰退时期保持就业的能力也好于传统企业。但是，在研发劳动力的比重方面，欧盟不但低于美国的 80%，也远远低于日本的 73%，只有 46%。[③]

（二）欧盟内部法律保护的"碎片化"现状

商业秘密并不是新鲜事物，它从商业产生那天起就与商业交流如影随形。无论是在知识产权产生之前还是之后，企业家、发明家或者科研人员们都会使用商业秘密来保护自己的成果，即使没有相关的特定商业秘密保护法律，这种社会关系也一直都存在。正因为如此，在欧盟不同成员国内，对于商业秘密的界定以及法律保护的手段和力度都有不同的认识，形成了不同的法律制度。在商业秘密保护制度方面，欧盟整体呈现的是一种"碎片化"的状态。

首先，各成员国对于商业秘密的界定不同。"trade secrets"在欧盟范围内并不是一个通用的法律名词。各成员国的不同法律中会使用与其概念相似或者交叠的概念，比如"confidential business information" "（secret）know-how" "technological know-how" "proprietary information/technology" "undisclosed information" "business secrets" 或者 "commercial trade secrets"

---

① 数字可见《2013 年全国科技经费投入统计公报》，http：//www. most. gov. cn/kjtj/tjbg/201411/t20141102_ 116442. htm，最后访问时间：2018 年 2 月 26 日。

② 中小企业（Small & Medium Enterprises，SMEs），小型企业指雇佣有 1—49 名员工的企业，中型企业指雇佣员工达到 50—249 名的企业。

③ European Commission Staff（July 2012），Communication from the Commission to the European Parliament，the Council，the European Economic and Social Committee and the Committee of the Regions，Reinforced European Research Area Partnership for Excellence and Growth，p. 12. 具体地址可见 http：//ec. europa. eu/research/era/pdf/era-communication/era-communication_ en. pdf.

等。而且，各成员国对这些名词的界定也各不相同，这导致在很多情况下，需要依靠对文本的解读才能掌握其真实的含义。例如，世界贸易组织（WTO）框架内的《TRIPs协议》中第39条使用的是"undisclosed information"（未披露信息），并对该定义进行了详细的界定。而欧盟27个成员国在其本国的法律框架中对商业秘密进行了明确界定的只有10个。① 意大利、葡萄牙和瑞典在其有关知识产权法中或者专门的商业秘密保护法中对"trade secrets"一词有明确的成文法界定；保加利亚、捷克共和国、希腊、匈牙利、立陶宛、波兰和斯洛伐克共和国在其不正当竞争法或者民法中对于商业秘密有各自不尽相同的成文法界定；斯洛文尼亚的法律认为如果一个公司在书面协议中将一个信息界定为商业秘密，它即可获得这样一种地位。其他欧盟成员国的法律中都没有关于商业秘密的成文法界定，需要依赖法官或者法律学者的解读和见解。② 缺少统一的定义和法律明确的保护范围使得在实践中具有很大的不确定性，导致权利不能有效保护和救济。

其次，各成员国的救济方法和力度不同。欧盟各成员国适用不同的法律手段来对商业秘密进行规范。在民事法律保护方法中，有的国家，如瑞典是通过专门的《商业秘密保护法》（Trade Secret Act）来保护；有的国家，如葡萄牙和意大利是通过知识产权法进行保护；还有一些国家通过一般侵权法进行保护，如法国、英国等；其他有些成员国是通过不正当竞争法来规范侵犯商业秘密行为，如奥地利、保加利亚、捷克、德国、丹麦、爱沙尼亚、希腊、西班牙、芬兰、匈牙利、拉脱维亚、波兰、罗马尼亚、斯洛伐克和斯洛文尼亚等，还有一些国家通过劳动法、合同法等法律来进行规范。在保护力度方面，有些国家民事方法和威慑力较大的刑事方法共存，有的国家则只有民事方法，没有刑事方法，如英国、马耳他等。即使是民事方法，各成员国所提供的救济在有关禁止令的发布、善意第三方的责任、损害计算以及对于被认定为是侵权产品的处理等各方面也有很大差别。

最后，成员国之间法律的不同造成欧盟内部跨境技术分享和创新受到严重影响。不同的法律保护之间会存在制度竞争，尤其是在欧盟的统一内部市场范围内，如果各成员国制度不一，那么那些刻意要侵犯商业秘密的

---

① 2013年7月1日克罗地亚正式成为欧盟成员国，欧盟现有28个成员国，但本文因资料有限，仅考察原有的27个成员国。

② European Commission Staff（November 2013），p. 195.

人会选择在违法成本比较低的成员国进行，并由此获得在整个欧盟范围内因"四大自由流动"① 而带来的好处。比如，卢森堡的法律对于侵犯商业秘密的主体只规定有雇员，刑事处罚仅仅为 3 个月的监禁，而斯洛伐克共和国的法律中任何人都可能成为侵犯商业秘密的主体，最高的刑罚可达到 12 年监禁；在罚款的数额上，各国差距也是非常之大，有的国家最高额度仅仅为几千欧元（如塞浦路斯为 1275 欧元），而高的可达百万美元以上（如捷克共和国为 150 万欧元）。如此大的法律制度上的差别，使得商业秘密的保护水平参差不齐，较低的保护水平对高水平的保护形成了破坏，拉低了欧盟整体的保护水平。

（三）侵犯商业秘密的行为危害巨大

商业秘密相对于知识产权而言更加脆弱，它一旦被公开，很可能对其所有者和合法使用者、持有者造成无法挽回的损失，不但可能使其丧失市场竞争优势，很有可能迫使其完全退出市场竞争，甚至产生一种灾难性的影响。在一份西班牙的企业调查报告中显示，83% 参与调查的公司均遭受过类似欺诈损失，每个公司所受损害从 1.5 万欧元到 30 万欧元不等，在某些案例中，甚至达到百万欧元；73% 的案例中，公司的营业额会减少 3%—15%，在 7% 的案例中，公司可能会遭遇生存问题或者导致停止营业。在德国，2010 年因工业间谍（industrial espionage）造成的实际损失估计"达到 200 亿欧元的天价"。② 除了这些非常直观的损失之外，在缺乏有力的法律保护的情况下，商业秘密的所有者以及合法持有者们必须要用非常大的努力维持商业秘密的保密状态，比如和内部员工签订更加严格和高额的竞业禁止协议，加强各种物理手段进行保密，以及不断升级各种电子保密措施，等等。在某些情况下，和客户的谈判也会因为担心商业秘密无法得到保护而放弃，从而影响销售、客户发展与维护以及营业额等。

促进欧盟进行保护商业秘密立法的理由是比较多的，上面几点仅是比较重要的方面，欧盟在面对新经济形态的发展、全球化大趋势以及美国、日本等主要竞争对手不断强化保护的压力下，提出加强商业秘密保护是非常可以理解的行动。

---

① 四大自由流动是指欧盟内部货物、人员、劳务和资本的自由流动。
② European Commission Staff（November 2013），p. 175.

二、《商业秘密保护指令》的主要内容

《商业秘密保护指令》（以下简称《指令》）包括前言和正文两个部分。前言中非常具体详细地说明了立法原因、立法目的、法律基础以及立法形式等问题。

（一）商业秘密与侵权货物等概念的含义

《指令》的第一章为"主体内容与适用范围"（subject matter and scope），其中第 2 条明确规定了"商业秘密"、"商业秘密所有者"、"侵权者"以及"侵权货物"的含义。

依据《指令》的规定，凡可称为"商业秘密"的信息都应当符合以下几点：第一，是保密的，从这个意义上而言，无论是作为一个整体还是其组成部分的精确配置和构成，它都不应该成为一般通常处理该类信息的人群普遍已知或容易接触的信息；第二，因为其保密性而具有商业价值；第三，该信息的合法控制者应在各种情况下均采取合理手段保持其处于保密状态。这一定义是与 WTO 的《TRIPs 协议》第 39 条有关 "undisclosed information" 是完全一致的，涵盖了保密、商业价值与合法控制者的保密措施三方面要求，但同时又不拘泥于类型而死板，保证了严密性与灵活性的结合，非常符合欧盟的实际需要。尽管作为 WTO 的成员国，依据《TRIPs 协议》第 41 条，欧盟及其成员国作为签约国均有义务采取有效行动抵制任何协议中所涉及的包括侵犯商业秘密在内的各种损害知识产权的行为，但是，由于《TRIPs 协议》并没有强制力统一各签约国的法律，因此，各成员国国内可以自行对"商业秘密"予以定义，形成了宽严不同的局面。而欧盟此次立法采取指令（directive）的形式，[①] 尽管不能像规则那样直接适用，但是各国必须依据该指令修订本国国内法，如果预期未能达到欧盟

---

① 欧盟的二级立法包括规则（regulation）、指令（directive）以及决定（decision）、建议和意见（recommendation and opinion）等，其中规则具有普遍适用，全面拘束以及在一切成员国内直接适用的特点，不需要成员国转化为国内立法；而指令则不具有全面的拘束力，通常也不能直接适用，它一般仅在其所要达到的特定目标上具有拘束力，而如何实现这个目标，即实现目标的方式和方法上，则没有拘束力。

的要求，则指令也可以产生直接适用的效力。① 因此，《指令》中有关"商业秘密"的这一明确定义，最终会被各成员国转化为国内立法，形成统一的、明确的法律概念。在考虑用什么手段立法时，欧盟也充分考虑了是采用有强制力的立法手段，还是采用意见或者建议等无强制力的立法手段。但是，如果选择后者，缺乏强制力将不能保证有效地达到立法目的。在这一点上，《TRIPs 协议》已经作为例证，它的存在并未对欧盟范围内相关问题的解决提供法律保障。《TRIPs 协议》作为一种事实上的建议，有关商业秘密的含义并不是处女地，但是却没能在欧盟范围内形成一致性，这也是欧盟决心采用"指令"这一具有拘束力的法律形式的重要原因。

对于"侵权货物"，《指令》的定义是"其设计、制造工艺或者市场营销明显受益于非法获取、使用或披露的商业秘密的货物"。该定义充分考虑了"比例性原则"的要求，要求对于商品的设计、制造以及市场战略中侵犯商业秘密的违法行为必须达到明显程度（significant degree）才能认定该商品为"侵权货物"，这就为后面通过自行研发或者反向工程等方法生产的货物提供了合法空间。在评估这一问题时，应充分考虑由侵权者实施的直接影响货物的生产或投放到市场上去的任何措施和行为。

（二）非法获取、使用和披露商业秘密的行为

《指令》第二章题为"非法获取、使用和披露商业秘密"，在这一章中第 3 条明确了"非法获取、使用和披露商业秘密"的各种行为，而与之相对的第 4 条则明确了"合法获取、使用和披露商业秘密"的各种行为。

首先，对于非法的行为而言，第 3 条第 2 款规定，"非法获取商业秘密的行为是指，未经商业秘密所有者同意而进行了以下故意或者重大过失行为：一是未经授权接触或复制任何文件、物体、材料、物质或者电子文件，这些本来是在商业秘密所有者的合法控制下的，包含有商业秘密或者可以推断出包含有商业秘密的客体；二是窃取；三是贿赂；四是欺诈；五是违反或诱使违反保密协议或者任何所负其他之保密义务；六是其他任何行为，在这种情况下，被认为违反了诚信的商业惯例"。而基于违法获取

---

① 关于指令的直接效力可见 Case 41/74，Van Duyn v. Home Office，（1974）ECR 1337，以及 Case 148/78，Pubblico Ministero v. Ratti，（1979）ECR 1629 的有关裁决。指令产生直接效力的依据与规则不同，只有有关成员国没有在指令规定的时限内正确履行有关指令的义务之后才能产生，如果指令规定的时限没有结束，则指令不能产生直接效力。

以及违反合同义务的使用或者披露商业秘密的行为也是非法的。需要注意的是该条第 4 款中，明确规定了如果第三方明知或者应该知道其所使用的商业秘密是非法获取的，那么其使用或者披露商业秘密的行为同样被视为非法，即非善意第三方不能获得合法使用权。

其次，与该条相对应的，第 4 条中明确规定了合法获取、使用和披露商业秘密的行为，这使得该条款中不仅有列举的立法方式，也有例外的立法方式。合法的行为主要包括：一是独立研发和创新；二是反向工程①；三是工人代表在依据欧盟或者各成员国国内法或者惯例行使权力时的知情权和质询权；四是其他符合诚信商业惯例的行为。另外，各成员国必须依据指令的要求修改国内立法，以保证能够保护言论自由、防止原告滥诉等不当行为、保护工人代表权力以及其他合法利益。

由此可见，商业秘密的来源是判定持有者的行为是否合法的一个非常重要的因素。商业秘密丧失其保密性，不仅可能因为持有者的非法获取、使用等行为，也有可能是源于产生了自源秘密。由于平行研发的存在，商业秘密持有者即使不泄露秘密，其他自然人或者法人也有可能通过自主研发获得商业秘密。另外，反向工程也是商业秘密丧失秘密性的原因之一。只要商业秘密的来源合法，则其就可以形成对抗商业秘密所有者的依据。

（三）有关措施、程序以及法律救济

《指令》的第三章为商业秘密所有者在其商业秘密遭受第三方非法获取、使用或者披露的情况下可以寻求的法律救济以及相应措施和程序。

第一部分确立了旨在预防和抑制侵犯商业秘密行为而采取的民事方法的一般原则，特别是效率、公平、比例性原则（第 5 条），以及有效预防滥用诉讼的行为（第 6 条）。第 8 条要求各成员国应为商业秘密在法庭上因诉讼目的披露提供某种机制，以保护其保密性。可能的措施应该包括：限制接触由诉讼各方或者第三方提交的全部或者部分文件；限制接触听证或者听证记录；要求诉讼各方或者第三方提供不含有商业秘密的非保密版文件以及制作司法裁决的非保密版本等。这些措施应以合理方式适用，以保证当事人得到公正审判的权利不受侵害。保密措施不仅仅适用于诉讼过

---

① 指观察、研究、拆卸或者测试一个已经进入公众领域或者合法购买的产品或者信息。

程中，如果涉及公众要求获取那些包含有商业秘密的司法文件时，也应该包括诉讼结束后。

第二部分规定了在中间禁令（interlocutory injunctions）或者强制没收侵权货物的情况下所能够采取的临时以及预防措施（第9条）。它同时也规定了保障公平和比例性的临时及预防措施（第10条）。因为商业秘密一旦被公开就难以恢复到披露之前的状态，也可能因此完全丧失其对于所有权人的商业价值，所以快捷方便临时措施对于所有权人而言非常重要，且提供此种救济不应以案件最终的实质性裁决为条件。根据《指令》要求，欧盟成员国应确保经商业秘密持有者申请，主管司法机关可以对嫌疑侵权人采取下列临时和预防性措施：一是视案件情况，临时停止或禁止对商业秘密的使用或披露；二是禁止生产、销售或使用侵权货物，或进口、出口侵权货物，或为上述目的存储侵权货物；三是没收嫌疑侵权货物，以及防止它们进入市场或在市场内流通（第9条第1款）。为了确保临时措施的正确适用，主管司法当局有权要求申请人提供证据以合理证明：申请者是合法的商业秘密持有者，商业秘密已经被非法获取且正在被非法使用或披露，或即将发生商业秘密被非法获取、使用和披露等行为（第10条第1款）。

《指令》第三部分规定了依据案件最终的司法判决而可能采取的措施。第11条规定了使用或者披露商业秘密的禁止令，以及对于使用侵权货物，或者将侵权货物提供、投放在市场上（或者为此目的进口或储存侵权货物）的禁止令和纠正措施。除此之外，纠正措施还要求侵权人销毁其经由非法获取、使用或者披露商业秘密所占有的全部信息或者货物，或者将其交还给商业秘密的所有者。第12条建立了一种保障机制以确保第11条中所采取的措施符合公平和比例性原则。

对于因非法获取、使用或者披露其商业秘密而给商业秘密的所有者带来的损害的赔偿问题规定于指令第13条中，它要求充分考虑各种相关因素，包括被告所获取的不当得利。建立在假定的特权使用费基础上计算损害的可能性也成为一种可用的方法。

第14条授权主管司法机构应原告的要求而采取一定公开措施，包括公开判决的法律依据，当然这要充分考虑到所涉商业秘密不被公开，并且充分考虑该措施是否符合比例原则。

该指令并未在司法裁决的跨境执行问题上将规则整合为欧盟境内统一

适用于该类事项申请的一般原则，而是允许在所有成员国的法院中执行一份禁止侵权货物进入欧盟境内的法院颁布的禁止令。

（四）制裁、报告以及最后条款

为了确保《指令》的有效实施，并能够顺利实现其所追求的目标，该《指令》的第四章中对于不能完成第三章所要求的措施的情况预先规定了各种制裁措施，包括监督以及报告的条款。

欧盟委员会认为从技术的角度来看，《指令》不是非常复杂，只包含了数量非常有限的要求成员国转化为国内法的法律义务，而且指令也非常好地处理了与之非常接近的知识产权领域中已经规范的问题的界限。因此，转化为各成员国国内法应该并不是一项非常复杂的工作，这也为对于这项转化的监督工作提供了相当的便利条件。

三、欧盟《商业秘密保护指令》的法律评析

无独有偶，就在欧盟理事会通过了这项指令的提案的同时，在美国，《商业秘密保护法案》在上一届国会未获通过后，2014 年又卷土重来，该法案将会对目前在各州适用不同版本的《统一商业秘密法案》（Uniform Trade Secret Act）进行补充，为商业秘密的所有者提供一些非常强有力的新的救济措施，不仅可以在各州法院进行诉讼，并为原告提供了可以在联邦法院进行诉讼的可能性[1]。世界上最重要的两大经济体几乎在同一时间开展同一内容的立法，这一现象非常值得关注。作为世界上第二大经济体，中国与欧盟 2014 年前 11 个月的贸易总额就达到 5575 亿美元，[2] 而美中 2013 年贸易总额更是达到了 6110 亿美元，[3] 如此密集的经贸往来，使得这两个经济体在商业秘密方面的立法无时无刻不影响着中国与其之间的

---

[1] Federal Trade Secret Legislation Proposal Gains New Life, by Michael R. Greco, 具体地址见 http://www.noncompetenews.com/category/Trade-Secrets.aspx, 最后访问时间：2018 年 3 月 15 日。

[2] 《中欧关系的新水平新进展》，《人民日报》2015 年 1 月 14 日，转引自新华网"中欧建交 40 周年"专题，具体地址见 http://news.xinhuanet.com/world/2015-01/14/c_127475854.htm, 最后访问时间：2018 年 3 月 15 日。

[3] 《中美经贸关系发生深刻转变》，《光明日报》2015 年 2 月 1 日，转引自新华网，具体地址见 http://news.xinhuanet.com/world/2015-02/01/c_127444657.htm, 最后访问时间：2018 年 3 月 15 日。

商业往来和贸易交往。欧盟有关保护商业秘密的指令势必会对中国有非常大的影响。因此，对于欧盟这一指令的深入了解和研究不仅仅是对外国立法本身的研究，更重要的还是要着眼于对中国的影响和启发。

首先，两个世界领先经济体对于商业秘密保护的立法行为本身就应该引起中国立法部门的关注。商业秘密并不是一种新的社会关系，而是一种伴随着商业行为产生而早已有之、历史漫长的社会关系。随着科技的发展，尤其是全球化的发展，各个国家为了促进国家科技进步、经济发展而开始针对科技秘密、商业秘密予以立法保护，有的国家通过不正当竞争保护，有的国家通过侵权法保护，有的国家通过知识产权法保护等。在对商业秘密的保护制度中，还存在着相当大的法律竞合关系，如刑法和民法保护并存，民法与行政法保护并存等现象。在世界范围内，通过一部专门法律来规范有关涉及商业秘密行为的国家并不多见，在欧盟范围内，只有瑞典一国，[①] 该国的商业秘密保护法中既包含刑法规则，也包含民事规则，体现了三种主要的法律关系：商业间谍、雇佣关系，以及不正当竞争。而美国与欧盟同时展开有关商业秘密保护的专门立法，这一现象不仅仅说明商业秘密日趋重要，更重要的是昭示了知识经济时代的竞争的重大转型。更加明确和细致的商业秘密保护的法律正在世界主要发达经济体酝酿和陆续出台，这表明传统的法律保护方法已经无法对商业秘密给予更为完善和全面的保护，会对经济的发展造成一定的阻碍。

其次，两个世界领先经济体对于商业秘密保护的立法行为应该引起中国对外经贸参与者的广泛注意和重视。目前欧盟是中国第一大贸易伙伴，中国将很快超过美国也成为欧盟的第一大贸易伙伴。欧盟在商业秘密保护领域的立法无疑会对双方的贸易往来产生非常重大的影响，无论是货物贸易，还是服务贸易，都会因商业秘密保护指令而受到影响。在欧盟委员会对于保护商业秘密立法的影响评估工作报告中，其选择了15个典型案例具体描述有关侵犯商业秘密的行为及其危害，而这15个案例中，除了所涉当事人全部为欧盟内部公司企业之外，欧盟外部国家主要涉及美国、俄罗斯和中国，而涉及中国的有三个案例，数量为最多。[②] 可见，欧盟与中国之间有关商业秘密保护的冲突非常严重。一方面，从侵权货物角度来看，如

① Act (1990: 409) on the protection of Trade Secrets (Sw. Lag (1990: 409) om skydd för företagshemligheter).

② European Commission Staff (November 2013), pp. 166-173.

果其涉及有关知识产权问题，欧盟有权机构可以依据第 1383/2003 号规则采取相关的海关监管或者控制行动。① 而目前，如果侵权货物仅仅是第三国侵犯欧盟境内企业的商业秘密的制造或者销售的货物进入欧盟范围内，则缺乏统一的法律规范进行监管，没有明确的行政程序授权海关部门扣留或者查封。《商业秘密保护指令》将改变这种情况，赋予各成员国有权司法机关可以在商业秘密所有者的请求下对于涉嫌侵犯商业秘密的货物采取禁止其入境、出境或者存储的临时或预防性措施，以及为了防止涉嫌货物进入欧盟统一市场或者在市场内部流通，可以对其进行扣押或者其他有效措施，这其中当然包括进口货物。② 这一措施改变了原来必须先要经由成员国法院判决，商业秘密所有人才能依据有效判决请求海关机构对侵权货物采取扣押或者销毁的救济程序，减轻了商业秘密所有者在采取措施之前的证明责任，为其提供了更大的保护力度。③ 对于货物出口方和进口方而言，这一条款使得涉嫌侵犯商业秘密的货物有可能即使不进入商业秘密所有者所在的成员国也会被查封或者扣押，而无法像以前那样借统一市场之便而在欧盟境内畅行。这种情况在欧盟委员会报告所列举的三个涉及中国的案例中都有所体现。另一方面，从所涉被告方来看，许多诉讼涉及欧盟境外的被告通过各种不当手段利用将侵权货物输入欧盟而获利。这种情况并不受欧盟布鲁塞尔第一规则的规制。④ 这个问题相较单纯从货物角度出发更为复杂一些，欧盟境内的商业秘密所有者针对欧盟境外被告人提起的诉讼在很大程度上要依赖于各成员国国内法的规定。而各成员国在这个方

---

① Regulation (EC) No. 1383/2003 of 22 July 2003 concerning customs action against goods suspected of infringing certain intellectual property rights and the measures to be taken against goods found to have infringed such rights, OJ L 196, 2.8, 2003, p.7.

② 《商业秘密保护指令》第 9 条。

③ 这种保护措施也更加接近美国的有关法律保护措施。在美国，在进行可能的法律诉讼之前，可以向行政机构，美国国际贸易委员会（International Trade Commission，ITC）提出请求，以阻止侵犯商业秘密的货物进入美国境内。依据关税法案（Tariff Act）著名的第 337 条款，美国国际贸易委员会不仅有权处理涉及侵犯知识产权的请求，而且有权处理其他形式涉及进口货物涉嫌不正当竞争的请求，例如侵犯商业秘密的行为。美国国际贸易委员会有调查权，这一程序包括由行政法官的审判程序以及由美国国际贸易委员会的审查程序。在救济措施方面，第 337 条款提供的主要救济措施就是向美国海关发布禁止侵权货物进入美国的拒绝令（exclusion order）。

④ Regulation (EU) 1215/2012 of the European Parliament and of the Council of 12 December 2012 on jurisdiction and the recognition and enforcement of judgments in civil and commercial matters (recast), OJ L 351, 20.12, 2012, p.1. 这个规则简称为 Brussels I Regulation，它替代了 Council Regulation (EC) No. 44/2001 of 22 December 2000 on jurisdiction and the recognition and enforcement of judgments in civil and commercial matters, OJ L 12, 16.1, 2001, p.1.

面的法律制度和规范有很大差别，这导致在不同成员国提起诉讼结果差异很大，商业秘密所有者的权利无法在欧盟内部实现平等保护。《指令》的实施虽然不能彻底改变这种情况，但是由于降低了提起诉讼的要求，并提供了临时和预防措施，且在诉讼程序中为商业秘密的持续保密提供了各种保障措施，使得商业秘密的所有者更愿意提起诉讼，而如果境外侵权方不应诉，很显然会处于非常不利的地位。美国有关商业秘密民事诉讼的实证研究表明，商业秘密诉讼在联邦法院呈现出指数增长的趋势，在1988年到1995年之间翻了一倍，在1995年到2004年之间再次翻了一倍，而仅仅是2008年一年，案件数量就达到482件，而这种情况被认为很大程度上是由于1986年开始实施的《统一商业秘密法案》（Uniform Trade Secret）修订版。①《商业秘密保护指令》很可能会有同样的效果，因为它会使得更多人开始了解和关注商业秘密保护法律制度，包括企业家、律师、法官以及其他人等，而更为完善的法律保障也使得他们更愿意通过法律途径解决问题。而作为欧盟重要贸易伙伴的中国企业、律师也应该了解这样重要的法律制度，也应该应对即将可能发生的各种问题。

最后，《商业秘密保护指令》对于中国而言不仅仅是一种预警，在很大程度上也会有助于推动中国企业的转型和中国社会的创新能力提高。分析《商业秘密保护指令》不难发现，欧盟并无意对商业秘密采取极端严格的保护原则，它允许平行研发和反向工程，并且会在公众利益上予以平衡。在诉讼程序上，当原告提出初步证明后，被告可以提供合理理由的证据予以反驳，有权司法机构将充分考虑商业秘密的价值、商业秘密保护的措施和手段、具体侵权行为、非法披露或者使用商业秘密所造成的影响、各方的合法利益、准许或者拒绝的措施会给各方所带来的影响、第三方的合法利益、公共利益，以及包括言论自由和知情权在内的各项基本权利的保障。② 因此，这会推动中国有关企业更加注重自主研发和主动创新，逐渐提高自我的创新能力和水平，把压力转化成为动力。另外，如果涉及有关商业秘密保护的诉讼，也应该善于利用欧盟《指令》，在诉讼过程中保护自我的商业秘密，抵御原告通过滥诉而获取他人的商业秘密。③

---

① European Commission Staff（November 2013），p. 163.
② 《商业秘密保护指令》第12条。
③ 《商业秘密保护指令》第8条。

四、结语

2012 年 6 月 29 日，欧盟委员会在布鲁塞尔召开了名为"商业秘密：支持创新，保护技术秘密"的会议，非常清晰明确地表达了委员会认为商业秘密是经济和竞争中有价值资产的重要代表的观点，但是同时更指出欧盟在这方面的立法存在很大欠缺。商业秘密这个古老的商业法律关系再一次召唤起欧盟的关注。鉴于欧盟的性质非常特殊，其选择指令的方式而非更有力的规则进行立法，其意图不仅仅在于尽量使这样一份立法符合辅助性原则和比例性原则，还有一个层面的原因很可能是它希望这份立法能够在比较小的阻力下快速得以通过。在欧盟理事会的推动下，该指令很快便在欧洲议会通过并很快实施，各成员国按照指令要求对国内相关法律予以修订，欧盟内部有关商业秘密的法律保护框架已经初步形成，对商业秘密的保护力度有了明显提高。作为欧盟的重要贸易伙伴，我们对这样一个重要立法的了解和关注会有助于我国企业与欧盟的交往，防患于未然，最大限度保护自身合法利益，避免不必要的损失和危险。如何在一个更高的层次上理解商业秘密，对我国的立法作出调整，迎接知识经济、创新经济的到来，让法律切实起到及时有效的保障作用，欧盟《商业秘密保护指令》也为我们提供了有益的指引和参考。

科技服务与管理

京津冀科技服务体系建设的法律保障

安丽娜*

科技服务体系是由科技中介服务机构与科技中介行业协会组成的有机整体，作为科技创新体系的重要组成部分，科技服务体系是连接产业与技术的桥梁，是将科技成果进行产业化、社会化的重要手段。科技服务业的繁荣发展，是推动科技创新和科技成果转化、促进科技经济深度融合的客观要求，是调整优化产业结构、培育新经济增长点的重要举措，是实现科技创新引领产业升级、推动经济向中高端水平迈进的关键一环。京津冀协同发展作为国家的重大战略，已进入顶层设计和全面推进的新阶段。京津冀协同发展从根本上讲要靠创新驱动，创新是一个国家和民族发展不竭的动力，更是推动京津冀协同发展的强大引擎，而京津冀协同发展的未来，最终取决于创新的能力和水平。京津冀协同创新需要完善的协同创新体系的建立，而一个完整的国家或区域创新体系，离不开完善的科技服务体系。

一、京津冀科技服务体系建设的意义

在科技部火炬中心发布的《科技服务体系火炬创新工程实施方案（试行）》中指出，科技服务体系是运用技术和知识向社会提供研发设计、科研条件、创业孵化、技术交易、知识产权、投融资等专业化服务的各类科技服务机构和平台及其人员构成的新型服务体系。科技创新服务体系是实施创新驱动发展战略的重要基础保障，是推进创新链、产业链、资金链、政策链融合发展，打造全流程科技创新公共服务支撑体系有益探索。科技

* 安丽娜：首都师范大学政法学院讲师，法学博士。本文为 2018 年北京市社会科学基金项目《北京市民办教育分类管理的政府职能研究》（18FXC015）的阶段性成果。

服务体系的高效建设能够有效整合创新资源，降低创新成本，提高创新效率，是增强企业自主创新能力、培育战略性新兴产业的有效途径，是实现创新驱动发展的根本保证，是国家创新体系建设的重要内容，对于促进京津冀协同创新共同体的形成及京津冀协同发展进程的推进有重要意义。

（一）推动京津冀产业结构调整

发展现代服务业和高新技术产业是经济结构调整的方向，这也是许多国际化大都市发展的基本规律。科技服务业作为现代服务业的关键组成部分，涉及信息、设计、软件、研发等多个领域，对于提高服务业整体水平至关重要，而且对其他产业的发展具有带动和支撑作用。我国已经步入工业化中后期，创新驱动发展对现代服务业的依赖性增强。基于互联网深度应用催生的众多新服务业态，正推动农业、制造业逐渐走向高端化。电子商务、现代物流、互联网金融、精准医疗等新兴服务业不断兴起，成为经济发展新动力。现代服务业将促进新技术、新行业、新服务等的融合，不断改造提升传统产业，提高供给效率和水平，催生新的增长点，推动形成创新型经济格局。①

《京津冀协同发展规划纲要》在坚持京津冀协同发展的前提下明确了三地的各自功能定位，在功能互补、错位发展、相辅相成的发展思路之下，在京津冀形成创新驱动经济增长新引擎，实现产业结构的优化调整，使京津冀成为推动中国经济的新增长极。大力发展科技服务业，构建京津冀科技创新服务体系，可以不断加大传统产业的科技含量，加速京津冀经济发展向集约型方向转变，转变现有的经济增长方式，最终实现产业结构的优化升级。

（二）促进京津冀科技创新资源的合理配置

京津冀协同创新发展的前提是实现科技资源与要素的跨区域流动，而科技资源的有效配置不能只通过政府的协调，有效的市场是实现京津冀资源流动、配置，促进科技创新利益实现，激发创新主体活力的重要条件。②市场是产业发展的基础，推进京津冀科技服务业协同发展，需要加快形成京津冀统一的科技服务业产品市场和要素市场，促进三地市场主体对接合

---

① 参见《科技部关于印发〈"十三五"现代服务业科技创新专项规划〉的通知》。
② 毕娟：《论京津冀协同创新中的科技资源协同》，《中国市场》2015年第31期。

作，提高科技服务资源配置效率，增强产业发展内生动力，实现产业链条有效衔接。科技创新服务体系是京津冀市场一体化的重要主体，通过提供可靠、前沿的咨询服务和政策建议，可以实现提前使得区域内的科技资源得到有效配置的效果，从而促进了区域创新系统的发展。如科技咨询机构为区域创新主体提供了相关的科技咨询或科技信息服务，科技资源从高校和科研院所流入高技术产业，最终实现科技成果转化，实现科技资源的有效利用。

在《国务院关于加快科技服务业发展的若干意见》中明确规定要："鼓励科技服务机构的跨领域融合、跨区域合作，以市场化方式整合现有科技服务资源，创新服务模式和商业模式，发展全链条的科技服务，形成集成化总包、专业化分包的综合科技服务模式。"也为科技服务业的跨区域发展提供了政策支撑，亦强调了区域科技服务体系在资源配置领域的重要作用。

（三）化解区域科技创新风险、降低交易成本

在区域创新系统中，在科技创新活动中都产生交易的成本。科技创新服务机构能够有效降低系统内的交易成本。当创新企业与政府、科研院所直接沟通，由于缺乏对政府工作流程和相关科技研发人员的认知，在寻找技术支持、人才以及服务的过程中会产生很高的费用成本，同时也会产生谈判和交易的时间成本。而如果通过科技企业孵化器此类科技服务机构，在创新活动中为企业提供专业的配套性服务，减少科技创新活动中不必要的中间环节，从而降低区域创新系统的交易成本。[1] 在创新活动的过程中，科技服务机构根据创新企业不同发展阶段中的不同需求，向其提供经营策划、管理咨询、融资渠道、人员培训、形象设计等专业化服务，减少创新企业在科技成果过程中的风险成本、缩短研发周期、降低研发和运营成本，提高科技成果的商业价值，提升创新企业的经济效益。[2] 京津冀技术交易及科技成果转化具有跨地域性和信息量庞大的特点，技术交易方又经常处于不同的城市中，科技创新服务体系的建立能够肩负信息沟通、交易

---

[1] 王佳：《区域技术创新中的科技服务体系建设研究——以陕西省为例》，西安科技大学2014年硕士学位论文。

[2] 王佳：《区域技术创新中的科技服务体系建设研究——以陕西省为例》，西安科技大学2014年硕士学位论文。

匹配、规范流程、合约咨询、监督实施等多项任务，化解技术创新主体因信息不对称而产生的风险，并降低交易成本。

（四）促进京津冀三地科技成果转化

科技成果转化是科技与经济紧密结合的关键环节，是产业结构调整和经济发展方式转变的重要途径。科技成果若转化为现实的生产力，就能更好地实现科技成果的价值和使用价值，发挥科技创新对经济社会发展的支撑引领作用。科技成果转化是区域经济发展的重要途径，是京津冀协同创新的核心内容，随着京津冀协同发展向纵深推进，科技成果转化将决定该区域协同发展的深度和广度。

科技创新服务体系作为科技创新体系的重要组成部分，是沟通知识创新体系和技术开发体系的桥梁和纽带，对科技成果的社会化、产业化起着重要作用。科技创新服务体系向创新企业提供相关专业性的服务，大大缩短新技术转化商品的周期，这样通过短期对这项技术的垄断地位来获得超额利润，弥补科技研发的费用，大大提升了科技成果原本的经济效益。科技服务体系通过对繁多的科技信息进行筛选，以专业的角度对科技成果进行市场评估，将有市场前景的科技成果提供给与之相匹配的高技术企业，生产有竞争力的科技产品推向市场，从而形成完善的科技成果转化机制，通过不断改善科技服务体系的服务内容和水平，从而提高科技成果的经济价值。[1]

（五）理顺京津冀三地政府、市场及社会的关系

京津冀一体化的目标或首要成果应是区域市场的一体化。尽管目前京津冀一体化是在政府的推动下进行的，但从长远来说，市场力量才是推动京津冀区域发展的持久动力。市场一体化意味着京津冀区域内生产要素配置的市场化、贸易与投资的自由化，只有在市场一体化的基础上，才能实现深度的社会整合，协调多元主体的利益关系，进而达到区域的和谐发展，实现理想的一体化状态。[2]在市场经济体制之下，必须重塑政府、市

---

[1] 王佳：《区域技术创新中的科技服务体系建设研究——以陕西省为例》，西安科技大学2014 年硕士学位论文，第 14 页。

[2] 张瑞萍：《先政府，后市场——京津冀一体化进程中政府与市场作用的顺序》，《河北法学》2015 年第 4 期。

场、社会的关系，在厘清三者权利义务边界的基础上实现良性互动，才能真正推动京津冀实质一体化的推进。

科技创新服务体系由科技服务机构及科技中介行业协会构成，科技中介服务机构是科技服务体系的主要力量，是国家创新体系和区域创新体系的重要组成部分；科技中介行业协会以实现科技中介机构的组织网络化、功能社会化、服务产业化为宗旨，协调各中介机构的业务，推进科技中介机构的资信认证和评价，协助科技中介机构实现科技成果产业化，建立信息共享平台，促进资源共享优势互补，推动科技中介机构服务体系的建设工作，向政府提供促进科技中介机构发展的意见和建议等。实质上科技创新服务体系是包括了市场、社会两类科技创新领域的主体，京津冀区域科技服务体系的建设与发展要求三地政府转变职能，给市场和社会创造更多的作用空间，要求三地政府转变与革新治理理念，理顺三地政府、市场、社会的关系。

二、京津冀科技服务体系发展现状

（一）京津冀科技服务业发展不平衡

进入 21 世纪以来，京津冀的科技服务业得到了快速发展，科技服务业产值占其 GDP 的比重稳步上升，说明科技服务业已逐渐成为京津冀的重要产业形态。而由于京津冀三省市创新资源布局存在较大落差，京津冀在发展科技服务业上具有不同的环境基础和资源优势，三地科技服务业的发展总体程度不高，规模与布局差异大，关联性不强，尚未从协同创新的角度谋求科技服务平台的创新与发展，致使三地科技服务业整体陷入发展瓶颈。

北京是全国的科技创新中心，拥有丰富的创新资源和强大的研发实力，科技服务业规模大、竞争力强，科技服务体系较为完善。天津创新能力逐步增强，研发转化能力较为突出。河北科技服务市场需求巨大，但存在科技服务业市场主体发育不健全、服务机构专业化程度不高、高端服务业态较少等问题。此外，京津冀三地科技服务中介机构发展不平衡，京津两市各类中介机构发展速度较快，河北省的科技中介服务机构尤其是评估机构、科技风险投资服务机构等发展滞后。同时，科技中介机构业务领域的发展也存在不平衡现象。这种不平衡，导致信息流通不畅和互相争抢资源的情况，阻碍了区域之间的合作。①

（二）京津冀科技服务中介机构发展不成熟

京津冀区域经济实现一体化的前提需要各类生产要素的自由流动，而市场则是实现资源配置的有效手段。目前，京津冀尚未形成统一的市场体系，生产要素的自由流动尚存在阻碍，极大影响了区域科技创新服务体系的构建。市场作用的欠缺导致京津冀的科技服务处于零散、各自为战的状态，难以形成一个较为完整的科技服务链，难以为客户提供全面、全程、高端的科技服务。京津冀区域科技服务市场的不成熟影响了科技中介机构的发展，主要表现为：

一是服务组织尚未网络化。科技服务组织网络化是全方位、多功能、高水平提供科技服务的基础。② 目前，京津冀地区的技术服务体系囊括了技术（产权）交易所、技术转移示范机构、大学科技园、生产力促进中心、孵化器、科技金融服务中介以及农业科技中介等多种形式的服务机构，但其依然存在科技服务体系断线、断档的现象，未建立起纵向到底、横向到边的全方位、多层次、宽领域的服务网络。

二是运行机制尚未市场化、社会化。科技中介服务面向市场、面向社会是生存和发展的必然选择。政府主导型的科技中介机构减缓了京津冀地区科技服务机构市场化步伐。由于我国大多数科技中介机构脱胎于政府，采取的是行政事业式的运作方式，因此大多缺少发展活力和市场竞争力。一些科技中介机构仍然是"半官半企"的性质，导致市场对其发展不能形成决定性的影响，降低了其市场竞争力。

三是服务水平尚未专业化。在品牌与专业化服务能力方面，京津冀地区科技服务企业"小、散、弱"的问题还比较明显，综合服务能力普遍不强，具有国际品牌的服务机构很少，需要提升内在素质和整体服务水平，形成一批服务行业和服务区域的标杆企业。③

---

① 王晶晶：《京津冀协同创新亟须补足产学研短板》，http：//www.sohu.com/a/134888505_115495，最后访问时间：2018 年 6 月 1 日。

② 王锡南、茅春荣：《加强科技服务体系建设的重点内容与措施》，载《科学学与科学技术管理》2000 年第 11 期。

③ 张继红：《科技服务业的趋势与挑战》，http：//www.sohu.com/a/33146664_162758，2018年 10 月 15 日访问。

（三） 京津冀科技中介行业协会功能未发挥

目前，京津冀包括行业协会在内的三地社会组织在协同发展方面已经开展了一些活动，取得了一些成果，奠定了一定的合作基础。2016 年 7 月 28 日，京津冀社会组织签订了社会组织协同发展合作框架意向书，确定了合作原则。2016 年 11 月 3 日，首届京津冀协同发展社会组织高峰论坛在北京举办，以"协同、创新、合作、共赢"为主题，充分探讨行业协会商会如何在京津冀协同发展战略中推动功能疏解与行业创新，以此促进京津冀三地社会组织参与并推动京津冀协同发展战略的实施。在此基础上，三地社会组织在"双创"方面实现协同发展具有很大的可行性和发展空间。

上述既有的实践确定了京津冀社会组织基本的合作原则，但是并没有在三地社会组织协同发展的具体实施战略方面进行详细的长期规划。而且京津冀社会组织受到属地管理的限制，难以开展跨区域活动。协同发展只是停留在较为宏观的层面，实际工作中仍然延续原有的运行模式，无法实现信息的共享和资源的优势互补。

在政策落实方面，科技管理部门没能充分调动行业协会、产业联盟等社会组织的政策协调功能，这在一定程度上减弱了针对企业的科技政策的落实效果。

在社会组织承接政府职能方面，多以行业协会、学会自发为主，或是依托挂靠单位开展的"体内循环"式定向委托，缺乏有效竞争和公平评价，转移形式多是由政府部门口头授权，多呈阶段性、临时性特点，缺乏连续性和稳定性。

在科技服务行业自律方面，尚未能有效整合和发挥行业协会行业自律监管机制的作用，未充分发挥对会员职业道德、行为规范以及执业技能等自律性管理方面的职能，导致科技服务行业乱象丛生，面临信用危机。

三、京津冀科技服务体系构建的制约因素

（一） 政策体系尚未协同

京津冀各自都制定了自身发展的规划，在缺乏必要协调的基础上，都在集中精力打造本地方的完整产业链，于是在以政策主导的京津冀协同发

展战略推进的进程中，京津冀科技创新服务体系构建方面的政策体系尚存在不统一且衔接不畅的问题。例如，就三地发布的科技服务业政策而言，三者发布的时间并不一致，2014 年，天津市人民政府发布《关于加快现代服务业发展的若干意见》，2015 年，河北省人民政府发布《关于加快科技服务业发展的实施意见》（冀政发〔2015〕18 号），2017 年，《北京市加快科技创新发展科技服务业的指导意见》发布，此外，就政策内容而言，虽然都涉及了京津冀区域科技服务建设的内容，但具体合作的方式、步骤尚无进一步的规定，协同性差。

就政策实践层面而言，北京中关村国家自主创新示范区，开展先行先试政策探索；天津享受国家自创区和自贸区双重政策，各项政策正在落地实施；河北虽获批"河北京南国家科技成果转化示范区"建设，赋予开展先行先试的职能，但尚待取得实质性进展。京津两地形成明显的"政策高地"，对周边创新资源产生"虹吸效应"，同时区域政策衔接不畅也影响科技服务资源的跨区域流动。

（二）行政壁垒阻碍了统一市场的形成

行政主导型经济是以行政区划为边界，存在各种行政性限制壁垒，导致经济要素难以在区域间自由流动，要素市场分割严重。① 多年来，影响京津冀地区区域经济合作的最大因素和障碍是行政区划壁垒，具体表现在区域内各自为政、市场分割、恶性竞争。现有的科技体制严重滞后于市场经济发展的需要，一是区域科技体制的条块分割，无法按市场经济的要求优化配置区域内科技资源；二是僵化的科研体制无法使研发对市场需求形成灵活快速的反应。

此外，京津冀地区自身的市场机制不够健全，除市场自身发育不足外，很重要的一点是地方政府职能错位的问题，政府职能的转变滞后于一体化进程，地方政府在微观经济活动中过多扮演了直接参与者的角色。

（三）利益协调机制未建立

京津冀协同创新机制的关键是协调三地之间的经济利益，区域经济协同发展的利益协调，既包括政府利益和企业、个人利益的协调，又包括静

---

① 杨军锋、吴楠：《河北省在京津冀协同发展过程中面临的问题与对策研究：基于创业型经济的视角》，载《河北科技大学学报（社会科学版）》2014 年第 2 期。

态利益和动态利益的协调。由于行政区划的限制，各地方政府难以摆脱追求自身利益的束缚，只是以自身利益最大化作为经济决策的出发点，从而忽视了区域的整体利益，并未形成经济利益共同体。① 而目前在三地缺乏超越行政区划的统筹协调机制，缺乏统一的高层协调机构与运行机制。在国家层面没有针对京津冀区域协同发展的协调机构，京津冀之间也缺乏协调的体制机制。目前，在京津冀高层领导之间只有一种临时性的协商对话方式，但在行政体系内部还未形成对话机制、协调共商机制，更缺乏行动上的一致性。②

四、京津冀科技服务体系法律制度完善

在经济全球化的今天，一个国家或地区的社会经济发展，都需要良好的法律环境与法律制度作为保障。具体而言，公民、企业需要完善的法律来保障自身的合法权益，地方政府的行为需要法律制度来规范与协调，就京津冀科技创新服务体系而言，应当在明确三地的功能定位的基础上，深刻认识和把握三地科技服务业发展现状与特点，从多个层面完善相应的法律制度。

（一）以地方立法促进京津冀科技服务区域规划法治化

区域规划是区域政府间协作的制度平台。区域规划不以固有的行政区划为界限，超越固有行政管辖，强调跨区域政府之间的协商与协作，体现了行政权在政府主体之间的运行关系。③ 同时，区域规划还能发挥约束区域政府行为的功能，即"区域规划是政府履行经济调节、市场监管和公共服务职责的重要依据……是有约束力的规划"，是"政府作出的承诺，是对政府有关部门和下级政府提出的工作要求，是在预期性基础上进一步强化政府社会管理和公共服务的责任"。④

鉴于当下我国尚无统一的跨行政区域的统一立法，为了保障京津冀一体化进程的推进，应充分发挥北京、天津、河北享有的地方性法规制定

---

① 谢辉等：《京津冀区域协同发展的法律保障》，知识产权出版社2015年版，第37页。

② 丛屹、王焱：《协同发展、合作治理、困境摆脱与京津冀体制机制创新》，《改革》2014年第6期。

③ 李煜兴：《我国区域规划法治化的途径与机制研究》，《河北法学》2009年第10期。

④ 参见《关于加强国民经济和社会发展规划编制工作的若干意见》（国发〔2005〕33号）。

权，分别制定地方性法规，将科技服务体系发展形成共识的规划内容转化为地方性法规并各自在所辖行政区域内颁布施行，提升区域规划的法治化程度。

（二）以协调机制破除京津冀科技服务体系建设的行政壁垒

要改变多年来"行政区经济"画地为牢之积弊，推动区域内彼此分割的各地市场间的优化整合，促进区域经济一体化发展中市场诸要素的合理流动，就需要推动解决"行政区经济"背后的制度壁垒问题。[①] 在加快经济发展方式转变这一背景下，京津冀区域的科技创新合作应先建立跨行政区域的协调领导机构，立足于整个地区，做好各个城市之间的分工，从整体上整合区域内的经济资源，并统筹解决京津冀地区资源，促进统一市场的形成。一是构建京津冀区域科技创新立法的协调机制，京津冀三地的人大与政府均是协调立法的主体，积极探索涉及科技生产要素流动、科技服务企业准入标准、税收优惠、科技中介机构信用评价、科技创新信息共享等方面的协调立法。二是积极建立统一的科技合作联席会议制度，推动京津冀区域科技创新服务体系建立取得实质性进展。推动京津冀科技服务业协同发展，应根据三地资源、环境、市场比较优势，整体谋划、分工协作、共同推进。三是尽快出台京津冀科技服务业协同发展规划。在充分征求各方面意见基础上，坚持合理定位、优势整合、融合对接等原则，制定出台京津冀科技服务业协同发展规划，明确京津冀科技服务业分工布局与功能定位，推进三地科技服务业协同发展重点工程，进一步完善协同发展体制机制和政策体系。强化对京津冀科技协同创新的指导，创新区域化的协商机制和沟通协调机制，逐步形成京津冀规划部门协商、职能部门合作的一体化发展局面。

（三）以职能转变重塑京津冀科技服务领域政府与市场的关系

京津冀协同创新中政府职能的转变，关键在于政府治理创新——实现地方政府职能从区划行政向区域行政、从单边协调向多变协调、从行政主导向有限政府的转变。市场是产业发展的基础。推进京津冀科技服务业协同发展，需要加快形成京津冀统一的科技服务业产品市场和要素市场，促

---

① 陈俊：《我国区域经济一体化中地方立法协调的模式及样本》，《江汉大学学报（社会科学版）》2013 年第 5 期。

进三地市场主体对接合作，提高科技服务资源配置效率，增强产业发展内生动力，实现产业链条有效衔接。

一是三地政府要根据科技服务市场的发展与需求来确定各自的职能，进一步完善政府多边协调机制，革新行政管理方式，切实把职能重心转变到科技服务市场监管上来，促进三地科技资源的优化配置，促进经济结构的调整和升级，用开放的思维和符合市场规律的活动来协调科技服务市场领域的经济活动。

二是应转变目前京津冀现有的行政主导型经济的发展模式，实现行政主导向有限政府、服务政府的职能转变，进一步转变政府科技管理职能，把工作重点放在发展战略研究、发展规划制定、创造保障条件、优化政策环境和提高服务水平上，为各类科技创新主体创造更大的发展空间。积极强化科技、工商、税务、技术监督、海关等政府职能部门对技术创新企业重点提供个性化服务，简化创新项目的审批环节与手续，为创新企业提供更加优质的服务，切实帮助企业解决生产经营中的实际问题。

三是创新政府扶持方式，一方面培养多元化服务的新型科技服务机构来适应日益激烈的市场经济。以科技服务这类以智力服务为主的行业的特点和需要，通过资金支持、税收减免、人才培养、政策支持等方面促进服务机构发展，明确各类科技服务机构的法律地位、产权制度、组织形式和投入机制，形成法律定位清晰、政策扶持到位、监督管理完善、市场竞争平等的良好发展环境；另一方面，强化京津冀区域科技创新平台之间的合作。推进三地综合试验区、高新区、创新基地、交易所、创新联盟等区域科技创新平台之间的合作共建，优化分工布局。尽快在三地建立网络化区域协同创新服务站，助推京津冀科技服务产业对接与项目合作。鼓励建立跨区域研发机构、中试和成果转化基地、产业技术创新联盟，推动科技服务业跨区域发展。

（四）以行业协会沟通政企并促进政府决策科学化

行业协会是联系政府和市场的桥梁，行业协会的互益性、自治性等特点决定着其可以打破行业、部门的界限，有效实现资源整合，弥补政府和市场功能的不足。行业协会是科技创新服务体系的重要组成部分，亦是可以冲破行政疆域实现三地有机融合的重要载体，未来京津冀区域科技创新服务体系的构建应从以下方面发挥行业协会的功能：

一是大力扶持行业协会的发展，政府将有关科技服务方面的国家资格审查的责任委托给更为专业的科技服务机构，例如科技评估机构、资格认证机构、科技中介行业协会、商会组织等，这些机构通过对市场和企业的熟知度，对市场和行业有效的监督和调控。在市场经济的发展过程中出现的弊端和问题，科技服务机构将市场的信息反馈给政府，为政府提前作出相应解决的政策规划。

二是开展行业服务，整合相关社会团体，制定行业发展规划，优化行业发展环境，监督服务机构依法经营，有效维护行业信誉和竞争秩序。

三是规范并促进科技中介机构的发展。按照"信息共享、资源共用、利益共得"原则，积极搭建服务机构交流协作平台，促进机构快速发展。同时制定科学、合理的服务机构发展评估标准，引导机构更好更快成长。

四是科技管理部门应加强和行业协会、产业联盟等科技类社会组织的联系，定期通过它们收集科技政策落实过程中的问题以及科技型中小企业的政策需求。在建立科技管理部门和社会组织协调机制过程中，应注意保持社会组织的独立性，真正发挥社会组织建言献策的作用，促进科技决策的民主化。

技术合同管理必要性研究

卞欣悦[*]

技术合同虽然在本质上属于买卖合同，国家应充分保障合同当事人在签订、履行合同过程中的自由，不应融入过多的宏观手段对其调控，但技术合同又不同于一般的买卖合同，相较于一般的买卖合同，技术合同在交易标的、合同履行方式上有其特殊性。此外，技术合同管理制度还包含了落实国家科技政策、发挥政府对科技发展之引导作用。因此，即便知识产权法和民法典对技术合同都有所规定，但政府对技术合同的管理与干预依然有其存在的必要与意义。

一、技术合同自身属性赋予政府监管的正当性

技术交易主要有技术开发、转让、咨询、服务和许可五种类型，我国合同法以技术交易的标的为基础，将技术合同分为四种类型，即技术开发合同、技术转让合同、技术咨询合同、技术服务合同，以上四类合同被统称为"四技合同"。民法典颁布后，将合同法中原本并入为技术转让的技术许可独立出来，明确规定了许可为技术合同的一种类型，"四技合同"也因此变为了"五技合同"。

从技术合同的自身特性及其制度演变可以看出，国家有必要专门设立不同于其他合同的管理制度，政府对技术合同的管理具有正当性。

（一）技术合同的特点决定政府监管的必要性

民法典合同编针对技术交易的不同类型及其特点虽将技术合同分为了技术开发、转让、咨询、服务和许可五种合同类型，但这五种技术合同也

---

* 卞欣悦：首都师范大学宪法学与行政法学专业 2019 级硕士研究生。

有其共性，即五技合同具有交易主体的广泛性、标的的特殊性及内容的复杂性等特点。上述特点既是五技合同与其他合同的区别之处，也是政府对五技合同进行监管的重要原因。

1. 技术合同主体的广泛性

技术合同的主体是参与技术交易的双方当事人，与合同法中的其他合同交易主体相比，其广泛性主要体现在两个方面：第一，技术交易环节涉及的主体具有广泛性。技术市场具有专业性，因此在技术交易中一般不只包含买卖双方或转让双方，还需要技术中介机构以其专业知识为交易双方提供交易信息、交易平台，进而促成技术交易的达成。第二，技术交易市场的准入主体具有广泛性。根据《技术合同认定登记管理办法》，技术交易的主体包括法人、个人和其他组织，具体可划分为以下四类：一是进行技术转让或是从事生产流通服务性活动的企业组织；二是不以生产经营为目的的科研单位、高等学校等事业单位；三是以进行科学技术学术研究的团体为代表的社会组织；四是掌握当前先进可靠的科学技术、有一技之长的中国或外国公民。相较于其他类型的合同而言，一方面，由于现阶段技术交易信息共享平台尚未健全，技术交易主体自身所掌握的技术交易信息远不及通过官方渠道搜集、公开的交易信息健全，故需要政府充当信息提供的中介主体，或是由政府对掌握大量交易信息的主体进行管理，防止交易信息的垄断形成；另一方面，高等院校、科研院所是技术交易中的重要主体，且大多属于企事业单位，掌握大量的国有资产，其交易过程受到国有资产管理制度的层层制约，这使得政府的监管尤为必要。

2. 技术合同标的的特殊性

技术合同交易的标的是技术。技术是一种特殊的知识形态，是特殊商品，因此在进入市场的过程中，就使得技术交易需要以一种书面合同形式来进行。[①] 为此，对技术这种特殊的无形商品进行管理也需要通过对技术合同的管理来开展。改革开放以来，随着科技市场的不断繁荣，技术的商品化特征在不断增强。除了具有作为商品的本质特征，即价值和使用价值外，相较于其他的物质商品而言，技术还具有其特殊的属性。首先，技术在交易上具有多次性。一般物质商品的交易是出售者丧失所有权，获得商品价值，购买者获得所有权，取得商品使用价值的过程，但在技术交易中

---

① 翟治宇：《技术合同认定登记工作研究》，《江苏科技信息》2020 年第 32 期。

签订技术许可合同后，技术持有人并未丧失对该技术的所有权甚至使用权，其可以在合同约定的范围内继续使用该技术，或再次许可他人使用该技术。其次，技术在使用上具有间接性。与一般物质商品在完成交易后即可直接使用不同的是，技术购买者在取得技术所有权后，可能还需要投入资金、人力，在经历科技成果转化的过程后，才能将技术变为生产力，真正发挥其使用价值。最后，技术在使用过程中的损耗具有无形性。技术商品丧失效用一般是通过新技术取代旧技术实现的，这与一般物质商品由于产生消耗、磨损等有形损耗而被淘汰是不同的。

从交易标的的特殊性不难发现，技术交易双方签订合同、达成交易后，尚存在较大的不确定性，交易的后续风险仍然存在，这使得投资主体基于技术交易的高风险而不愿意进行交易。此时，如有政府介入进行管理，对技术合同双方主体的权利、义务关系加以适当监管，将事后的风险进行事前规避，降低交易中可能面临的风险，将极大促进投资主体对技术进行投资。

3. 技术合同内容的专业性

由于技术交易标的的特殊性，同一般交易合同相比，技术合同的内容更为复杂、专业，具体表现为合同条款具有深入性、具体性。根据合同法和《技术合同认定登记管理办法》，技术合同的条款不仅要包含一般合同中的交易标的、价款或酬金、履行方式、违约责任等内容，还需要进一步注明技术成果的验收标准和方式、技术成果的转化、技术中介方的权利义务，以及是否要求预付入门费、技术术语的规范化解释、技术出让方需要提供的必要的技术能力、资金保证等有关内容。故从事技术交易的专业人员需要有相关的专业背景，这便需要政府设置一定的资格许可制度，并且对从事技术合同审查的相关从业人员进行定期的培训，从而为技术合同的签订、技术交易提供专业性保障。

（二）技术合同管理制度变迁体现政府监管的必要性

我国技术合同管理制度是经济体制改革、科技体制发展的产物，其演变历程同经济发展、科技发展相协调，在民法典颁布前，主要经历了计划经济体制改革时期的经济合同法，大力发展科学技术时期的技术合同法，以及最终统一到合同法三个阶段。随着合同法和专利法的颁布，技术合同法随之被取代，但技术合同法的内容几乎被原封不动地保留到了合同法中，由此可以看出我国一直以来的技术合同管理制度有其存在的必要性。

1. 第一阶段：技术合同立法初创时期

新中国成立后，我国施行高度集中的计划经济管理体制，此时在市场交易过程中虽然出现了合同制度，但由于政府严格控制着市场经济的发展，私主体间的合同关系多为有名无实。直到 1978 年，党的十一届三中全会拉开了经济体制改革的序幕，计划经济为主、市场调节为辅的经济体制改革模式形成。1981 年经济合同法应运而生，其第 26 条和第 47 条对科技协作合同作出了概括性的规定，技术合同管理制度的雏形作为国家经济体制、科技计划的改革手段开始出现。

首先，技术合同管理部门的职能得以确立。1982 年 4 月，国务院《关于对执行经济合同法若干问题的意见的请示》中指出负责技术合同管理的三个部门及其职责。一是各级工商行政管理部门。工商行政管理部门的主要职责是监督、指导、检查技术合同的订立和履行，调解和仲裁技术合同的纠纷，查处无效、违法合同。二是科学技术委员会、专利局等有关业务主管部门。业务主管部门在工商行政管理部门的督促下，建立技术合同管理制度，审查技术合同文本，并督促技术合同的履行。三是从事科技交流与协作的企事业单位。主要负责管理好自身技术合同，并积极与其他单位进行交流、协作。但由于经济合同法制定时，我国尚处于计划经济为主导的经济体制下，加之国家对经济合同实行统一管理，进而忽视了管理机构间相互分权与制衡的权力配置，使得上述三类合同管理部门并非横向的并列关系，而是以工商行政管理部门为领导的纵向制约关系。

其次，技术合同分级管理制度逐步形成。经济合同法和国务院《关于对执行经济合同法若干问题的意见的请示》明确了从中央到地方、从部门到企业，多层次、阶梯式的合同管理体制，对技术合同的管理大致也是按照这个模式进行的。①

2. 第二阶段：技术合同法施行时期

1987 年，第六届全国人民代表大会常务委员会第二十一次会议通过了技术合同法。该法就技术开发、转让、咨询和服务四类技术合同予以规范，同时，技术合同法第 53 条指出，技术合同不再适用经济合同法中的相关规定，这意味着技术合同从经济合同法中被划分出来。

---

① 张经：《关于技术合同管理有关问题的思考》，《中国工商管理研究》1993 年第 1 期。

这一时期一是对技术合同管理主体的职责进行划定。由于技术合同法本身没有规定技术合同的管理机关，加之技术合同法不再适用经济合同法中关于合同管理制度的规定，造成技术合同管理主体陷入模糊的局面。1988年，国务院颁行《中华人民共和国技术合同法实施条例》（以下简称《条例》）和《技术合同管理暂行规定》（以下简称《规定》），技术合同管理制度发生了重大变化。《条例》和《规定》沿用了经济合同法中多元化的技术合同管理主体，强调了工商行政管理部门的行政执法职能，同时，《规定》通过管理机构职能的变动，使各技术合同管理主体由纵向领导关系变为了横向制约关系。一方面工商行政管理部门在查处无效技术合同时，凡是涉及技术垄断的，需要当地科学技术委员会作出结论后再予以处理。另一方面工商行政管理部门在对技术合同进行仲裁时，凡涉及技术发明权、发现权、专利申请权、专利侵权争议事项的，应当先行委托科学技术委员会事先予以认定。以上两项措施在一定程度上限制了工商行政管理部门的职权，使其职能由先前的领导变为了协调、配合，弥补了经济合同法中横向制约不足的管理体制。

二是对合同管理主体的各自职能进行了细化。《条例》和《规定》通过管理部门专业化、管理主体多元化等措施的实施，进一步细化了技术合同管理主体的职能。第一，技术合同的仲裁由专门机关负责。《条例》第118条指出：技术交易双方发生纠纷的，可以向经济合同仲裁机构申请仲裁，也可以向技术合同仲裁机构申请仲裁。该条明确区分了经济合同与技术合同的仲裁机构，将技术合同仲裁交由专业的机构处理，同时，技术合同仲裁机构一词的出现，意味着技术合同仲裁不再由工商行政管理部门进行，需要建立专业的民间机构来进行仲裁。第二，企业登记工作与技术合同管理相结合。市场经济主体的多元化、复杂化，对合同管理工作提出了新的要求。将企业登记工作与合同管理相结合，能够高效、准确地确认合同当事人是否具有法人资格，同时，对企业经营活动有直观、清楚地了解，这样既有助于加强合同管理，又有助于政府向企事业单位提供科技咨询服务。

3. 第三阶段：合同法颁行时期

1992年10月，以党的十四大提出建立社会主义市场经济制度、发展全国统一的市场为背景，拉开了"三法统一"的改革序幕。由于经济合同法、技术合同法及涉外经济合同法是计划经济的产物，带有浓厚的行政管理色彩，社会主义市场经济体制的建立，导致原有合同制度呈现出规则粗糙简单、重复交叉等缺陷，进而难以满足市场经济的需求。1999年3月，随着合同法的颁布，经济合同法、技术合同法与涉外经济合同法被废止，但是技术合同管理制度被保留下来。

首先，保留技术合同管理制度具有重要意义。技术合同法虽被合同法所取代，但合同法的"技术合同"一章，几乎完整地保留了技术合同法中对技术合同的规定，体现了原技术合同管理制度在市场经济背景下依然具有存在的必要性，其重要原因在于：原技术合同法的实施，其意义已超出技术市场法制化的范围，成为运用法律手段促进、引导、规范和保障科技体制改革的重要机制，成为推动我国经济体制由传统的计划经济向社会主义市场经济，经济增长方式由粗放型向集约型转变的有力杠杆。换言之，技术合同管理制度不仅仅是对合同本身进行管理，其还具有促进科学技术发展，推动社会主义市场经济建设等国家政策层面的意义。

其次，技术合同与其他合同难以融合。合同法大致按照交易类型对有名合同进行编排，理论上，四技合同的交易类型几乎都可以被其他合同类型所涵盖，技术开发合同可分为委托合同、承揽合同，技术转让合同实质上是买卖合同，技术咨询合同、技术服务合同本质上是委托合同或居间合同。但技术合同并未被其他有名合同取代的原因在于：合同法制定时，我国缺乏对技术合同标的属性的认识，即合同法颁布前后，学者们就"技术"的内涵进行了探讨，但并未给出明确的界定。大多数观点采取了技术成果说、科学技术说、技术说、提供技术成果行为说、知识形态的商品说。[①] 由于对交易标的无法给出明确的定性，加之合同法是按照交易的类型对有名合同进行编排，造成了技术交易合同难以与其他的合同类型归属为一类的困境，即技术合同管理制度存在的正当性，不是源于技术交易方式的属性，而是基于作为技术交易标的的技术的特殊性。

二、推定技术市场的发展需要政府对技术合同进行监管

当今世界，科技作为第一生产力，是促进经济发展的不竭动力，随着国家对科技发展水平的重视程度不断提升，政府通过对技术合同的管理，

---

① 郭明瑞、王轶：《合同法新论·分则》，中国政法大学出版社1997年版，第399—400页。

实现对技术市场的引导、调控，进而使得技术市场得以不断繁荣发展，为科技发展提供源源不竭的动力。

（一）政府监管技术合同对技术成果转化有导向作用

政府对技术合同最主要、直接的管理方式就是对技术合同进行认定登记，即技术合同登记机构依照国家相关规定，从法律上审查技术交易双方申请认定登记享受税收优惠政策的合同文本是否属于技术合同、是否能够享受国家优惠政策。经过认定登记的技术合同，当事人可以持认定登记证明，向主管税务机关提出申请，经审核批准后，享受国家规定的税收优惠政策。[①] 技术合同认定登记制度不仅能够通过税收激励的方式落实国家的科技政策，同时也便利国家更好地掌握技术市场交易情况，进而更好地促进科学技术的发展。

1. 政府通过技术合同认定登记激励科研人员

技术市场奖励制度的建立健全，对稳定、吸引科技人才队伍有重要意义，在科技进步奖励评审中，增加促进科技成果转化效益的权重，是切实保障科技人员知识产权权益的重要举措。保证科研人员在完成科技发明后能够享有该技术发明为其带来的利益，是激励科研人员不断进行科技创新的重要动力。技术合同认定登记后，对科研人员进行相应奖励，可激励科研人员发明创造的积极性。

现阶段，技术合同在认定登记后，科研人员可享受两方面的奖励政策。一是奖酬金和股权激励政策。根据合同法第 326 条的规定，科研人员的技术成果属于职务发明的，法人或其他组织就该职务技术成果签订技术合同后，应当从使用和转让该项成果所取得的收益中提取一定比例，对完成该成果的科研人员进行奖励。二是可作为职称评定时的考核指标。我国福建等省市，将技术合同认定登记制度与职称评定制度相关联，规定作为高新技术成果研发中的第一主持人，其主持的技术合同经过认定登记后，该科研人员在职称评定时，可凭借认定登记的科技成果替代一项课题成果。[②] 该措施能够鼓励科研人员、科研机构双重主体积极进行技术合同的认定登记，便于政府对技术市场有针对性地进行引导；同时，用科技成果

---

① 翟治宇：《技术合同认定登记工作研究》，《江苏科技信息》2020 年第 32 期。

② 参见《福建省人民政府办公厅关于进一步深化科技人员职称评价改革的若干意见》（闽政办［2016］1 号）

代替课题成果，能够化解科研人员在科研时只重视数量而不在乎质量的困境，进而更好地提升我国科技成果转化率。

2. 政府通过技术合同认定登记引导科技发展

与一般买卖合同相比，技术交易双方的交易合同一旦被认定为技术转让、开发、咨询、服务合同，相关企业即可享受当期合同交易的税收减免优惠政策。同时，如果科技企业持有的技术合同达到一定数量，该企业会被认定为是高新技术企业，企业自身将会享受税收减免优惠。国家对技术合同进行管理，给予认定登记的技术合同相应的奖励，本质上是通过政府的宏观引导，对科技企业进行扶植，进而促进国家的科技发展。

具体而言，我国现阶段对认定登记后的技术合同，主要有以下的优惠、扶植政策。第一，减免企业增值税和所得税。根据《中华人民共和国企业所得税法实施条例》和《财政部、国家税务总局关于全面推开营业税改征增值税试点的通知》的规定，技术转让、开发合同以及与之相关的技术咨询、服务合同，可免征增值税。同时，在一个纳税年度内，居民企业技术转让所得不超过 500 万元的部分，免征企业所得税；超过 500 万元的部分，减半征收企业所得税。第二，开发新技术可享受税收加计扣除。《中华人民共和国企业所得税法实施条例》第 95 条中明确了企业研究开发费用的加计扣除措施，即企业为开发新技术、新产品、新工艺支出的研究开发费用，未形成无形资产计入当期损益的，在按照规定据实扣除的基础上，按照研究开发费用的 50% 进行加计扣除，形成无形资产的部分，按照无形资产成本的 150% 予以摊销。第三，对国家重点扶持的高新技术企业减免企业所得税。企业所得税法指出，高新技术产品、技术服务收入占企业年收入达 60% 以上的科技企业，可享受按 15% 的税率征收企业所得税。

（二）政府监管技术合同有利于稳定技术市场秩序

加强政府对技术市场的宏观引导，对技术市场实施有效的监督管理是各级科技行政管理部门的重要职能之一。技术市场有关的各级工商、税务、质检、技术监督等部门通过建立协调联系机制，明确各自的分工与职能，进而加强相互之间的协同配合。通过政府有关部门对技术市场秩序的监管、维护，有助于国家扶持技术创新、促进科技成果转化优惠政策的连续性和稳定性，以推动技术市场健康有序地发展。

1. 政府监管技术合同为行政处罚权介入提供正当性

合同登记机关每年都会对其登记的合同进行检查，核查过程中，一旦发现技术交易合同系交易主体以不正当手段获得的登记，即可行使行政处罚权。该处罚权以合同认定登记管理为基础，属于依职权启动的处罚权，相较于依申请启动的处罚权而言，其优势主要表现在两个方面：一是以不正当手段骗取合同登记的违法主体往往是交易过程中的买卖双方，双方通过恶意串通骗取技术合同登记，进而获取相应的税收优惠政策，此时的技术交易双方侵犯的是国家利益、公共利益，买卖双方都是利益的享有者，不存在技术合同交易主体申请行政执法权介入的情况。因此，只有国家以合同认定登记为基础，直接介入市场经济中，对技术交易双方危害市场经济、公共利益的行为予以查处，才能保证技术市场的稳定性。二是由于行政机关前期在技术合同认定登记时，对技术合同已经有所介入，其后期在前期的行政执法基础上，直接查处以不正当手段骗取的技术合同登记，其效率明显高于消极等待相关人来启动处罚权。

2. 政府监管技术合同能进一步降低市场风险

技术合同签订后，大部分都面临着科技成果的研发、转化与生产三个环节。资本是推动前一个阶段走向下一阶段的保障，但高额投入与较低的成果转化率，加大了技术合同的风险。技术交易中存在的高风险主要在于，科技企业对科技成果进行高额投资后，在科技成果转化这一环节充满不确定性，即科技成果顺利转化的低几率、转化过程中的额外投入、转化后收益的不确定性都为技术交易增加了风险。技术交易中的高风险削弱了科技企业进行技术交易的积极性，此时，政府介入技术合同的管理可以降低技术交易中的风险，通过宏观手段来重新繁荣技术市场。个别具体制度设计比如技术开发合同风险合理分担规则被认为是先进的制度。① 一方面，政府引入以高风险、高收益为特征的风险投资，为科技成果转化注入资本，通过风险投资基金的资本投入，缓解科技成果转化中资金不足的困境。另一方面，通过技术合同认定登记对履行中可能存在较大风险的合同与风险负担、成本缓解机制相融合，给予其适当的补偿、扶持，进而推动技术主体进行交易，激发交易主体对技术成果转化的动力。

3. 政府监管技术合同为交易双方主体履行合同提供保障

技术合同的标的、内容不同于一般的买卖合同，其主要涉及技术的开发、转让、咨询、服务等事项，即技术交易双方除签订技术合同，交付合

① 崔建远：《技术合同的立法论》，《广东社会科学》2018 年第 1 期。

同标的物外，还存在着合同的后续履行问题。由于技术交易双方的信息严重不对称，技术出让方是否毫无保留地对受让方进行技术指导是难以考证的，如果对技术出让方不加以相应地约束，会使技术受让方承担合同风险。

为使公共利益得到维护，严格惩治技术出让方的违约行为，降低技术受让方承担的合同风险，政府可以充分发挥合同登记制度的优势，将合同认定登记制度与交易双方的失信惩戒制度相关联。原则上，技术合同的违约行为可通过民事途径予以解决，但由于上述合同出让方的违约行为在加大合同风险的同时，严重扰乱了技术市场的交易秩序，与国家促进科技市场发展的政策相悖，加之科技发展关系到社会生活的方方面面，出让方违约行为很可能造成公共利益的损失。通过技术合同认定登记对违约行为进行惩戒，可以激励交易双方如实履行技术合同。如果合同后续履行中出现违约问题，认定登记过的技术合同在民事救济之外，还能得到来自国家失信惩戒制度的保护。

三、政府对技术合同的监管具有不可替代性

技术合同本是私法律关系主体协商一致达成的协议，其履行中的违约责任也可以通过民事途径得以解决，加之随着知识产权制度的出现，能够较好地保障技术合同中技术出让方的知识产权，化解技术合同交易双方的产权纠纷。基于上述原因，有学者提出基于私法律关系产生的知识产权制度可以取代技术合同管理制度。对此，笔者认为由于技术合同管理制度与知识产权制度具有不同的制度目的和功能面向，决定了其不能被知识产权制度所取代。

知识产权制度是智力成果所有人在一定的期限内对其智力成果依法享有独占权并受到保护的法律制度。实施知识产权制度可以起到激励科学技术创新的导向作用，它是一种推动科技进步、经济发展、文化繁荣的一种激励和保护机制。技术合同管理制度则是国家行政主管机关通过对技术合同的认定登记，加强对技术合同的管理，促进技术市场和技术交易健康发展的制度。从促进技术交易、繁荣技术市场来说，两项制度具有一定共性。但是二者产生的时代背景和面对的社会需求不同，决定了技术合同管理制度不能被知识产权制度所取代。

知识产权制度本身是科学技术和商品经济发展的产物，并随着科学技术的发展而不断变革。[①] 知识产权作为一种界定知识财产权利形态的制度安排，它以私权的名义强调了知识财产私人所有的法律性质。[②] 其在技术交易中为技术交易主体提供的是私法交易手段，更能满足市场经济自愿平等的理念。相应地在制度内容上，知识产权制度过于注重激励，对知识产权确权、保护及与其相关的合理使用、限制权利滥用等内容规定得较多，但在技术转化和转让方面的规定，却明显不足。[③] 而技术合同管理制度则是落实我国科技政策的重要方式，侧重于从政府角度出发，在私主体交易意愿不足的时候介入市场管理，调动技术交易主体的积极性，进而推动技术市场的繁荣。从技术的长远发展来看，国家一方面通过技术合同认定登记这一措施，切实保证技术合同认定登记质量，并与财政、税务部门密切配合，保障国家有关技术交易财税优惠政策的实现，以实现对技术市场发展的引导。同时也通过技术合同的认定对利用技术合同危害国家利益、社会公共利益的违法行为进行监督管理，促进技术交易健康发展。另一方面，由于技术交易数量、金额等与国家的科技发展密切相关，当今世界科技是第一生产力，国家把握了科技发展的方向，对经济发展具有重要意义。因此，国家通过技术合同认定登记这一措施来获悉技术市场的交易情况，更科学、有效地制定相关政策引导技术市场的发展，进而落实科教兴国的国家发展战略。

可以说知识产权制度的兴起并没有使政府通过技术合同管理制度调控技术交易行为的公权力消减，相反，政府在推动科技进步中还扮演着重要角色。推动科学技术发展，不仅需要知识产权制度对私主体间的技术交易予以激励，还需要政府在投资、扶持等方面进行政策引导，促进技术成果的转化。故技术合同管理制度与知识产权制度并非简单同等或此消彼长的关系。事实上，技术合同制诞生之初就对知识产权问题给予了高度关注。[④] 早在 1990 年国家科学技术委员会拟定的技术开发、技术转让、技术咨询、技术服务及专利实施许可五类技术合同示范文本中，知识产权问题就获得

① 冯晓青：《中国70年知识产权制度回顾及理论思考》，《社会科学战线》2019年第6期。
② 吴汉东主编：《知识产权法学》（第六版），北京大学出版社2014年版，第6页。
③ 马忠法：《知识产权制度设立之目的——由我国技术转化率低引发的思考》，《电子知识产权》2006年第11期。
④ 谢玉洁：《合同分类理论视角下技术合同的生成与发展》，《产业与科技论坛》2019年第3期。

了明确的约定。其中，技术开发合同明确约定有"技术成果的归属与分享"，包括专利申请权以及非专利技术成果的使用权、转让权。而技术转让合同则明确适用范围仅限于非专利技术转让合同。专利权转让合同、专利申请权转让合同、专利实施许可合同则采用专利技术合同书文本签订。① 由此可见，技术合同管理制度与知识产权制度是相辅相成的。可以说技术合同管理制度与知识产权制度从公法、私法的不同角度出发，形成双轨制运行，共同对技术的利用加以保护，进而推动科技成果进行转化。

四、结语

综上所述，国家对技术合同加以管理的必要性主要在于：第一，基于技术合同自身的性质。技术合同所具有的交易主体广泛、标的特殊、内容复杂的特点，意味着政府需要运用宏观手段介入调整，进而维护技术市场的稳定。此外，自新中国成立以来，虽然经济制度由计划经济演变为市场经济，技术合同管理规范由单独立法到多法合一，国家基于科技发展的现实需求始终未将该制度取缔。第二，国家出于鼓励技术交易主体达成交易，繁荣技术市场发展的目的。国家实施技术合同认定登记制度，相关交易主体可以从中获取税收优惠减免；同时，国家介入对技术市场进行管理，可以降低交易中的不确定性，将交易风险前置，进而鼓励技术交易主体进行交易。第三，公权力介入私主体的交易行为，旨在与私法上的制度形成双轨制运行，在促进私主体交易的同时，进一步实践国家科技强国的战略。技术合同管理制度与知识产权制度相辅相成，从公法、私法的不同角度出发，共同对知识产权、技术秘密加以保护，进而推动科技成果进行转化。

从上述三个角度的论证不难看出，技术交易的行政管理和服务均附着于技术合同制度，为保障技术交易安全和交易秩序，实现推动技术进步的历史使命，技术合同法律制度的存在具有正当性。② 即便知识产权制度日趋完善，即便民法典合同编中的合同类型可以涵盖技术交易行为，但技术合同在当下所具有的落实国家科技政策和对技术市场的引领作用意味着其不仅不能被取代，并且还需要国家科学合理的介入私主体之间的交易行为

---

① 王振宇、吴晓求等：《中国合同大全》，经济管理出版社 1991 年版。
② 徐卓斌：《技术合同制度的演进路径与司法理念》，《法律适用》2020 年第 9 期。

中来。总之，技术合同管理制度虽是计划经济时期的产物，但该制度随着我国经济发展和科技政策的不断变革也在不断趋于完善。而且相较于合同法中的其他有名合同而言，其交易标的具有特殊性，相较于知识产权制度而言，其对科学技术的保护范围更广。对于国家而言，其在落实我国科技政策的同时，可使国家更好地对技术市场进行宏观调控。因此，技术合同管理制度在社会主义市场经济的背景下，依然具有其存在的必要性。